Bibliografische Information der Deutschen Nationalbibliothek:

Die Deutsche Bibliothek verzeichnet diese Publikation in der Deutschen National-
bibliografie; detaillierte bibliografische Daten sind im Internet über http://dnb.d-
nb.de/ abrufbar.

Impressum:

Copyright © 1997 GRIN Verlag
Druck und Bindung: Books on Demand GmbH, Norderstedt Germany
ISBN: 9783346214225

Manuela Ahrens

Starec Zosima. Untersuchungen zur Psychopoetik F. N. Dostoevskijs in seinen Brat'ja Karamazovy ('Die Brüder Karamazov')

GRIN Verlag

Starec Zosima.

Untersuchungen zur Psychopoetik Dostoevskijs.

Hausarbeit

zur Erlangung des Magistergrades

am Fachbereich

Historisch-Philologische Wissenschaften

der Georg-August-Universität Göttingen

vorgelegt von

Manuela Ahrens

Göttingen 1997

INHALTSVERZEICHNIS

I

I. EINLEITUNG

1. Einführende Bemerkungen zu den *Brat'ja Karamazovy*

Die *Brat'ja Karamazovy* sind der letzte Roman, den Dostoevskij geschrieben hat.
Seine Entstehungsgeschichte und seine Verbindung zum Leben Dostoevskijs lassen sich
durch zahlreiche Briefe des Autors aus jener Zeit (besonders an den Redakteur des „Russkij
vestnik" Nikolaj A. Ljubimov und den Juristen und Staatsmann Konstantin P. Pobedonoscev) gut rekonstruieren.[1] Dostoevskij arbeitete an diesem Roman fast drei Jahre. Bereits
seit Ende 1877 sammelte er Material, im Frühjahr 1878 erstellte er einen Plan für sein Werk
und begann dann im Sommer 1878 mit dem eigentlichen Schreibprozeß.[2] Den Epilog voll-
endete er am 8. November 1880, kaum drei Monate vor seinem Tod am 28.1.1881. Die erste
Ausgabe der *Brat'ja Karamazovy* erschien in der Zeitschrift „Russkij vestnik" von 1879 bis
1880 in unregelmäßigen Abständen.[3] Wie im Vorwort des Romans *'Ot avtora'* erwähnt
wird, plante Dostoevskij ursprünglich, einen Fortsetzungsband zu den *Brat'ja Karamazovy*
zu schreiben, der sich nur mit dem Schicksal der Hauptfigur Aleksej Karamazov beschäftigen sollte. Die Fortsetzung sollte 13 Jahre nach dem Handlungszeitraum des ersten Romans
spielen und Aleksejs – im Roman meist Alëša genannt – weiteren Lebensweg zeigen.[4] Die-

---

[1] Biographische Informationen zur Entstehungszeit der *Brat'ja Karamazovy* und zu Dostoevskijs
Leben im Allgemeinen u. a. in:
BUDANOVA, N. F. / FRIDLENDER, G. M. (Hrsg.): Letopis' žizni i tvorčestva F. M. Dostoevskogo.
3 Bde., S.-Pb. 1993-1995.
FRANK, J.: Dostoevsky. 4 Bde., Princeton 1978-1995. GROSSMAN, L. P.: Dostoevskij, M. 1965.
LAVRIN, J.: Fjodor M. Dostojevskij. Mit Selbstzeugnissen und Bilddokumenten, Reinbek 1963.
MOCHULSKY, K.: Dostoevsky. His Life and Work. Übersetzt von M. A. Minihan, Princeton 1967.
[2] Die erste konkrete Aussage Dostoevskijs über seine Gedanken an einen neuen Roman findet man
in einem Brief vom 17.12.1878 an S. D. Janovskij.
In: DOSTOEVSKIJ, F. M.: Polnoe sobranie sočinenij. 30 Bde. Hg. von V. G. Bazanov, L. 1972-
1990. Bd. 29: *Pis'ma 1875-1877*, L. 1988, S. 178-180.
[3] Nähere Angaben zur Entstehungsgeschichte des Werkes besonders in:
BELKNAP, R. L.: The Genesis of *The Brothers Karamazov*. The Aesthetics, Ideology, and Psychology of Text Making, Evanston (Illinois) 1990. BUDANOVA, Bd. 3, S. 237-496.
DOLININ, A. S. (Hrsg.): F. M. Dostoevskij. Materialy i issledovanija, L. 1935. Nachdruck: Düsseldorf 1970, S. 9-346.
KOMAROWITSCH, W.: F. M. Dostojewski. Die Urgestalt der Brüder Karamasow. Dostojewskis
Quellen, Entwürfe und Fragmente, München 1928.
[4] Die Handlung des Romans *Brat'ja Karamazovy* ist dreizehn Jahre vor der Entstehungszeit des Vor-
worts 1878 angesiedelt – also im Jahre 1865. Allerdings heißt es im Text selbst, daß bestimmte
Ereignisse des Jahres 1826 vierzig Jahre zurückliegen (in Buch VI.2.b und VI.2.c) und H.-J. Gerigk
weist darauf hin, daß die Geschworenengerichte in Rußland ihre Tätigkeit erst seit April 1866 auf-
nahmen. Der Handlungszeitraum der Fortsetzung hingegen sollte mit der Entstehungszeit übereinstimmen.

ses Vorhaben konnte Dostoevskij durch seinen unerwarteten Tod bald nach Beendigung des Romans jedoch nicht mehr ausführen.

Es gibt viele Einschätzungen zur Bedeutung der *Brat'ja Karamazovy* für Dostoevkijs Gesamtwerk: Für J. Lavrin sind sie die „Krönung des Werks" und N. Reber bezeichnet sie als „Gipfel seines Schaffens" oder „Quintessenz all dessen, was Dostoevskij in seinem Leben durchdacht, durchlebt und durchlitten hat". Für S. Geier stellen sie die „Zusammenfassung seiner Meditationen über das Schicksal der Menschheit" dar.[5] – Dies sind nur einige Äußerungen, die darauf hinweisen, daß in diesen Roman, der den Endpunkt des künst-lerischen Schaffens Dostoevskijs darstellt, Erfahrungen, Gedanken und Überzeugungen aus seinem ganzen Leben eingegangen sind und in ihm viele Dostoevskij wichtige Themen noch einmal angesprochen werden. Charakteristisch ist in diesem Zusammenhang das empirische Vorgehen Dostoevskijs während des Schaffensprozesses der *Brat'ja Karamazovy*. Unter dieser empirischen Methode versteht N. Reber die Art, wie Dostoevskij Tatsachenmaterial im Roman verwendete.[6] Wie sich später noch zeigen wird, läßt sich dies mit seinem Realismusbegriff in Verbindung bringen. Beweise für Dostoevskijs Methode lassen sich in seinen Briefen finden: Sie zeigt sich zum Beispiel an seiner Beschreibung der Gerichtsverhandlung (zu der er den Staatsanwalt A. F. Koni konsultierte), an Ivans Krankheit und seinem psychischen Zustand (für den er den Rat eines Facharztes einholte) und an seiner Schilderung der Kinder (für die er mit dem Pädagogen V. V. Michajlov sprach). Dostoevskij berief sich aber nicht nur auf seine Recherchen, sondern auch auf eigene Erlebnisse und Beobachtungen, die an dieser Stelle nur kurz angedeutet werden können. So gibt es zum Beispiel ein reales Vorbild für die Handlung um den Vatermord: Es geht hierbei um einen Mithäftling Dostoevskijs in Sibirien, der unschuldig des Vatermordes angeklagt war. Dostoevskij hatte diesen Mann, der Dmitrij Il'inskij hieß, schon in den *Zapiski iz podpolja* erwähnt. Bemerkenswert ist, daß Dmitrij Karamazov in den Aufzeichnungen zu den *Brat'ja Karamazovy* auch mehrfach Il'inskij genannt wurde.[7]

GERIGK, H.-J.: „Nachwort". In: Dostojewskij, F. M.: Die Brüder Karamasow, München 1995, S. 1033-1034.

REBER, N.: Dostojewskij's „Brüder Karamasow". Einführung und Kommentar, München [ca. 1991], S. 98-99.

[5] GEIER, S.: Brat'ja Karamazovy. In: Kindlers Neues Literatur-Lexikon. Bd. 4, München 1989, S. 806. LAVRIN, S. 131 und 133. REBER, Einführung, S. 11.

MÜLLER, L.: Dostojewskij. Sein Leben, sein Werk, sein Vermächtnis, München 1982, S. 77.

[6] REBER, Einführung, S. 11. Dazu auch: LINNÉR, S.: Starets Zosima in The Brothers Karamazov. A Study in the Mimesis of Virtue, Stockholm 1975, S. 13-14.

[7] Zum realen Vorbild für die Geschichte des Vatermordes: BELKNAP, Genesis, S. 57-71.

MÜLLER, Leben, S. 78-79 und 115. REBER, Einführung, S. 19.

TERRAS, V.: A Karamazov Companion. Commentary on the Genesis, Language, and Style of Dostoevsky's Novel, Madison (Wisconsin) / London 1981, S. 28.

2. Zum Thema und zur Vorgehensweise in der Arbeit

Der Roman *Brat'ja Karamazovy* entwickelt sich vordergründig um eine in Auflö-
sung begriffene Familie des russischen Landadels. Die Hauptpersonen in diesem Roman,
um die sich der Handlungsstrang um den Vatermord entwickelt, sind die vier Mitglieder der
Familie Karamazov – die Brüder Dmitrij, Ivan und Aleksej und deren Vater Fëdor. Wie es
im Vorwort '*Ot avtora*' heißt, sei sogar nur Aleksej als Held des Romans anzusehen und die
Brat'ja Karamazovy seien die Beschreibung eines Ausschnitts aus seinem Leben.

Inhalt der vorliegenden Arbeit ist die Beschäftigung mit einer der Figuren aus dem
Roman, die außerhalb dieses Handlungsstrangs steht. Die Eigenschaften, Handlungsweisen,
Lehren und die daran ablesbaren Fähigkeiten des Starec Zosima sollen eingehend analysiert
und gedeutet werden. In der Gesamtkonzeption des Romans stellt der Starec Zosima eher
eine Nebenfigur dar, die für die Entwicklung der Handlungsstruktur zunächst als nicht un-
bedingt notwendig erscheint. Sein Anteil an der Handlung ist begrenzt, denn er lebt in der
Einsiedelei eines Klosters, das sich abseits vom Ort des Geschehens in der Stadt befindet,
und stirbt schon in der Mitte des Romans. Dennoch hat er beständigen Kontakt zu dem
jüngsten Karamazov-Sohn Alëša und tritt dadurch in Verbindung mit der Haupthandlung.
Zudem ist Zosima für Alëša eine Person von ganz besonderer Bedeutung – er ist der 'geistliche und geistige Vater' oder 'Mentor' Alëšas.[8] So würden ohne die Figur des Starec Zosima der geistige und moralische Hintergrund der Hauptfigur Alëša und damit auch die
Grundlage seines Lebenswegs innerhalb der Romanhandlung fehlen. Die Analyse der Nebenfigur Zosima ist aber auch deshalb sinnvoll, weil unter dem Eindruck der Hauptgestalten
und der Handlung um sie leicht ideelle und strukturelle Elemente übersehen werden können,
die in dieser Gestalt angelegt sind. Schließlich hat Zosima nicht nur eine besondere Funktion
für Alëša, sondern auch für die vielen anderen Personen, die zu ihm kommen und ihn um
Rat bitten. Hierbei zeichnen sich sein Verhalten und sein Wissen gegenüber den anderen
Figuren des Romans in besonderer Weise aus, was eine Untersuchung der Figur und ihrer
Eigenschaften rechtfertigt.

Ein Interpretationsansatz, der in der Dostoevskij-Forschung vorwiegend erst seit
Anfang des letzten Jahrzehnts eine Rolle spielt, ist die psychologische Sichtweise. Sie fällt
in den Bereich der in den Nachwirkungen des Schaffens von S. Freud entstandenen psycho-

---

[8] Unter anderem in: LINNÉR, Starets Zosima, S. 23.   REBER, Einführung, S. 15.
   HEIER, E.: Literary Portraits in the Novels of F. M. Dostoevskij, München 1989, S. 97.
   MÜLLER, L.: Dostojewskij und Tübingen, Tübingen 1981, S. 10.
   PASSAGE, Ch.: Character Names in Dostoevsky's Fiction, Ann Arbor 1982, S. 98.

analytischen Literaturwissenschaft und der Literaturpsychologie. Die Analysen in diesem Bereich können sich sowohl werkimmanent auf die handelnden Figuren beziehen, als auch die Untersuchung von Rückschlüssen aus dem Werk auf den Autor miteinbeziehen. Auf psychologische Aspekte der Werke Dostoevskijs und seine eigenen psychischen Eigenschaften wurde schon in zahlreichen Arbeiten eingegangen – und zwar sowohl von literaturwissenschaftlicher als auch von psychologischer Seite, so zum Beispiel bei A. L. Bem, L. Breger, A. Dempf, M. Kravčenko, J. Lavrin, K. Nitzschmann, O. N. Osmolovskij, S. Freud und J. Rice.[9] In neuerer Zeit ist in der psychologisch orientierten Literaturwissenschaft auch der Terminus 'Psychopoetik' gebräuchlich. Er bezeichnet die Art und Weise, wie eine Figur eines künstlerischen Textes in ihren psychischen Eigenschaften durch psychologische Mittel charakterisiert wird. Erwähnenswert ist in diesem Zusammenhang besonders der von A. Hansen-Löve herausgegebene Band 'Psychopoetik', der eine Reihe interessanter Beiträge zum Thema der psychologisch orientierten Literaturinterpretation liefert.[10] Es sind zwar bereits zahlreiche Untersuchungen zu einzelnen Figuren aus Dostoevskijs Werk unternommen worden (unter anderem auch über den Starec Zosima), sie behandeln jedoch kaum psychologische Aspekte.[11] Deshalb soll sich diese Arbeit am Beispiel des Starec Zosima mit der psychopoetischen Problematik in den *Brat'ja Karamazovy* beschäftigen.

Grundlage für das weitere Vorgehen in der Arbeit ist eine detaillierte Untersuchung des Primärtextes. Dabei soll versucht werden, der Auffassung Lotmans von der „Spezifik des Charakters in der Kunst zum Unterschied vom Verständnis des typischen Wesens eines

---

[9] Literaturangaben zu den genannten Autoren:
BEM, A. L.: Dostoevskij. Psichoanalitičeskie ètjudi, Berlin 1938. Nachdruck: Ann Arbor 1983.
BREGER, L.: Dostoevsky. The Author as Psychoanalyst, New York 1989.
DEMPF, A.: Die drei Laster. Dostojewskijs Tiefenpsychologie, München 1949.
FREUD, S.: Dostojewski und die Vatertötung. In: ders.: Gesammelte Werke. 18 Bde., London 1952-1968. Bd. 14. Werke 1925-1931, London 1961, S. 399-418.
KRAVČENKO, M.: Dostoevsky and the Psychologists, Amsterdam 1978.
LAVRIN, J.: Dostoevsky and His Creation. A Psycho-Critical Study, London 1920.
NITZSCHMANN, K.: Psychologische Erkenntnis durch Visualisation. Eine Anwendung von Buytendijks „Psychologie des Romans" auf Dostojewskij und Nietzsche, Regensburg 1988.
OSMOLOVSKIJ, O. N.: Dostoevskij i russkij psichologičeskij roman, Kišinev 1981.
RICE, J. L.: Dostoevsky and the Healing Art. An Essay in Literary and Medical History, Ann Arbor 1985.
Literatur mit psychologischen Aussagen über den Autor Dostoevskij soll in dieser Arbeit nicht diskutiert werden. Weitere Angaben dazu oder zu psychologischen Fragestellungen bei anderen Werken Dostoevskijs enthalten die Bibliographien von N. Kiell und J. Whitt:
KIELL, N.: Psychoanalysis, Psychology, and Literature. A Bibliography. 2 Bde., London 1982.
WHITT, J.: The Psychological Criticism of Dostoevsky 1875-1951. A Study of British, American and Chief European Critics, Temple University 1953. (Diss.)
[10] HANSEN-LÖVE, A. A. (Hrsg.): Psychopoetik. Beiträge zur Tagung „Psychologie und Literatur", (München 1991), Wien 1992.
[11] So z.B. die Arbeiten von Beer, Borgwardt, Gretzmacher, Heim und Linnér.

4

Menschen in der nichtkünstlerischen Literatur" Rechnung zu tragen.[12] Wie jedoch S. Linnér
in seinen Äußerungen zur realistischen Methode Dostoevskijs feststellt, hat dieser beabsich-
tigt, seine literarischen Figuren der außerliterarischen Wirklichkeit möglichst ähnlich zu gestalten.[13] Durch diese Intention Dostoevskijs wird die Realisierung der Ansicht Lotmans in
diesem Fall natürlich erschwert. Zur Rekonstruktion der Figur des Starec Zosima in den
Brat'ja Karamazovy erfolgen zunächst eine Einordnung ihrer Position im Roman, eine Beleuchtung möglicher realer Vorbilder für die Figur und eine Zusammenstellung der für den
Starec wichtigsten biographischen Fakten. Es folgt die Analyse einiger für den Charakter
Zosimas entscheidender Textstellen. Hierbei geht es um Aussagen des Erzählers und anderer Figuren bezüglich der äußeren Erscheinung des Starec, um Zosima eigene Aussagen
(seine Sprache und Sprechweise), deren Wiedergabe im Text und um sein vom Erzähler
kommentiertes Verhalten in bestimmten Gesprächssituationen. Danach wird eine Beschreibung einiger für ihn charakteristischer Eigenschaften, seiner Fähigkeiten und seiner Denk-
weise vorgenommen und sein Verhältnis zu anderen Personen beleuchtet. Dies geschieht
hauptsächlich auf der Basis von Äußerungen des Starec und des Erzählers, aber auch durch
Aussagen anderer Figuren. Darauf erfolgt eine Darstellung von ideengeschichtlichen Hin-
tergründen aus Religion und Psychologie. Anschließend werden die Art und Weise von Zosimas Verhalten und die Inhalte seiner Rede mit religiösen und psychologischen Themen in
Verbindung gebracht. Auf dieser Basis erfolgt eine ausführliche Bestimmung der Funktion,
die der Starec Zosima sowohl für die Romankonstruktion als auch für die ideelle Aussage
des Romans hat. Dabei erfahren die in der detaillierten Charakteranalyse Zosimas festgestellten Themen und Motive in Verbindung mit psychologischen Grundlagen ihre Deutung
als psychopoetische Elemente. Die Wirkungsweise Zosimas weist neben den psychologischen Zügen, die in dieser Arbeit im Mittelpunkt stehen sollen, insbesondere auch religiöse
Komponenten auf, die für ein umfassendes Bild der Funktion Zosimas unverzichtbar sind.
Auch weltanschaulichen Aspekten muß man bei der Analyse Zosimas Raum beimessen, da
sie in einem bestimmten Verhältnis zu den Ansichten Dostoevskijs stehen – jedoch können
diese Aspekte, ebenso wie die religiösen, in dieser Arbeit nur ansatzweise behandelt werden.

---

[12] LOTMAN, J. M.: Die Struktur literarischer Texte. Übersetzt von R.-D. Keil, München 1993, S.
356-357.
Lotman definiert den Charakter literarischer Figuren folgendermaßen: „Der Charakter einer Figur
ist die Summe aller im Text gegebenen binären Oppositionen zu anderen Figuren (anderen Gruppen), die Gesamtheit ihrer Zugehörigkeiten zu Gruppen anderer Figuren, d. h. ein Satz von Diffe-
rentialmerkmalen. Der Charakter ist also ein Paradigma."

[13] LINNÉR, Starets Zosima, S. 12.

II. Die CHARAKTERISIERUNG DES STAREC ZOSIMA

1. Einführende Bemerkungen zur Figur

a) Die Position der Figur im Roman

Der Starec Zosima ist ein zur Zeit der Romanhandlung 65 jähriger Mönch. Er lebt in der Einsiedelei des Klosters der vom Erzähler als 'Skotoprigon'evsk' bezeichneten kleinen Provinzstadt[14], in der sich auch alle Mitglieder der Karamazov-Familie zur Zeit der Romanhandlung aufhalten. Zosima ist schon zu Beginn sehr krank und stirbt bereits in der Mitte des Romans. Auffällig ist, daß sein Tod mit einem strukturellen Einschnitt in der Komposition des Romans zusammenfällt: Die Hälfte der vier Teile, in die sich der Roman gliedert, ist mit dem Tod Zosimas am Ende des sechsten Buches erreicht. Kompositorisch liegt der Tod Zosimas also genau in der Mitte des Romans – seine Beisetzung wird aber noch zu Beginn des nächsten Teils dargestellt, wodurch eine Überleitung zu dem Teil des Romangeschehen erreicht wird, an dem er nicht mehr mitwirkt. Das Kloster spielt als Handlungsort auch nur noch in diesem ersten Buch des dritten Teils eine Rolle – nachdem Alëša das Kloster verlassen hat, tritt es im Roman nicht mehr in Erscheinung. Bemerkenswert ist, daß Zosima auch nach seinem Tod noch im Roman erwähnt wird und dann als moralischer Gegenpol zur aktuellen Situation wieder in Erinnerung gebracht wird (so zum Beispiel von Frau Chochlakova in Zusammenhang mit Dmitrij (VIII.3) und ihrer Tochter (XI.2) oder von Rakitin (XII.2), dessen Schrift über Leben und Lehre Zosimas während Dmitrijs Prozeß genannt wird).

In der Gesamtkomposition des Romans stellt der Starec Zosima eher eine Nebenfi-

---

[14] Der Erzähler benennt den Ort der Handlung zunächst als *'naš gorodok'*, *'naš znamenityj monastyr'*, später als *'Skotoprigon'evsk'* – dies ist eine scherzhafte Bezeichnung für einen Ort, an dem man Vieh zusammentreibt (von *'skotoprigon'* / *'skotoprigonnyj dvor'* – 'Viehhof'). In der Beschreibung dieser Stadt hat Dostoevskij seine Eindrücke von verschiedenen Provinzstädten verarbeitet, besonders aber die von Staraja Russa, wo er ein Haus besaß und während des Entstehungsprozesses der *Brat'ja Karamazovy* längere Zeit lebte (dazu: REJNUS, M.: Dostoevskij v Staroj Russe, L. 1969.). Nach L. Müller hat der Name der Stadt eine symbolische Bedeutung, die schon daran zu erkennen sei, daß der Erzähler den Namen lange verschwieg und dann die Benennung bedauert. MÜLLER, Leben, S. 115-116.
Vgl. DOSTOEVSKIJ, PPS, Bd. 14-15: *Brat'ja Karamazovy*, L. 1976. (I.2; 14:10 / IX.2; 15:14 / *Primečanija*; 15:587). [Alle Zitate folgen dieser Ausgabe. Sie werden in dieser Arbeit mit in Klammern im Text nachgestellten Angaben versehen. Die römischen Ziffern bezeichnen dabei das Buch, die lateinischen das Kapitel. Die darauffolgenden Zahlen beziehen sich auf den Band der PSS und die Seite.]

gur dar – hat er doch insgesamt nur an der ersten Hälfte des Romans Anteil, wobei in dieser auch nur ein Teil der Handlung bei Zosima im Kloster spielt. Untersucht man jedoch die Präsenz Zosimas in der Romanhandlung, so stellt man fest, daß er an etwa einem Drittel der Kapitel der ersten beiden Bücher beteiligt ist. Bemerkenswert ist dies besonders deshalb, weil die übrigen Karamazovs eine ähnliche oder geringere Beteiligung an der Handlung haben und nur Alëša an deutlich mehr Szenen mitwirkt.[15] Solange Zosima am Romangesche-hen teilnimmt, hat er also auch einen recht großen Anteil daran. Zudem wurde ihm wie den Brüdern Dmitrij, Ivan und Alëša ein ganzes Buch gewidmet. Auffällig ist, daß bei einer Nebenfigur auch der Darstellung ihres Lebens und besonders ihrer Lehren Raum gegeben wird (dies ist in diesem Umfang sonst nur bei Ivan der Fall). An dieser kompositionellen Zuteilung biographischer Informationen und an der nicht geringen Beteiligung an der Handlung kann man erkennen, welche Bedeutung der Starec Zosima neben den karamazovschen Hauptfiguren hat.

Neben einigen kürzeren Erwähnungen des Starec im Handlungsgeschehen gibt es bestimmte Schlüsselszenen, die für seine Analyse von zentraler Bedeutung sind. Die erste ausführliche Erwähnung findet Zosima in dem Kapitel 'Starcy' (I.5). Hier wird vom Erzähler auf das Starcentum eingegangen und damit die Position Zosimas beleuchtet. Von Zosima und seinen Fähigkeiten – besonders der Sehergabe – bekommt man zunächst nur eine kurze Beschreibung. Das erste Ereignis, das den Starec als handelnde Person zeigt, ist die Zusammenkunft der Karamazovs in der Zelle des Starec. Diese Schlüsselszene zeichnet den weiteren Verlauf der Handlung schon vor und macht deutlich, welche Bedeutung Zosima für den Roman hat. Von besonderem Stellenwert innerhalb der Zusammenkunft ist auch Zosimas Gespräch mit Fëdor über dessen Verhalten ('Staryj šut' II.2). Weitere Aspekte für das Handeln und die Aussagen Zosimas finden sich in 'Verujuščie baby' (II.3) und 'Malovernaja dama' (II.4), in denen er hilfesuchenden Frauen Ratschläge erteilt. Das Kapitel 'Začem živët takoj čelovek!' (II.6) zeigt schließlich die Fortsetzung der Zusammenkunft der Karamazovs, bei der der Streit zwischen den Karamazovs durch den Starec durch einen Kniefall vor Dmitrij beendet wird – ein weiteres Beispiel für die prophetische Gabe Zosimas, wie in 'Seminarist-kar'erist' (II.7) deutlich wird. 'Eščë odna pogibšaja reputacija' (III.11) beschäftigt sich am Beispiel Zosimas mit den Aufgaben eines Starec und mit der Kritik am Starcentum. In 'Otec Ferapont' (IV.1) wird dies noch vertieft. Weiterhin beginnt in diesem

---

[15] Kapitel mit Handlungsanteil Zosimas: I.5, II.1/ 2/ 3/ 4/ 5/ 6/ 7, III.11, IV.1, VI.1/ 2/ 3 – das heißt er hat Anteil an 13 von den 41 Kapiteln der ersten beiden Teile; im Vergleich dazu werden in demselben Romanabschnitt Ivan in 16, Fëdor in 14 und Dmitrij in 7 Kapiteln erwähnt; nur Alëša ist bei 35 Kapiteln anwesend oder Gegenstand der Beredung.

Kapitel der erste Teil der Lehre des Starec. Das sechste Buch 'Russkij inok' ist das morali-sche Zentrum der Darstellung Zosimas: Es beinhaltet komprimierte Angaben über die Bio-graphie und die Lehren des Starec. Unmittelbar darauf folgt der Tod des Starec – die The-matik um Zosima wird jedoch in dem sich anschließenden Buch 'Alëša' noch weitergeführt, das Alëšas Leben nach dem Tode des Starec zeigt.

b) Mögliche Vorbilder für den Starec Zosima

Die Frage nach den Vorbildern für den Starec Zosima ist schon in vielen Untersu-chungen behandelt worden.[16] Sie soll hier nur kurz zusammenfassend behandelt werden, zumal keines der Vorbilder eindeutig erkennbar ist und die Ansichten über mögliche Anre-gungen für die Figur des Starec deshalb zum Teil auch voneinander abweichen.[17] Ch. Pas-sage leitet den Namen 'Zosima' von dem griechischen Wort 'ζωη' [zɔ'ɪ] für 'Leben, Le-bensweise' her, bezeichnet ihn aber als christlichen und nicht klassisch-griechischen Ur-sprungs. Außerdem erwähnt er, daß dieser Name im Kirchenkalender in Zusammenhang mit seinem Ursprungswort als 'energisch' und 'vital' bezeichnet wird. Die symbolische Bedeu-tung des Namens wird von N. Reber und V. Terras unterstützt.[18] Zur Frage der realen Vor-bilder für den Starec Zosima konstatieren V. Terras und S. Linnér, daß verschiedene Züge russischer Mönche und Heiliger kombiniert wurden. Dies lege die Vermutung nahe, daß es bei Zosima weniger um die Darstellung einer bestimmten historischen Figur ginge als um die Beschreibung der Tradition der russischen Geistlichen.[19] Zudem wird auch häufig be-tont, daß Zosima nur einige historische Züge trage und seine Gestaltung vor allem künstle-rischen Gesichtspunkten folge.[20]

Meist engt sich die Diskussion um die realen Vorbilder jedoch auf drei historische Personen ein. Am häufigsten wird der Starec Amvrosij (1812-1891) aus der 'Optina Pustyn'' bei Kozel'sk erwähnt.[21] Dostoevskij kannte dieses Kloster, das durch seine Starcen

---

[16] So zum Beispiel ausführlicher in: PSS, 15:456-459.
AL'TMAN, M. S.: „Proobrazy startsa Zosimy". In: Bazanov, V. G. / Fridlender, G. M. (Hrsg.): Dostoevskij i ego vremja, L. 1971, S. 213-216.
KOMAROWITSCH, S. 59-11. LINNÉR, Starets Zosima, S. 86-111. MOCHULSKY, S. 631-634.
[17] Vgl. hierzu auch AL'TMAN, S. 213-214 und 216.
[18] PASSAGE, S. 98. LINNÉR, Starets Zosima, S. 166. REBER, Einführung, S. 102.
TERRAS, Companion, S. 177.
[19] LINNÉR, Starets Zosima, S. 93. TERRAS, Companion, S. 22.
[20] ONASCH, K.: Dostojewski-Biographie. Materialsammlung zur Beschäftigung mit religiösen und und theologischen Fragen in der Dichtung F. M. Dostojewskijs, Zürich 1960, S. 116.
THOMPSON, D.: The Brothers Karamazov and the Poetics of Memory, Cambridge 1991, S. 79.
[21] AL'TMAN, S. 214. LINNÉR, Starets Zosima, S. 90-92. REBER, Einführung, S. 16-17.
Vgl. DUNLOP, J. B.: Staretz Amvrosy. Model for Dostoevsky's Staretz Zossima, Belmont (Mas-sachusetts) 1972.

in ganz Rußland bekannt war, selbst: Nach dem Tode seines Sohnes Alëša am 16. Mai 1878 unterbrach er seine Arbeit an den *Brat'ja Karamazovy*, besuchte zusammen mit Vladimir S. Solov'ëv vom 23. bis 29. Juni 'Optina' und sprach dort mit dem Starec Amvrosij.[22] Er hatte also persönliche Erfahrungen mit dem Starcentum und konnte sie zusammen mit seinen Recherchen für Beschreibungen des Klosters, der Zelle Zosimas und für Erklärungen über das Starcentum im Text nutzen.[23] Auch Tichon Zadonskij (1724-1783), der auch als Bischof von Voronež wirkte und 1863[24] von der Russisch-Orthodoxen Kirche heiliggesprochen wurde, ist als reales Vorbild von Bedeutung.[25] Einen Anhaltspunkt dafür, warum Tichon Zadonskij ein Prototyp für Zosima sein könnte, findet man in einem Brief Dostoevskijs an A. N. Majkov vom 25.3. / 6.4.1870[26]: Dort schrieb Dostoevskij, daß er einen Roman unter dem Titel *Žitie velikogo grešnika* plante, der sich mit dem Problem der Existenz Gottes beschäftigen sollte. Eine der Geschichten des Romans sollte im Kloster spielen und als Haupt-figur den Bischof Tichon Zadonskij (unter anderem Namen) darstellen, von dem Dostoevskij sehr beeindruckt war. Für K. Mochulsky hat Zosima zwar Parallelen zu Tichon, sei aber dennoch kein Portrait des Bischofs, da Dostoevskij das hagiographische Material frei verwendet habe.[27] Eine Gegenüberstellung der charakteristischen Züge von Tichon und Zosima erfolgt bei S. Linnér. Er kommt dabei zu dem Ergebnis, daß es sich bei ihnen um zwei völlig verschiedene Charaktere handelt, die zwei verschiedene Interpretationen des Christentums repräsentieren.[28] Als drittes historisches Vorbild wird am Rande auch Zosima von Tobol'sk (1767-1833) erwähnt, dessen 1860 erschienene Lebensbeschreibung Dostoevskij benutzt haben soll.[29] Wie N. Reber hierzu wenig aussagekräftig anführt, seien beide Zosimas in ähnlicher Weise (mit einem Lächeln auf dem Gesicht) gestorben.[30]

---

[22] BUDANOVA, Bd. 3, S. 278-279.   ONASCH, Biographie, S. 115-116.   REBER, Einführung, S. 112.
[23] REBER, Einführung, S. 17.   MOCHULSKY, S. 631-632.
Dies steht in Zusammenhang mit dem bereits eingangs erwähnten empirischen Vorgehens Dostoevskijs bei der Materialsammlung für den Roman. Hierzu sei angemerkt, daß sich unter Dostoevskijs eigenen Büchern auch eine Darstellung über die 'Kozel'skaja optina' befand und er sich zudem auch mit Heiligenleben und Lebensbeschreibungen anderer Starcen, sowie mit den Schriften des Isaac Sirin und einem Buch über die Reisen des Mönches Parfenij beschäftigte.
GROSSMAN, L. P.: Seminarij po Dostoevskomu. Materialy, bibliografija i kommentarii, M. / P. 1922. Nachdruck: The Hague / Paris 1972, S. 43 (Nr. 184-186), 44 (Nr. 192) und 45 (Nr. 196).
[24] Nach: SMOLITSCH, I.: Russisches Mönchtum. Entstehung, Entwicklung und Wesen 988-1917, Würzburg 1953, S. 519. – Man findet jedoch auch andere Angaben für die Kanonisation. (z. B. LINNÉR, Starets Zosima, S. 20 und 104).
[25] AL'TMAN, S. 214.   LINNÉR, Starets Zosima, S. 104-111.   PASSAGE, S. 98.
Vgl. GORODETZKY, N.: Saint Tikhon Zadonsky. Inspirer of Dostoevsky, New York 1951.
[26] PSS, 29,1:115-119.
[27] MOCHULSKY, S. 635.
[28] LINNÉR, Starets Zosima, S. 110-111.
[29] AL'TMAN, S. 215-216.   LINNÉR, Starets Zosima, S. 90.   TERRAS, Companion, S. 29.
[30] REBER, Einführung, S. 156.

Häufig wird auch auf die literarischen Vorbilder Zosimas eingegangen. Meist beschränkt sich dies auf Gestalten aus Dostoevskijs früheren Werken. Eine Verbindung zu dem Pilger Makar Dolgorukij aus dem *Podrostok* scheint gegeben, da Zosima in den Entwürfen zum Roman *Brat'ja Karamazovy* noch Makarij hieß.[31] Ein weiteres Vorbild ist in der Gestalt des Geistlichen Tichon aus den *Besy* zu sehen, bei dem Stavrogin Rat sucht.[32] Eine ausführliche Untersuchung zu Parallelen zwischen den beiden literarischen Figuren Tichon und Zosima (insbesondere in ihrem Gesprächsverhalten) findet man bei S. Linnér.[33] Insgesamt sieht Ch. Passage Zosima als eine Erweiterung und Entwicklung des Bischofs Tichon und für N. Reber sind Makar Dolgorukij, Tichon und Zosima verschiedene Varianten desselben Archetyps, wobei Zosima den Gipfel der Entwicklung zum Ideal der christlichen Vollkommenheit darstelle.[34] Zu möglichen literarischen Vorbildern außerhalb von Dostoevskijs eigenem Werk verweisen S. Linnér und S. Hackel auf den Bischof Myriel aus Victor Hugos *Les Misérables*, auf die Schriften Isaac Sirins und auf ein Buch des Mönches Parfenij, die als Anregungen für die Lehren Zosimas gedient haben sollen.[35]

c) Zosimas Biographie im Roman als Vita

Bei der Beschreibung der biographischen Hintergründe Zosimas im Roman geht es weniger um persönliche Informationen über ihn (VI.2): Die Biographie ist lückenhaft, worauf der Erzähler auch ausdrücklich hinweist (VI.3.i) – sie ist nur auf wichtige Momente für seine Entscheidung, Starec zu werden, beschränkt und ist mit Auffassungen aus seinem späteren Leben als Mönch durchsetzt. Sie dient der Motivierung seiner inneren Veränderung, ihrer äußerlichen Folgen und der Art und Weise, wie Zosima allmählich seine Lehren entwickelt. Insgesamt hat die Biographie Zosimas den klassischen Aufbau einer Vita[36]: Sie be-

---

[31] REBER, Einführung, S. 16. LINNÉR, Starec Zosima, S. 80-84. MOCHULSKY, S. 575.

[32] E. Sandoz weist auf die Parallelität des Namens dieser Figur aus den *Besy* zu Tichon Zadonskij hin. S. Linnér konstatiert jedoch, daß auch sie nur wenig Übereinstimmung mit dem realen Vorbild zeige. LINNÉR, Starets Zosima, S. 104-105.
SANDOZ, E.: Political Apocalypse. A Study of Dostoevsky's Grand Inquisitor, Baton Rouge 1971,

[33] LINNÉR, Starets Zosima, S. 59-73. | S. 102.

[34] PASSAGE, S. 98. REBER, Einführung, S. 16.

[35] HACKEL, S.: The religious dimension: vision or evasion? Zosima's discourse in *The Brothers Karamazov*. In: Jones, M. V. / Terry, G. M. (Hrsg.): New Essays on Dostoyevsky, Cambridge 1983, S. 141-143 und 145-147. LINNÉR, Starets Zosima, S. 112-140.
Eine zusammenfassende Darstellung aller genannten Vorbilder bietet:
PLETNĚV, R.: Serdcem mudrye (O starcach u Dostoevskogo). In: Bem, A. L. (Hrsg.): O Dostoevskom. Sbornik statej, Paris 1986, S. 155-174.
Über Paisij Veličkovskij als Vorbild für Zosima s.:
KLEJMAN, R. J: „Paisij Veličkovskij i «starčestvo» Dostoevskogo". In: ders.: Skvoznye motivy tvorčestva Dostoevskogo v istoriko-kul'turnoj perspektive, Kišiněv 1985, S. 165-173.

[36] HARRESS, B.: Mensch und Welt in Dostoevskijs Werk. Ein Beitrag zur poetischen Anthropologie, Köln 1993, S. 352. Vgl. TERRAS, Companion, S. 98-99.

schreibt die Herkunft der betreffenden Person, ihr sündiges Leben, ihre Bekehrung nach einem besonderen Ereignis und die Demonstration ihres späteren Wirkens an einer herausgegriffenen Episode.

In seiner Kindheit lebte Zosima (damals noch unter dem Namen Zinovij) mit seiner Mutter und seinem älteren Bruder Markel zusammen in einer Provinzstadt (VI.2.a). Sein Bruder war zunächst von impulsivem Charakter, wortkarg und glaubte nicht an die Existenz Gottes. Doch angesichts einer schweren Krankheit machte er einen seelischen Wandel durch. Er wurde sanft, heiter, freundlich, sehr gläubig, bezeichnete das Leben als ein Paradies und änderte seine Einstellung zu seinen Mitmenschen: Man solle einander dienen („все должны один другому служить"). Vor allem sei aber jeder Mensch allen anderen Menschen gegenüber in allem schuldig, wie er wiederholt äußerte („всякий из нас пред всеми во всем виноват" VI.2.a; 14:262). Nach dem Tod seines Bruders ging Zosima auf die Kadettenanstalt nach Petersburg und sah seine Mutter nicht mehr wieder (VI.2.b). Doch an sein Elternhaus und seine Kindheit hatte er nur gute Erinnerungen. Eine besondere Bedeutung kam dabei dem Kennenlernen der Bibel zu. Im Alter von acht Jahren hatte er ein Erlebnis mit der Bibel, als er zum ersten Mal im Gottesdienst bei der Bibellesung die Geschichte Hiobs verstand. Diese Erfahrung wurde zusammen mit einem Buch biblischer Geschichten (das er sein ganzes Leben lang in Ehren hielt) zur Grundlage seiner Bibelauffassung, die sich im Laufe seines Lebens entwickelte und sich mit seinem Glauben an das Volk und die Schuld des Menschen verband.

Während seines achtjährigen Aufenthalts an der Kadettenschule gewann Zosima neue Anschauungen und Überzeugungen und veränderte sich zu einem impulsiven und hartherzigen Menschen, der einen ausschweifenden Lebenswandel führte (VI.2.c /rus. v). Nach vier Jahren Offiziersdienst in Petersburg wurde Zosima in eine Provinzstadt versetzt, wo er aus Eifersucht einen Mann zum Duell forderte. Nachdem er am Vorabend des Duells seinen Diener unangemessen hart bestraft hatte, erinnerte er sich jedoch an die Worte seines Bruders Markel, der glaubte, es nicht wert zu sein, daß andere ihm dienen. Zosima änderte dadurch seine Einstellung zu den Menschen, fühlte die Niederträchtigkeit seines Verhaltens und entschuldigte sich bei seinem Diener und später auch bei seinem Duellpartner. Danach empfand er große Freude, war nun wie sein Bruder der Überzeugung, daß das Leben ein Paradies sei, und faßte den Entschluß, sein Leben zum Besseren zu verändern. Er reichte den Abschied vom Militärdienst ein und beschloß, ins Kloster einzutreten.

Später erhielt Zosima dann mehrmals Besuch von einem älteren Herrn (VI.2.d /rus.

g), mit dem er sich über seine Lebensauffassung unterhielt und von dem er lernte. Der Besucher gab Zosima eine Bestätigung für seine bisherigen Ansichten, die er schon von seinem Bruder Markel hatte. Auch Zosimas Gast glaubte, daß das Leben ein Paradies sei, daß jeder Mensch für alle anderen Menschen an allem die Schuld trage und daß für die Menschen das Paradies auf Erden beginne, sobald sie ihre Schuld einsähen. Er entkräftete sogar Zosimas Zweifel bezüglich seiner Auffassungen und fügte ihnen eine wichtige Ergänzung hinzu: Um die Ansichten Zosimas zu verwirklichen, müßten erst die gesellschaftlichen Grundlagen dafür geschaffen werden. Es müßte erst die Phase der Isolierung der Menschen durch Materialismus und Egoismus vorbei sein, in der man nur an sich selbst und nicht an die Menschheit glaube – bis dahin sollten einzelne Menschen als Beispiele für die anderen aus der Isolierung heraustreten, um die Idee aufrecht zu erhalten. Zosima hingegen fungierte seinem Besucher gegenüber zum ersten Mal als Zuhörer und Ratgeber, denn sein Gast hatte einen Mord begangen, litt deshalb unter Schuldgefühlen und sprach mit ihm darüber. Zosima riet ihm, sich zur Wahrheit zu bekennen und überzeugte ihn schließlich davon, daß er sich seiner Schuld stellen müsse. Zosima wurde dafür mit Kritik und Ablehnung konfrontiert – doch letztendlich sagte ihm sein früherer Gast, daß er nach dem Geständnis seiner Tat große Erleichterung und das Paradies in seiner Seele gefühlt habe. Dieser Mann machte also vor seinem Tode dieselbe Wandlung durch wie sie sich auch bei Zosimas Bruder Markel ereignet hatte. Fünf Monate nach dem Tod des Mannes ging Zosima ins Kloster.[37]

2. Das äußere Erscheinungsbild des Starec

a) Die Beschreibung von Gestalt und Gesicht

Auf die unveränderlichen Faktoren der äußeren Erscheinung Zosimas wird im Roman nur ein einziges Mal eingegangen: Zu Beginn der Zusammenkunft der Karamazovs bei Zosima (II.2) musterte Miusov den Starec eindringlich. Der Erzähler stellt fest, daß der Starec Miusov nicht gefällt, und macht dann das Zugeständnis, daß im Äußeren Zosimas tatsächlich etwas sei, das dem Betrachter mißfallen könnte. Dadurch wird die Reaktion Miusovs,

---

[37] Zu diesem Zeitpunkt muß Zosima etwas über zwanzig Jahre alt sein, denn zur Zeit der Romanhandlung ist er 65 und bereits vierzig Jahre zuvor war er mit Bruder Anfim durch Rußland gewandert, um Geld für ihr Kloster zu sammeln (VI.2.b; 14:267). Sein Eintritt ins Kloster war 1826 (VI.2.c; 14:269). [Vgl. Fußnote 4.]
Eine zusammenfassende Beschreibung der Vergangenheit Zosimas findet man auch in: LOSSKIJ, N.: Dostoevskij i ego christianskoe miroponimanie, New York 1953, S. 312-314.
Für S. Linnér trägt die Länge der Entwicklung und Krise Zosimas, die ausführlicher dargestellt werden als bei anderen Figuren, zu seiner Glaubwürdigkeit bei. LINNÉR, Starets Zosima, S. 41 und 46.

der aufgrund seiner Bildung und Welterfahrenheit zunächst durchaus als glaubhafter Beobachter gelten kann, noch zusätzlich objektiviert. Es steht hier also offensichtlich in der
Absicht des Erzählers, daß das Aussehen Zosimas kritisch betrachtet wird. Zudem ist im
weiteren Verlauf der Beschreibung nicht offensichtlich, ob es sich um einen Erzählerbericht
oder um die Gedanken Miusovs handelt:[38]

> С первого мгновения старец ему не понравился. В самом деле, было
> что-то в лице старца, что многим бы, и кроме Миусова, не понравилось.
> Это был невысокий сгорбленный человечек с очень слабыми ногами, все-
> го только шестидесяти пяти лет, но казавшийся от болезни гораздо стар-
> ше, по крайней мере лет на десять. Все лицо его, впрочем очень сухенькое,
> было усеяно мелкими морщинками, особенно было много их около глаз.
> Глаза же были небольшие, из светлых, быстрые и блестящие, вроде как
> бы две блестящие точки. Седенькие волосики сохранились лишь на вис-
> ках, бородка была крошечная и реденькая, клином, а губы, часто усмехав-
> шиеся, – тоненькие, как две бечевочки. Нос не то чтобы длинный, а во-
> стренький, точно у птички.
> «По всем признакам злобная и мелко-надменная душонка», – проле-
> тело в голове Миусова.   (II.2; 14:37)

Von seiner Statur her ist der Starec also durchschnittlich, von seiner Krankheit gezeichnet (wie auch an anderen Stellen immer wieder betont wird) und wirkt älter als er ist.[39]
Zusammen mit bestimmten Charakteristika seines hageren Gesichts wie den wenigen Här-
chen an den Schläfen, dem schütteren, spitz zulaufenden Bart und der Nase, die spitz wie
ein Vogelschnabel ist, entsteht eine wenig sympathische und kaum Vertrauen erweckende
Ausstrahlung Zosimas. Seinem Gesichtsausdruck geben die Attribute sogar etwas fast Ko-
misches. Da man jedoch Alëšas Wertschätzung für den Starec und einige Wesenszüge Zosimas zu diesem Zeitpunkt bereits kennt, kann man in den schmalen, aber dennoch häufig
lächelnden Lippen als einem der äußerlichen Merkmale Zosimas den Ausdruck von innerer
Freude und Güte erahnen. Dennoch muß Zosima gegenüber dieser äußerlich negativen

---

[38] Für E. Heier wird das Portrait Zosimas durch Miusov wiedergegeben. Überhaupt hält Heier die
Beschreibung des Portraits oder der Ausstrahlung einer Romanfigur durch eine andere Figur für
ein wiederkehrendes erzählerisches Mittel im Roman. HEIER, S 97.
Die Unklarheit der sprechenden Instanz in dieser Erzählsituation spricht für das Vorliegen von
erlebter Rede. Entsprechend einer Definition nach J. Vogt gibt erlebte Rede die Gedanken und
Gefühle einer Figur aus ihrer Perspektive doch unter Beibehaltung der Dritten Person und des
normalen Erzähltempus (wie beim Erzählerbericht) wieder. Dabei gewinnt sie ihre Form und Wirkung aus der Spannung zwischen Erzählerbericht und Personenrede. Ihre Wirkung liegt in der
größeren Eindringlichkeit des Erzählens. Insgesamt bezeichnet Vogt sie als „Schlüsseltechnik des
psychologisch-realistischen Romans".
VOGT, J.: Aspekte erzählender Prosa. Eine Einführung in Erzähltechnik und Romantheorie,
    Opladen 1990, S. 163-164 und S. 166. Vgl. dazu auch: TERRAS, Companion, S. 90.
SCHMID, W.: Zur Entstehung der Bewußtseinskunst in der russischen Erzählprosa. In: Hansen-
    Löve, A. (Hrsg.): Psychopoetik. Beiträge zur Tagung „Psychologie und Literatur", Wien
    WILPERT, G. v.: Sachwörterbuch der Literatur, Weinsberg 1989, S. 260-261. | 1992, S. 32.
[39] Mochulsky meint, daß Zosima in seiner äußeren Erscheinung sehr dem Starec Amvrosij aus der
'Optina pustyn'' in seinen letzten Jahren ähnele (besonders in seiner Gebrechlichkeit und Krankheit – aber auch in seiner großen Lebensfreude). MOCHULSKY, S. 632.

Einführung seine Autorität im Laufe der Handlung erst einmal etablieren.[40] Zudem vermutet Miusov am Ende der Beschreibung, es müsse sich bei Zosima aufgrund dieser Gesichtszüge wohl um eine boshafte und kleinlich-anmaßende Seele handeln. Miusov schließt hier also einfach von dem Äußeren Zosimas auf sein Wesen. Allerdings muß man bedenken, daß Miusov grundsätzlich ein Gegner der Kirche ist, der speziell mit diesem Kloster schon längere Zeit Prozesse führt. Nach Meinung von E. Heier relativiert dies die Aussagekraft von Miusovs Gedanken. Zudem weist Heier darauf hin, daß die Ablehnung Miusovs spontan entstanden und damit oberflächlich ist. Heier glaubt deshalb, daß es erst einer näheren Kenntnis des Starec bedarf; danach würde man sehr wahrscheinlich den ersten Eindruck revidieren. Auch in der eher lyrischen Form der Beschreibung sieht er die Sympathie des Erzählers für Zosima.[41]

Das Problem der einseitigen Beurteilung einer Figur nach dem Äußeren taucht auch an anderen Stellen im Roman auf, denn äußere Erscheinung und Charakter werden nicht immer als kongruent dargestellt. Die excessive Lebensführung Fëdors (I.4; 14:22) und Dmitrijs (II.6; 14:63) ist ihnen zwar direkt anzusehen, bei Alëša und Zosima hingegen wird jedoch vom Erzähler mit der zu erwartenden Beurteilung der Figuren durch den Leser gespielt. Alëšas Aussehen wird erst nach der Beschreibung seines Charakters skizziert (I.5; 14:24-25) und der Erzähler unterstellt dem Leser vorher, daß er sich Alëša aufgrund seines träumerischen Wesens als kränklich vorstellen würde. Dieser Erwartung setzt der Erzähler dann die Beschreibung von Alëšas vitalem Äußeren entgegen. Dasselbe Prinzip der Enttäuschung der Erwartungshaltung wendet er bei Zosima an, der sich nachher als von ganz anderem Charakter erweist, als dies der erste Eindruck vermuten ließ.

b) Die Bedeutung der Augen

Eine besondere Bedeutung in der Darstellung der äußeren Erscheinung Zosimas hat die Beschreibung der Augen, denn sie stehen im Kontrast zu seinem übrigen Äußeren. Seine Augen sind zwar nicht besonders groß, aber sie glänzen sehr (wie zwei leuchtende Punkte) und bewegen sich schnell. Dieser Glanz und die Bewegung der Augen zeigen Zosimas Aufmerksamkeit und Lebendigkeit. Zusammen mit der Beschreibung seiner Augen als zwei

---

[40] S. Linnér sieht die Beschreibung von Zosimas Äußerem im Sinne einer „Deglorifizierung", d.h. in seinem Portrait seien niedrige Züge enthalten, um einen realistischen Eindruck zu erwecken. So müsse Zosima erst an Autorität gewinnen und beweisen, daß seine Besonderheit sich nicht im Äußeren zeige. N. Reber beruft sich hierzu auf die Bedeutung der zahlreichen Diminutivformen im Text, die als Ausdruck der Volkssprache gelten: Sie könnten sowohl als liebevolle Beschreibung und Zeichen der Zuneigung des Volkes als auch als pejorative Bezeichnung gebraucht werden. LINNÉR, Starets Zosima, S. 27-28 und 65. REBER, Einführung, S. 109.
[41] HEIER, S. 97-98.

14

Punkte spricht dies für den Blick eines Menschen, der konzentriert seine Umgebung beobachtet. Somit stehen bei Zosima als einzige äußere Merkmale seine Augen und sein Lächeln in Einklang mit der bereits erwähnten Konnotation seines Namens (als lebendig, energisch, vital) und seinem in Wirklichkeit fröhlichen und lebhaften Wesen.[42]

Auch bei der Beschreibung anderer Figuren in diesem Roman ist der Darstellung der Augen Raum gegeben. Hierbei stehen wie bei Zosima die Augen unabhängig von dem übrigen Äußeren der Figur meist in Einklang mit ihrem Charakter. An Fëdors kleinen, unverschämt, mißtrauisch und spöttisch blickenden Augen, die sein unangenehmes Aussehen unterstützen (I.4), kann man seinen Charakter und seinen Lebensstil wiedererkennen. Dmitrijs Augen haben analog zu seinem unsteten Lebenswandel einen Ausdruck zwischen Festigkeit und Unbestimmtheit, harmonieren jedoch nicht immer mit seinen aktuellen Gedanken (II.6; 14:63).[43] Alëšas glänzende Augen unterstützen zusammen mit seinem hübschen Gesicht und seiner angenehmen Erscheinung die Darstellung seines ausgeglichenen Wesens (I.5). Die glänzenden Augen, die ein Zeichen geistiger Lebendigkeit sind, stellen also eine Gemeinsamkeit von Alëša und Zosima dar.

3. Äußerungen und Verhalten Zosimas

a) Die Beschreibung der Redeakte Zosimas

Bei der Analyse der Redeakte Zosimas kristallisieren sich zwei Arten von Redesituationen heraus: Dies sind zum einen die Gespräche Zosimas in Zusammenhang mit der Zusammenkunft der Karamazovs (Buch II) und zum anderen seine letzte Unterredung im Kreise der ihm nahestehenden Personen (IV.1; VI). Wie aus der Kurzbeschreibung der für die Analyse Zosimas wichtigen Textstellen schon deutlich wurde, charakterisiert sich Zosima zunächst (in Buch II) durch sein Verhalten und seine Äußerungen als älterer, kranker, aber lebenserfahrener Mönch. Sein Handeln definiert sich besonders durch seine Dialogführung: Er hört verschiedenen Personen zu und gibt Kommentare, die in direkter Rede wiedergegeben werden und dadurch unmittelbar und lebendig wirken. Während dieser Dialoge sind die Erzählerkommentare selten – die Handlung wird hier durch die Figurenrede als Erörterungsmedium verschiedener Probleme getragen.[44] Diese Selbstdarstellungen Zosimas

---

[42] So auch: HEIER, S. 98.
[43] Vgl. HEIER, S. 95.
[44] Zur Bedeutung der Figurenrede bei Dostoevskij, die als strukturbeherrschendes Prinzip in seinen Romanen einen großen Teil der Handlung trägt vgl.:
REBER, Einführung, S. 63. VOGT, S. 152 und S. 181-182.

sind von besonderer Bedeutung im Rahmen der Analyse seiner psychopoetischen Merkmale. Bemerkenswert ist in diesem Zusammenhang, daß Verfahren der Bewußtseinsdarstel-
lung – wie erlebte Rede und innerer Monolog – bei Zosima nicht vorkommen. Die Betonung
liegt rein formal also nicht auf der Darstellung seiner Gedanken und Gefühle, sondern auf
seinen direkten Aussagen, die er im Zusammenhang mit seinem Wirken als Starec macht.

Den größten zusammenhängenden Teil der Informationen über Zosima liefert die
Darstellung seiner Biographie und Lehren im sechsten Buch. Die Form der Redewiedergabe
ist an dieser Stelle kompliziert, aber auch von großer Bedeutung, zumal sie dreimal vom
Erzähler erwähnt wird (IV.1, VI.1, VI.3.i): Es handelt sich hier nicht um direkte Figurenrede
Zosimas, sondern um einen Bericht durch Alëša, der Zeuge der letzten Worte Zosimas ist.
Alëša rekonstruiert den Gesprächsinhalt aus der Erinnerung und macht sich Aufzeichnun-
gen, die der Erzähler dann aufgreift und dem Leser mitteilt – es erfolgt also eine Wiedergabe
der Wiedergabe. Zosimas Worte gehen durch zwei Instanzen, bevor der Leser sie erfährt.
Auffallend ist jedoch, daß die Notizen Alëšas in der Ich-Form aus Zosimas Perspektive wiedergegeben werden. Diese Erzählweise entspricht der szenischen Darstellung nach J.
Vogt.[45] Die rein formalen Bedingungen hierzu sind erfüllt: Im Gegensatz zum Erzählerbericht wird die grammatische Form der direkten Rede verwendet (die Figur scheint unmittelbar zu sprechen, wodurch eine lebhaftigere und eindringlichere Wirkung erzielt wird als
durch einen Bericht des Erzählers in der dritten Person). Die Funktion dieser Erzählweise
besteht in einer Komprimierung der Personenrede und in einer Verstärkung der Eindringlichkeit des Gesagten. Satzbrüche oder Unsicherheiten in der Rede werden ebenso wie Re-
debeiträge anderer Figuren ausgespart. Bemerkenswert ist, daß der Erzähler selbst über die
Grundzüge und die Funktion dieser Darstellungsweise reflektiert: Er erwähnt wiederholt,
daß Alëša das Gespräch zusammengefaßt, gekürzt und mit Aussagen aus anderen Gesprächen zu einem Ganzen verbunden hat – als Grund dafür erscheint die wiederholt erwähnte,
zum Teil zusammenhanglose und unterbrochene Rede des Starec (IV.1; 14:148-149). Dabei
gibt der Erzähler jedoch durch seinen Kunstgriff, Alëša als berichtende Instanz einzusetzen,
die Verantwortlichkeit für den Inhalt des Gesagten an diesen weiter und distanziert sich
selbst damit von Zosima und seinen Lehren. Alëša hingegen stellt eine dem Starec naheste-
hende Figur dar, die Zosima und seine Ansichten verehrt und unterstützt.

---

[45] Nach VOGT, S. 147.   S. auch HACKEL, S. 140-141.   THOMPSON, S. 95-98.
NEUHÄUSER, R.: F. M. Dostojewskij. Die großen Romane und Erzählungen. Interpretationen
und Analysen, Wien / Köln / Weimar 1993, S. 183-184.

b) Die Sprache des Starec

Nach der Analyse struktureller Eigenschaften der Redeakte Zosimas soll es nun um konkrete, stilistische Eigenheiten seiner Sprache gehen.[46] Zunächst erfolgt die Beschäftigung mit den Aussagen Zosimas in direkter dialogischer Rede. Diese sind häufig nur einer Person zugewendet (so in II.2-4), obwohl meist auch andere Figuren während des Gesprächs im Hintergrund anwesend sind. In diesen Gesprächssituationen weist die Sprache Zosimas einige Besonderheiten auf: Ihm werden eine sorgfältige Stilisierung seiner Sprache und ein besonderer, persönlicher Stil zugeschrieben, der sich von dem anderer Figuren unterscheidet.[47]

Im Bereich der Syntax ist in den längeren Repliken Zosimas ein Wechsel von kurzen, einfachen Hauptsätzen und längeren hypotaktischen Satzgefügen auffällig: Die kürzeren Sätze stehen meist im Modus des Imperativs und stellen Ratschläge, direkte Aufforderungen oder Mahnungen dar; die komplexeren Sätze hingegen bilden die im Indikativ Präsens stehenden Erklärungen dazu. Dieser Modusgebrauch zeigt zusammen mit dem kohärenten Sprachgebrauch ohne Satzbrüche oder Unterbrechungen die Bestimmtheit und Überzeugung in den Äußerungen Zosimas, wie zum Beispiel gegenüber Fëdor:

> Главное, самому себе не лгите. Лгущий самому себе и собственную ложь свою слушающий до того доходит, что уж никакой правды ни в себе, ни кругом не различает, [...].　　　　　　　　　　　　　　(II.2; 14:41)[48]

Dies wird auch dadurch unterstützt, daß keine Verben des Denkens oder Glaubens und keine Adverbien oder andere Formulierungen vorkommen, die Unsicherheit oder Zweifel ausdrücken. Zudem ist Zosimas Argumentation häufig besonders strukturiert: Sie erfolgt in Stufen, die logisch aufeinander aufbauen, wobei eine Stufe als Grundlage in der nächsten wiederholt wird. Dadurch wird das Gesagte beim Zuhören leicht verständlich und eindringlich:

> Коли каешься, так и любишь. А будешь любить, то ты уже божья ... Любовью всё покупается ж всё спасается.　　　　　　　　　　　(II.3; 14:48)[49]

In seinen Voraussagen gegenüber Alëša (II.7; VI.1) gebraucht Zosima den Indikativ Futur (meist auch im vollendeten Aspekt) ohne Ausdrücke der Einschränkung oder der Unbestimmtheit,[50] wodurch sie die Konnotation erhalten, daß sie wirklich eintreffen werden. Nur einmal verwendet Zosima bei seiner Prognose eine vorsichtige Formulierung: Als er Alëša eine Erklärung für den Kniefall vor Dmitrij gibt, wählt er zurückhaltende Worte.[51] Eine

---

[46] Zum Sprachbegriff insgesamt s. LOTMAN, S. 19-54.
[47] LINNÉR, Starets Zosima, S. 13 und 47.　　TERRAS, Companion, S. 110-111.
[48] So auch zu einer Frau (II.3; 14:48, Zeile 21-39); zu Frau Chochlakova (II.4; 14:54, Z. 1-27).
[49] So auch zu Fëdor (II.2; 14:41, Z. 22-38); zu Frau Chochlakova (II.4; 14:52, Z. 27-32).
[50] Z.B. *'mnogo nesčastij prinesët tebe žizn'* (II.7; 14:71-72).
[51] So z.B.: *'pokazalos' mne'*, *'slovno'* (VI.1; 14:259).

Erklärung dafür kann sein, daß die Ungewißheit über das Schicksal Dmitrijs aus Gründen der Spannungssteigerung im Roman zunächst noch aufrecht erhalten werden soll.

Durch den Bestimmtheitscharakter der Sprache Zosimas erscheinen auch die Wiederholungen einzelner Wörter oder Ausdrücke als bewußt eingesetzt. Sie stellen ein signifikantes Merkmal seiner Sprache dar. Häufig werden hierbei die an den Anfang einer Replik gestellten formelhaften Imperativwendungen wiederholt: Bei Fëdor und Frau Chochlakova ist es die Aufforderung, nicht zu lügen.[52] Eine der Frauen aus dem Volk soll zunächst aufhören, um ihr totes Kind zu weinen, und sich freuen, später dann ihre Trauer zulassen.[53] Eine andere Frau soll sich nicht fürchten,[54] sondern stattdessen Reue empfinden, damit ihr Gott verzeihe, wie in vier dicht aufeinanderfolgenden Sätzen leicht variiert dargestellt wird.[55] Diese Wiederholung der für die betreffende Person jeweils besonders wichtigen Aussage betont die Bedeutung der Wendung und macht sie eingänglicher – die Funktion dieses Stil-mittels liegt also im didaktischen Bereich.[56] Bezüglich der Lexik ist festzustellen, daß Zosima insgesamt keine wertenden Wörter oder Ausdrücke gebraucht. Auffällig ist, daß seine Äußerungen gegenüber den Ratsuchenden fast nie das Personalpronomen der ersten Person Singular 'ich' enthalten. Sie sind schon formal also nicht auf die Darstellung seines eigenen Bewußtseins gerichtet; sie erscheinen frei von seinen Ansichten oder Wertungen. Im Bereich der Bildlichkeit verwendet Zosima vor allem Vergleiche und Metaphern als Stilmittel zur Erhöhung der Anschaulichkeit und zur Bedeutungsverdichtung, indem er sie als Parallelen zum Schicksal der ratsuchenden Personen einsetzt. Hinzuweisen ist auch auf die Lebendigkeit und den narrativen Charakter der Bilder, die durch die Wiedergabe direkter Rede innerhalb des Bildes entstehen.[57] Zudem stammen sie aus verschiedenen Themenbereichen: So wendet Zosima gegenüber Frau Chochlakova als Vergleich die Geschichte eines

---

[52] Zu Fëdor: 'ne lgite', 'samomu sebe ne lgite', 'a vy vsë-taki ne lgite' (II.2; 14:41, Z. 20 und 22, 14:43, Z. 8). Zu Frau Chochlakova: 'ubegajte lži, vsjakoj lži, lži sebe samoj v osobennosti' (II.4; 14:54, Z.4-6).

[53] Zunächst: 'i ty radujsja, a ne plač'', 'i ty plač, no radujsja' (II.3; 14:46, Z. 6 und 9-10) und danach: 'i ne utešajsja, i ne nado tebe utešat'sja, ne utešajsja i plač'' (II.3; 14:46, Z. 39-40).

[54] So zu der Frau: 'Ničego ne bojsja, i nikogda ne bojsja, i ne toskuj', 'bojazn' otgoni vovse', 'Idi že i ne bojsja', 'Stupaj i ne bojsja' (II.3; 14:48, Z. 21, 27-28, 31 und 38-49). Vgl. dazu auch REBER, Einführung, S. 112-113.

[55] So von 'tol'ko' bis 'ljubov'' (II.3; 14:48, Z. 21-27) und von 'veruj' bis 'ljubit' (Z. 21-27).

[56] N. Reber betrachtet das Phänomen der Wiederholung von einzelnen Wörtern oder Kurzsätzen, das besonders in der direkten Figurenrede auftritt, als charakteristisch für Dostoevskijs Erzähltechnik. Allgemein auf die Brat'ja Karamazovy bezogen konstatiert sie, daß die Sprache der Figuren gleichzeitig euch charakterisiert, daß diese durch die gehäuften Wiederholungen aufgeregt erscheine und ein Ausdruck der Emotionalität (ausgelöst durch Ereignisse der Handlung) sei. Wie bereits gezeigt, trifft diese allgemeine Funktion der Wiederholungen bei Zosima jedoch nicht zu. REBER, Einführung, S. 36.

[57] R. Belknap meint, daß der Erzähler hier in den Vergleich Zosimas durch die Verwendung der direkten Rede eine dritte Stimme einführt. In: BELKNAP, R. L.: The Structure of The Brothers Karamazov, The Hague / Paris 1967, S. 103-104.

Arztes an, den er selbst kannte (II.4; 14:53), und einer der Frauen erzählt er aus einer Heiligenlegende und zieht eine Parallele zu einer biblischen Geschichte (II.3; 14:45-46). L. Grossman bezeichnet die Vergleiche im allgemeinen als besonderes Kennzeichen von Dostoevskijs Stil, zumal sie auch zu den wenigen stilistischen Mitteln gehören, die er in seinen letzten Werken noch benutzt hat.[58]

Die Sprache im sechsten Buch, die genaugenommen keine Figurenrede Zosimas ist, soll an dieser Stelle nur kurze Erwähnung finden. In der wiedergegebenen Erzählung Zosimas ist eine Zweiteilung festzustellen: Seine Biographie (VI.2) stellt quasi eine Geschichte in der Geschichte dar,[59] eine eigenständige Handlung, die in einzelne Episoden zerfällt. Die Sprache hat hier narrativen Charakter: Typisch sind hypotaktische Satzgefüge, der Gebrauch von Bildern und auch die Verwendung des Personalpronomens 'ich' als Kennzeichnung der Darstellung seiner eigenen Lebensgeschichte. Die Lehren hingegen (VI.3) weisen in Übereinstimmung zu ihrem Thema einen veränderten Sprachgebrauch auf: Hier findet man wie in der direkten Rede Zosimas den Gebrauch von kurzen, prägnanten Sätzen im Wechsel mit Erklärungen. Besondere Bedeutung erhält die Anrede an den Zuhörer oder Leser durch die Verwendung von rhetorischen Fragen und Imperativen und das zur Bestätigung der Aussagen eingesetzte 'ich' in Kombination mit eigenen Erfahrungen. Insgesamt ist für die Sprache im sechsten Buch ebenso wie für die direkte Rede Zosimas der Charakter der Bestimmtheit kennzeichnend. Dadurch entsteht nicht der Eindruck, daß es sich um die Rede eines älteren, kranken Mannes kurz vor seinem Tode handelt. Um diesen Kontrast zur erklären, weist der Erzähler auch so eindringlich auf die schriftliche Wiedergabe des Gespräches hin, die diese Auslassung von Unsicherheiten und Schwächen ermöglicht.

Zur Frage des Stils in der Biographie und den Lehren Zosimas werden meist hagiographische Vorbilder erwähnt. So verweist K. Mochulsky auf das Werk *Sokrovišče duchovnoe ot mira sobiraemye* des Bischofs Tichon Zadonskij von Voronež, das Dostoevskij bekannt war. In Buch sechs liegt nach Mochulsky eine Imitation des sentimentalen Stils des 18. Jahrhunderts vor, der Archaismen und Kirchenslavismen beinhalte. Die Wirkung dieses Stils liege in der Erweckung von 'aufrichtiger Emotion'.[60] Die Parallelität von Stil und Inhalt unterstützt M. Bachtin, wenn er hier vom 'Wort der Vita' spricht, das bei Dostoevskij nicht nur in der Vita Zosimas erscheine. Dieses Wort genüge sich selbst und seinem Gegenstand, sei bei Dostoevskij aber mehr oder weniger stilisiert im Ton des kirchlichen Viten- oder Beicht-Stils. Im Zusammenhang zu der festgestellten Bestimmtheit im Sprachgebrauch

---

[58] GROSSMAN, Seminarij, S. 74-75. Zur Sprachanalyse vgl. auch TERRAS, Companion, S. 99.
[59] So auch: HACKEL, S. 140. TERRAS, Companion, S. 99-100.
[60] MOCHULSKY, S. 633-634. Dazu auch: PLETNĚV, S. 155-174.

Zosimas ist zu sehen, daß Bachtin dem 'Wort der Vita' eine Tendenz zu einer monologisch festen, sicheren Stimme des Helden zuschreibt (wenn dies auch meist nicht deutlich nachweisbar sei).[61] S. Linnér weist noch darauf hin, daß diese religiöse Stilisierung der Figurenrede keinen wirklichkeitsgetreuen Eindruck erzeuge und an dieser Stelle die Unterstützung der Ideologie Zosimas über eine realistische Darstellung der Figur gestellt werde.[62]

c) Zur Sprechweise Zosimas

Zu Zosimas nicht-verbalem Verhalten, das heißt, für alle Bereiche seiner Kommunikation, die nicht primär der Sprache zugeordnet werden können (also seine Sprechweise oder Körpersprache) gibt es fast keine Erzählerkommentare im Text.[63] Seitens des Erzählers wird jedoch immer Zosimas große Schwäche durch seine Krankheit betont – sein Reden und Handeln bleibt davon jedoch weitgehend unbeeinflußt. So greift Zosima entschieden und eindringlich in den Konflikt zwischen Fëdor und Miusov ein (II.2), beteiligt sich an der Diskussion um kirchenpolitische Fragen (II.5) und geht weiterhin zu den Ratsuchenden. Andeutungen über Einschränkungen in seinen Aufgaben, die der Starec laut Erzähler machen mußte, betreffen nie direkt die beschriebenen Handlungssituationen. Als besonders signifikant für Zosimas bewußtes non-verbales Verhalten bezeichnet B. Harreß Zosimas Kniefall, den er trotz seiner körperlichen Schwäche ausführt.[64]

In seinem Verhalten zu den Ratsuchenden bleibt Zosima stets distanziert und sachlich – gegenüber Fëdor lächelt er sogar, wodurch seine Distanz zum Gesprächspartner noch betont wird. Er vertritt seine Meinung bestimmt und eindringlich, zeigt aber keine Gefühlsäußerungen wie Mitleidsbekundungen oder direkte Worte des Verstehens und des Trostes. Seine Sprechweise scheint dabei sehr ruhig zu sein, denn seine Äußerungen im Imperativ enden in der schriftlichen Darstellung fast nie mit einem Ausrufungszeichen. Wenn dieses Satzzeichen dann doch benutzt wird, geschieht dies zum Ausdruck der Emphase, wie bei der Frau, die für ihren verschwundenen Sohn eine Totenmesse lesen lassen will (II.3; 14:47). Zosima selbst gibt zu seiner Verhaltensweise gegenüber Frau Chochlakova einen Kommentar: „Не беспокойтесь о моем мнении." (II.4; 14:52) Zosima tritt also als Figur selbst zu-

---

[61] BACHTIN, M.: Probleme der Poetik Dostoevskijs. Übersetzt von A. Schramm, München 1971, S. Zu weiteren Kommentaren s. TERRAS, Companion, S. 99-100. | 281-282.
[62] LINNÉR, Starets Zosima, S. 48. Weitere Untersuchungen zur Sprache in Dostoevskijs Werken: ČIRKOV, N. M.: O stile Dostoevskogo. Problematika, idei, obrazy, M. 1967.
      IVANČIKOVA, E. A.: Sintaksis chudožestvennoj prozy Dostoevskogo, M. 1979.
[63] Zu Sprachverhalten bzw. verbaler und non-verbaler Kommunikation in Dostoevskijs Werk vgl. auch: SCHULTZE, B.: Der Dialog in F. M. Dostoevskijs „Idiot", München 1974.
[64] HARRESS, S. 261.

rück. Wie auch schon an rein sprachlichen Faktoren festgestellt wurde, geht es in seinen Äußerungen nicht um seine Meinung oder Bewertung. In seinen Gesprächen mit den Ratsuchenden ist Zosima zudem sehr direkt und spricht die Problematik offen und realistisch an. Am besten läßt sich die Wirkung dieser Vorgehensweise Zosimas durch Frau Chochlakovas Worte wiedergegeben: „О, как вы говорите, какие смелые и высшие слова, […]. Вы скажете и как быдто пронзите." (II.4; 14:51)[65] Nur gegenüber den Frauen aus dem Volk ist Zosimas Verhalten leicht nuanciert: Sein Tonfall wirkt gütiger; er illustriert seine Rede mit biblischen Geschichten und zeigt durch seine Absicht, für eine Frau zu beten sogar etwas persönliche Anteilnahme. Jedoch geht seine Hilfe auch hier nicht über die Aufgaben eines Priesters hinaus.

d) Das Verhalten Zosimas gegenüber Alëša

Alëša ist für Zosima – neben den ihm nahestehenden Mönchen Paisij, Iosif, Michail und Anfim (VI.1; 14:257) – eine der wenigen Personen, zu der er eine engere Beziehung hat. Zosimas Handeln gegenüber Alëša und seine Einstellung zu ihm werden auffälligerweise kaum dargestellt: Man erfährt nur, daß Zosima ihn bei sich wohnen läßt („Алеша жил в самой келье старца, которой очень полюбил его и допустил к себе." I.5; 14:28), ihn laut Erzähler gern 'synok' nennt (II.7; 14:71) und ihn aufrichtig gern hat. Dabei begründet sich Zosimas Zuneigung auch in der Ähnlichkeit Alëšas zu seinem verstorbenen Bruder (VI.1), dessen große Bedeutung für Zosima bereits erwähnt wurde. Diese besondere Position Alëšas im Leben des älteren Zosima wird im Roman keiner anderen Figur zugebilligt. Bemerkenswert ist, daß auch in diesem engeren Verhältnis das Innere des Starec mit seinen Gedanken oder Gefühlen verborgen bleibt. Wie sich hieran zeigt, liegt die Betonung bei der Darstellung Zosimas also weniger auf der Ausformung seiner individuellen Charakterzüge.

In der Öffentlichkeit ist das Verhältnis zwischen Zosima und Alëša durch die Ergebenheit und den Gehorsam Alëšas gekennzeichnet: Er tritt stets hinter den im Mittelpunkt stehenden Starec zurück. So bleibt er zum Beispiel bei der Zusammenkunft der Karamazovs immer als passiver Beobachter im Hintergrund (II.2, II.5, II.6) oder steht sogar explizit einen Schritt hinter Zosima (II.4). Nur an zwei Stellen wird über ein Gespräch zwischen den beiden berichtet: Nach dem Treffen mit den Karamazovs gibt Zosima Alëša eine Prophezeiung und Weisung mit grundlegender Bedeutung für dessen weiteres Leben (II.7), die er kurz vor seinem Tod noch einmal wiederholt (VI.1). Zu keiner anderen Figur macht er eine so detaillierte Aussage über seine Zukunft wie zu Alëša, wie später noch deutlich werden wird. Sie

---

[65] Ähnlich äußert sich auch Fëdor (II.2; 14:41).

zeigt seine Zuneigung zu ihm, da er sich Gedanken um ihn und sein Leben macht, und ihn zusätzlich noch auf seinen weiteren Weg vorbereitet. Bedeutender ist jedoch, daß sich in dieser Art der Zukunftsbestimmung auch das besondere Hierarchieverhältnis zwischen den Starcen und ihren Novizen zeigt, das bereits eine enge Verbindung zwischen beiden impliziert. Zosima als der geistige Leiter und Lehrer Alëšas sagt ihm, was geschehen wird und was er tun soll. Alëša hingegen glaubt an die Erfüllung dessen und leistet seinem Starec Gehorsam.[66]

e) Die Verhaltensweise in Gesprächen mit anderen Figuren

i. Zosima und Fëdor

Gespräche, die Zosima in seiner Position als Starec zeigen (die selbst in seinem Verhältnis zu Alëša stärker als die persönliche Beziehung spürbar ist), sind im Roman häufiger. Eines der aussagekräftigsten Beispiele für das Handeln und Reden des Starec Zosima zeigt sich in seiner Unterhaltung mit Fëdor beim Treffen der Karamazovs in seiner Zelle (II.2).[67] Hierbei zeichnen sich drei Repliken Zosimas in besonderer Weise aus. In der ersten antwortet der Starec auf Fëdors unangemessenes Verhalten und auf dessen Frage, ob er ihn beleidigt habe, mit einer eindringlichen Aufforderung:

> – Убедительно и вас прошу не беспокоиться и не стесняться, – внуши-
> тельно проговорил ему старец... – Не стесняйтесь, будьте совершенно как
> дома. А главное, не стыдитесь столь самого себя, ибо от сего лишь всё и
> выходит.   (II.2; 14:40)

An dieser Stelle zeigt sich Zosimas Art der Gesprächsführung und seine dahinter stehende Erfahrung im Umgang mit anderen: Er durchschaut den Charakter Fëdors, beschäftigt sich mit den Ursachen seines Verhaltens und konfrontiert ihn direkt und sachlich mit der Feststellung, daß sein Verhalten vor allem darin seine Ursache habe, daß er sich seiner schäme.[68] Wie Zosima zu diesem Ergebnis kommt, ist zunächst nicht offensichtlich, läßt sich jedoch zusammen mit Fëdors Antwort erklären:

> – […] Вы меня сейчас замечанием вашим: «Не стыдиться столь самого
> себя, потому что от сего лишь всё и выходит», – вы меня замечанием этим
> как бы насквозь прочкнули и внутри прочли. Именно мне всё так и кажет-
> ся, когда я к людям вхожу, что я подлее всех и что меня все за шута прини-
> мают, так вот «давай же я и в самом деле сыграю шута, не боюсь ваших
> мнений, потому что все вы до единого подлее меня!» Вот потому я и шут,

---

[66] K. Mochulsky sieht in der Beziehung Zosimas zu Alëša eine Parallele zu der Verbindung zwischen Zosimas Vorbild Tichon Zadonskij und einem seiner Novizen. MOCHULSKY, S. 333.

[67] Die Wirkung der Situation wird aufgrund des Verhaltens von Fëdor nicht nur als ungewöhnlich, sondern auch als grotesk beschrieben. LINNÉR, Starets Zosima, S. 28-30.

[68] Vgl. auch LOSSKIJ, S. 314.

от стыда шут, старец великий, от стыда. От мнительности одной и буяню.

(II.2; 14:41)

Fëdor hat also ein negatives Bild von sich, schämt sich deshalb seiner selbst und kann sich dadurch nicht mehr natürlich und ungezwungen verhalten. Stattdessen versucht er, seinem Selbstbild zu entsprechen und sich durch sein Verhalten zu beweisen, daß er auch in der Realität so schlecht ist, wie er sich wahrnimmt. Schließlich wird er von seiner Umgebung auch wirklich als schlecht empfunden und an dieser Stelle bemüht er sich dann, seinem Bild von sich treu zu bleiben. Durch die Tatsache, daß Zosima seine Äußerung bereits macht, bevor er von Fëdors schlechtem Selbstbild erfährt, entsteht der Eindruck, daß er ihn und die Gründe seines Verhaltens sofort durchschaut hat. Als Fëdor die Äußerung Zosimas hört, bestätigt er dessen Feststellung, indem er selbst noch weiterführende Erklärungen dazu gibt. Sicherlich muß man die Aufrichtigkeit dieser Selbsteinsicht Fëdors aufgrund seiner Über- treibungen und Falschaussagen in Frage stellen.[69] Außerdem hat seine Erkenntnis auch Grenzen: Er glaubt nämlich, daß er gut wäre, sobald die Menschen ihn nur für gut hielten. Hier schiebt er die Schuld an seinem schlechten Benehmen deutlich anderen Personen zu und sucht die Ursache nicht bei sich.

Der Starec schaut Fëdor an dieser Stelle mit einem Lächeln an als Zeichen dafür, daß er ihn durchschaut.[70] In seiner zweiten Replik behauptet er, Fëdor wisse längst selbst, was er tun müsse. Zosima listet dennoch alle Laster Fëdors auf (seine Liebe zum Alkohol, zu den Frauen, zum Geld und zur Geschwätzigkeit), führt ihm seine Lebensweise vor und macht ihm auf diese Weise deutlich, daß er sich nur durch eigenes Handeln ändern könne und dazu seine Leidenschaften einfach unterlassen und vor allem mit dem Lügen aufhören müsse. In seinem sich hieran anschließenden letzten, längeren Kommentar konfrontiert Zo- sima Fëdor realistisch und unbeschönigend mit den Folgen seines Verhaltens:

> – […] Главное, самому себе не лгите. Лгущий самому себе и собствен-
> ную ложь свою слушающий до того доходит, что уж никакой правды ни
> в себе, ни кругом не различает, а стало быть, входит в неуважение и к себе
> и к другим. Не уважая же никого, перестает любить, а чтобы, не имея люб-
> ви, занять себя и развлечь, предается страстям и грубым сладостям и дохо-
> дит совсем до скотства в пороках своих, а всё от беспрерывной лжи и лю-
> дям и себе самому. Лгущий себе самому прежде всех и обидеться может.
> Ведь обидеться иногда очень приятно, не так ли? И ведь знает человек,
> что никто не обидел его, а что он сам себе обиду навыдумал и налгал для
> красы, сам преувеличил, чтобы картину создать, к слову привязался и из
> горошинки сделал гору, – знает сам это, а все-таки самый первый оби-
> жается до приятности, до ощущения большого удовольствия, а тем самым

---

[69] Dennoch ist seine Einstellung hier eine andere als vor dem Gespräch, als er meinte, seine Ver- haltensweise einzusetzen, um sich beliebt zu machen (II.2; 14:39).

[70] Linnèr sieht das Lächeln bei Zosima generell auch als Reflexion seiner inneren Sicherheit und als Zeichen dafür, daß er die Kontrolle über die Situation habe. LINNÉR, Starets Zosima, S. 31.

доходит и до вражды истинной... (II.2; 14:41)

Zosima wiederholt hier seine eindringliche Warnung vor dem Lügen, wodurch die Bedeutung dieses Themas im Roman unterstrichen wird. Das Vermeiden der Lüge sei das Grundlegende, um eine Veränderung von Charakter oder Lebensführung zu erreichen, denn das Lügen könne weitreichende Folgen haben, wie Zosima eingehend darstellt. Zunächst erklärt er, wie das Lügen und eine lasterhafte Lebensweise zusammenhängen: Irgendwann erkenne man den Unterschied zwischen der eigenen Lüge und der Wahrheit nicht mehr. Dadurch beginne man, sich und andere zu mißachten, könne keine wirkliche Liebe mehr empfinden und gäbe sich als Ersatz Leidenschaften und Lastern hin. Zosima geht jedoch im zweiten Teil seiner Darstellung noch weiter: Jemand, der sich selbst belügt, fühle sich leichter beleidigt als andere, denn er empfinde auch Beleidigungen, die in der Realität gar keine seien, und übertreibe sie häufig sogar bis zur Feindschaft gegenüber dem angeblich Beleidigenden. Diese Übertreibungen seiner Lügen geschähen jedoch nur, damit er sich vom angeblichen Wahrheitscharakter seiner Vorstellungen überzeugen könne und weil er dabei Wohlbehagen und Vergnügen empfinde.[71] An das Thema der Lüge wird etwas später noch einmal durch den Erzähler angeknüpft: Dieser unterstützt Zosimas Ansicht, daß sich bei Menschen, die ihr ganzes Leben lang gelogen haben, zum Teil Lüge und Wirklichkeit vermischen. Dieses zeige sich daran, daß die Lügner in ihrer künstlich erzeugten Erregung sogar genau dieselben körperlichen Symptome zeigen können wie andere Menschen bei echter Ergriffenheit. Auch wenn das Bewußtsein der Lüge in diesen Momenten noch da sei, beeinträchtige es sie nicht bei dem Spielen ihrer Komödie. Diese Bestätigung der Aussagen Zosimas durch den Erzähler weist auf die große Bedeutung des Phänomens der Lüge hin.

> Есть у старых лгунов, всю жизнь свою проактерствовавших, минуты, когда они до тогозарисуются, что уже воистину дрожат и плачут от волнения, несмотря на то, что даже в этосамое мгновение (или секунду только спустя) могли бы сами шепнуть себе: «Ведь ты лжешь, старый бесстыдник, ведь ты актер и теперь, несмотря на весь твой „святой" гнев и „святую" минуту гнева». (II.6; 14:68)

Auffällig ist bei Zosimas Darstellung des Lügens, daß es – wie in der ersten Replik Zosimas über Fëdors Verhalten im Allgemeinen – auch hier um die Bestätigung eines negativen Selbstbildes durch entsprechendes Verhalten geht. Zosima sieht das Lügen als wich-

---

[71] S. Linnér bezeichnet diese Aussagen des Starec zwar als brillant und angemessen, betont jedoch, daß er bei Fëdor dennoch keine Veränderung erreiche. V. N. Belopol'skij kommentiert zu dieser Textstelle, daß hier die Wahrheit als höchster und unentbehrlichster moralischer Wert erscheine, und bezeichnet die Äußerung 'ne lgite!' als ersten Leitsatz von Zosimas Ethik. Die Lüge erscheine dabei als erstes Beispiel des Bösen.
BELOPOL'SKIJ, V. N.: Dostoevskij i filosofskaja mysl' ego épochi. Koncepcija čeloveka, Rostovna-Donu 1987, S. 179-180. LINNÉR, Starets Zosima, S. 77.

tigste Ursache von Fëdors Verhalten, insbesondere seinen Lastern. An Fëdor zeigt sich auch, wie zutreffend Zosimas Analyse des lügenden Menschen ist: Er ist eine Person, die ständig lügt, übertreibt und versucht, sich dabei zu glauben. Das daraus resultierende verzerrte Weltbild kann durchaus ein Grund sein, warum er seinen Söhnen oder ihm nahestehenden Frauen gegenüber keine wirkliche Liebe empfindet, sondern sich – nicht nur in Bezug auf Frauen – der absoluten Genußsucht hingibt und völlig 'vertiert', wie Zosima sich ausdrückt. Auch fühlt er sich sehr leicht grundlos beleidigt, steigert sich in die Aussagen anderer hinein, übertreibt sie, statt wirkliche Argumente zu geben und benutzt so die Übertreibung der Lüge als Beweis für ihren Wahrheitscharakter. Dies zeigt sich zum Beispiel an seinem Gedanken, seinen Sohn Dmitrij zum Duell zu fordern (II.6) oder auch in seiner übertriebenen, spöttischen Reaktion auf die Aussagen Miusovs, wobei ihm die folgenden Entgegnungen Miusovs Selbstbestätigung für seine Niedrigkeit und Gemeinheit geben. Fëdors Antwort auf die Replik über das Lügen wird durch eine zuvor erfolgende kurze Aussage des Starec relativiert: Er durchschaut Fëdor und bezeichnet sein jetziges Verhalten (offensichtlich einen Kniefall vor Zosima als Reaktion auf dessen Ausführungen über das Lügen) als eine verlogene Geste. Dies läßt Fëdors emphatische Zustimmung zu den Ausführungen über das Lügen in einem anderen Licht erscheinen und bezweifeln, daß es sich hierbei um Fëdors aufrichtige, ehrliche Meinung handelt. Er bestätigt zwar, daß es angenehm und manchmal sogar schön sei, sich beleidigt zu fühlen – doch schon seine Bemerkung, er werde sich die Worte des Starec in sein Notizbuch schreiben, zeichnet sich wieder durch Übertreibung aus. Einen Höhepunkt erreicht Fëdors Verhaltensweise dann am Ende des Gesprächs in seiner dreisten Behauptung, daß er den Starec getestet und dieser den Test bestanden habe. Insgesamt macht Fëdors Zustimmung zu den Aussagen Zosimas den Eindruck, als ob er sie ebenfalls als Bestätigung seiner Schlechtigkeit auffaßt, und deshalb mit weiterem schlechten Benehmen den Eindruck Zosimas von ihm unterstützen will.[72]

---

[72] Auch im weiteren Verlauf des Romans zeigt sich an Fëdors Benehmen die Richtigkeit der Ansichten Zosimas: So erinnert er sich beim Abt an seine eigenen Worte (nicht an die Zosimas) aus dem Gespräch mit dem Starec und in Verbindung damit auch an seine Schlechtigkeit im Vergleich zu anderen. Dadurch regt sich in ihm das Verlangen, sich für seine eigenen Gemeinheiten an allen zu rächen (II.8). Er haßt sogar die Leute, denen er eine Gemeinheit angetan hat, dafür, daß er sie beleidigt hat - auch hier schämt er sich also wieder seines Verhaltens, schiebt die Schuld an der Situation von sich auf andere und versucht, sich durch sein schlechtes Betragen Bestätigung für sein negatives Selbstbild zu verschaffen: „Ведь уж теперь себя не реабилитируешь, так давай-ка я им еще наплюю до бесстыдства: не стыжусь, дескать, вас, да и только!" (II.8; 14:80). Zu Fëdors Benehmen in diesem Gespräch und besonders zu seiner Sprechweise s. auch BUSCH, R. L.: Humor in the Major Novels of F. M. Dostoevsky, Columbus (Ohio) 1987, S. 121-123.

ii. Zosima und Frau Chochlakova

Auch in der Unterhaltung mit Frau Chochlakova lassen sich einige signifikante Punkte feststellen (II.4). Die Struktur ist hier ist ähnlich wie in dem Gespräch mit Fëdor: Zosima spricht zunächst nur in kurzen Repliken, endet jedoch mit einer längeren Erläuterung und Unterweisung am Ende der Unterredung, die den Gesprächsgegenstand noch einmal zusammengefaßt und erweitert behandelt. Die Ausgangssituation in der Unterhaltung zwischen Zosima und Frau Chochlakova ist jedoch anders als die zwischen Zosima und Fëdor, denn die Witwe bittet selbst um Hilfe. Ihr zunächst direkt geäußertes Problem besteht in ihrem Unglauben bezüglich eines Lebens nach dem Tode. Sie sucht nach Beweisen für den Glauben, da sie einerseits ohne diese nicht glauben könne, andererseits aber auch den Zustand des Unglaubens nicht ertragen könne. Zosima antwortet ihr hier direkt, realistisch und desillusionierend, daß es diese Beweise nicht gibt. Er macht aber die Einschränkung, daß man sich durch das Prinzip der 'tätigen Liebe' ('*opyt dejatel'noj ljubvi*')[73], unter der er aktiv praktizierte Nächstenliebe versteht, vom Glauben überzeugen könne:

> – Опытом деятельной любви. Постарайтесь любить ваших ближних деятельно и неустанно. По мере того как будете преуспевать в любви, будете убеждаться и в бытии Бога, и в бессмертии души вашей. Если же дойдете до полного самоотвержения в любви к ближнему, тогда уж несомненно уверуете, и никакое сомнение даже и не возможет зайти в вашу душу. Это испытано, это точно. (II.4; 14:52)

Durch die Nächstenliebe soll Frau Chochlakova zur Selbstverleugnung durch Selbstaufopferung gelangen. Danach werde sie keine Zweifel an der Existenz Gottes und dem Leben nach dem Tode mehr haben – der Inhalt des Gesprächs ist also von dem Unglauben an ein Weiterleben der Seele nach dem Tode allgemein auf den Glauben an Gott ausgeweitet worden. Hierauf teilt Frau Chochlakova ihm mit, daß sie die Menschheit bereits sehr liebe und manchmal sogar davon träume, ins Kloster einzutreten, um als Nonne andere zu pflegen. Zosima lobt sie hierfür – sie entgegnet jedoch, daß diese Liebe schnell abkühlen würde, wenn man ihr Undankbarkeit für ihre Taten entgegenbrächte. In einer Schlußfolgerung gibt sie zu, daß sie nicht ihrer aufrichtigen Liebe wegen handelt, sondern, weil es ihr um den Lohn dafür in Form von Gegenliebe geht. Wie sich in ihrem 'Anfall aufrichtiger

---

[73] Die Idee der 'tätigen Liebe' stammt nach N. Gorodetzky direkt von Zosimas realem Vorbild Tichon Zadonskij. Das Kennzeichen dieser selbstlosen Liebe besteht nach V. Terras darin, daß sie immer auf jemanden oder etwas Bestimmtes gerichtet sei und damit in Kontrast stehe zur abstrakten Liebe des Großinquisitors zur Menschheit. Außerdem weisen Terras und N. Losskij darauf hin, daß diese christliche Liebe, die sich auf die gesamte Schöpfung beziehe, nur eine von drei Arten der Liebe in Dostoevskijs Werk sei. Daneben gäbe es die leidenschaftliche Liebe (wie bei Dmitrij und Grušenka) oder die Liebe aus Eitelkeit (wie bei Ivan und Katerina).
GORODETZKY, S. 181-186.   LINNÉR, Starets Zosima, S. 36.   LOSSKIJ, S. 210-211.
TERRAS, Companion, S. 76.

Selbstbeschuldigung' (*'pripadka samogo iskrennego samobičevanija'* II.4; 14:53) – wie der Erzähler ihre Ausführungen bezeichnet – herausstellt, ist es also eine höchst eigennützige Liebe.

Zosima führt dann als Parallele zu Frau Chochlakovas eigennütziger Liebe die Geschichte eines Arztes an, die das Problem konkretisiert: Je mehr dieser Mann die Menschheit als Ganzes liebte, desto weniger liebte er den einzelnen Menschen. Bei zu engem Kontakt gegenüber bestimmten Menschen entwickelte er sogar eine feindliche Einstellung, da diese Menschen seine Eigenliebe und seine Freiheit störten. Auf Frau Chochlakovas Frage, was man in einer solchen Situation denn tun könne, konstatiert Zosima:

> – Нет, ибо и того довольно, что вы о сем сокрушаетесь. Сделайте, что можете, и сочтется вам. У вас же много уже сделано, ибо вы могли столь глубоко и искренно сознать себя сами! (II.4; 14:53)

Es genüge bei einem solchen Problem zunächst also schon, daß man es überhaupt erst einmal erkenne und sich Gedanken darüber mache. Allerdings macht Zosima, nachdem er Frau Chochlakova seine Anerkennung ausgesprochen hat, auch gleich wieder eine Einschränkung mit mahnendem Charakter: Wenn sie nur deshalb aufrichtig ihm gegenüber gesprochen habe, um von ihm Lob dafür zu erlangen, dann werde sie niemals zur tätigen Liebe gelangen. Er steigert seine Aussage sogar noch und fügt hinzu, daß ihr Leben dann wie ein Trugbild einfach an ihr vorbeigehen würde, ohne daß sie etwas Konkretes geleistet hätte. Er zeigt ihr hier realistisch, wie ihr Leben aussehen würde, wenn sie so weiterlebte wie bisher, und impliziert in seiner Äußerung dabei eine Aufforderung zum Handeln. Zosimas Argumentation gewinnt durch diese Wendung vom Lob zur Mahnung besondere Nachdrücklichkeit. Frau Chochlakova fühlt sich durch die Worte des Starec getroffen:

> – Вы меня раздавили! Я теперь только, вот в это мгновение, как вы говорили, поняла, что я действительно ждала только вашей похвалы моей искренности, когда вам рассказывала о том, что не выдержу неблагодарности. Вы мне подсказали меня, вы уловили меня и мне же объяснили меня! (II.4; 14:53)

Ihr ging es, als sie sich über ihre potentielle Undankbarkeit äußerte, weniger um die eigene Einsicht in ihr Wesen, sondern um das Lob, das sie für diese Einsicht von Zosima erhalten würde. An die Aufrichtigkeit dieser zweiten Aussage glaubt Zosima jedoch, wie zu Beginn seiner letzten, längeren Replik deutlich wird. Auch hält er Frau Chochlakova für einen dem Wesen nach guten Menschen. Anschließend gibt er ihr einige Ratschläge mit auf den Weg:

> – […] Главное, убегайте лжи, всякой лжи, лжи себе самой в особенности. Наблюдайте свою ложь и вглядывайтесь в нее каждый час, каждую минуту. Брезгливости убегайте тоже и к другим и к себе: то, что вам кажется внутри себя скверным, уже одним тем, что вы это заметили в себе, очищается. Страха тоже убегайте, хотя страх есть лишь последствие всякой лжи. Не пугайтесь никогда собственного вашего малодушия в достижении любви, даже дурных при этом поступков ваших не пугайтесь

очень. (II.4; 14:54)

Besondere Betonung erhält hierbei – in Anknüpfung an Zosimas Erläuterung über das Lügen gegenüber Fëdor – die Aufforderung, das Lügen, und dabei im Besonderen das Lügen sich selbst gegenüber, zu vermeiden. Anschließend wird die Abneigung gegenüber anderen Menschen, die in Zosimas Rede zu Fëdor als Folge der Lüge dargestellt wurde, wieder aufgegriffen. Hinzu kommt die Angst, die ebenfalls auf die Lüge zurückgeführt wird. Weiterhin bereitet Zosima Frau Chochlakova auf die Zukunft vor, indem er sie über die Schwere ihrer Aufgabe und des von ihr gewählten Weges aufklärt. Er macht ihr jedoch danach eine Voraussage, die durch ihren positiven Schluß ermutigend wirkt: Das Prinzip der 'werktätigen Liebe' sei trotz seiner Schwierigkeit ausführbar. Und wenn sie feststelle, daß sie ihr Ziel nicht erreicht habe, werde sie gerade dann die Kraft Gottes erfahren und ihr Ziel erreicht haben. Mit dieser Aussage beendet er die Unterhaltung.[74]

iii. Zosima und Frauen aus dem Volk

Zosimas Erscheinen vor dem Volk erhält eine besondere Bedeutung durch die einleitenden Bemerkungen des Erzählers über das Leid im Volk, die er seiner Beschreibung der ratsuchenden Pilger folgen läßt:

> – [...] Есть в народе горе молчаливое и многотерпеливое; оно уходит в себя и молчит. Но есть горе и надорванное: оно пробьется раз слезами и с той минуты уходит в причитывания. Это особенно у женщин. Но не легче оно молчаливого горя. Причитания утоляют тут лишь тем, что еще более растравляют и надрывают сердце. Такое горе и утешения не желает, чувством своей неутолимости питается. Причитания лишь потребность раздражать беспрерывно рану. (II.3; 14:45)

Diese Erscheinungsformen des Leids und der Umgang mit ihm werden im Folgenden an drei Frauen gezeigt, die beispielhaft für das Leid vieler aus dem Volk stehen. Von besonderem Interesse für diese Thematik sind hierbei die Gespräche zwischen Zosima und der ersten und letzten Frau, die beide ausführlicher im Roman dargestellt werden und Zosimas charakteristische Art zu helfen illustrieren. Die erste Frau, die zu ihm kommt, ist eine Bäuerin, die ihr Kind verlor und danach ihr Zuhause und ihren Mann verließ, um auf Pilgerschaft zu gehen. Nach einiger Zeit hat sie ihren Mann vergessen und meint, mit ihrem vorherigen Leben abgeschlossen zu haben. Um ihren Sohn trauert sie jedoch noch immer. Schon in seiner ersten Replik gegenüber dieser Frau verwendet Zosima eine Heiligenlegende, um ihr deutlich zu machen, daß auch andere dasselbe Schicksal tragen, aber auch,

---

[74] Wie S. Linnér zu diesem Gespräch kritisch feststellt, bekommt Frau Chochlakova zwar einige gute Ratschläge von Zosima – es bleibe jedoch im ganzen Roman unklar, ob diese sie wirklich beeinflussen. LINNÉR, Starets Zosima, S. 78.

um ihr eine neue Sichtweise des Sachverhalts zu bieten: Ihr Kind sei jetzt bei Gott und darüber könne sie sich freuen. Da die Frau dadurch noch nicht beruhigt ist, ändert Zosima in seiner zweiten Replik seine Vorgehensweise:

> – А это, – проговорил старец, – это древняя 'Рахиль плачет о детях своих и не может утешиться, потому что их нет', и таковой вам, матерям, предел на земле положен. И не утешайся, и не надо тебе утешаться, не утешайся и плачь, только каждый раз, когда плачешь, вспоминай неуклонно, что сыночек твой – есть единый от ангелов Божиих – оттуда на тебя смотрит и видит тебя, и на твои слезы радуется, и на них господу богу указывает. И надолго еще тебе сего великого материнского плача будет, но обратится он под конец тебе в тихую радость, и будут горькие слезы твои лишь слезами тихого умиления и сердечного очищения, от грехов спасающего. (II.3; 14:46)

Durch einen kurzen Vergleich zu einer entsprechenden Bibelsituation, sagt er der Mutter, daß ihr Schicksal nun einmal so sei und daß sie es nicht ändern könne. Sie solle ruhig weinen – es sei völlig normal, wenn sie es tue. Zum Ende seiner Äußerung stellt Zosima ihr dann noch die Prognose, daß sich ihr Leid mit der Zeit vermindern wird. Er zeigt ihr jedoch auch eine Möglichkeit, dies zu erleichtern: Sie soll in Gedanken zu ihrem Sohn Verbindung aufnehmen, der nach religiöser Vorstellung als Engel aus dem Himmel ebenfalls mit ihr in Kontakt steht. Damit wiederholt er das Motiv von ihrem Sohn als Engel aus seiner ersten Replik. Durch sein Versprechen, für ihr Kind zu beten, signalisiert er ihr aber auch seine Anteilnahme. Gleich darauf geht Zosima in seiner letzten Replik in diesem Gespräch auf die Realität ihres praktischen Lebens über und richtet eine direkte Mahnung an die Frau: Er erklärt ihr, daß es eine Sünde sei, ihren Mann zu verlassen, da auch er durch die Ereignisse leide, und fordert sie auf, zu ihm zurückzukehren.[75] Dabei regt er sie mit rhetorischen Fragen zum Nachdenken über ihre Situation an und wiederholt abermals das Motiv von ihrem Sohn als Engel (der die Trennung der Eltern sehen kann), das er hier einsetzt, um seiner Aussage Nachdruck zu verleihen. Die Frau entgegnet Zosima hierauf, er habe in ihrer Seele gelesen und sie werde seine Worte befolgen.[76]

Danach führt Zosima ein kurzes Gespräch mit einer Witwe aus der angrenzenden Stadt. Ihr Sohn sei in Sibirien und habe sich lange nicht gemeldet. Nun wolle sie für ihn eine Totenmesse lesen lassen, da ihr dies als Mittel geraten wurde, bei ihm Sehnsucht nach seiner

---

[75] Vgl. auch LOSSKIJ, S. 314. THOMPSON, S. 91-93.

[76] Häufig wird in Bezug auf das Gespräch zwischen Zosima und dieser Frau auch auf autobiographische Elemente aus dem Leben Dostoevskijs eingegangen. Nach Notizen seiner Ehefrau Anna Grigor'evna bestehen zwischen dieser Gesprächssituation und der zwischen Dostoevskij und Starec Amvrosij in der 'Optina pustyn'' Ähnlichkeiten. Hierbei sollen die Worte des Starec Amvrosij zu Dostoevskij, der kurz vorher seinen Sohn Aleksej verloren hatte, als Vorbild für die Aussagen des Starec Zosima an dieser Stelle gedient haben. Vgl. hierzu GROSSMAN, Seminarij, S. 67. MOCHULSKY, S. 571-572. REBER, Einführung, S. 111-112. TERRAS, Companion, S. 27.

Mutter zu erzeugen. Zosima mahnt sie eindringlich, dies nicht zu tun – es sei eine Sünde, für einen noch Lebenden eine Totenmesse lesen zu lassen. Weiterhin gibt er ihr keinen Rat, sondern die mit Bestimmtheit hervorgebrachte Vorausdeutung, daß ihr Sohn sich bald bei ihr melden werde. Das Prinzip der beruhigenden Zukunftsprognose wird hier genauso verwendet wie bei Frau Chochlakova oder der Mutter, die ihr Kind verloren hat.

Größere Bedeutung hat ein Gespräch des Starec mit einer jungen, kranken Bäuerin, die von weither gekommen ist. Sie hatte sehr unter der Brutalität ihres Ehemannes zu leiden und als er erkrankte, wünschte sie deshalb nicht, daß er wieder gesund würde. Es ist anzunehmen, daß sie selbst aktiv zu seinem Tode beitrug.[77] Sie ist nun seit drei Jahren Witwe; doch seit sie selbst krank wurde, erinnert sie sich immer wieder an ihre damaligen Gedanken. Jetzt fürchtet sie sich vor ihrem eigenen Tod. In einer langen Replik am Ende des Gesprächs gibt Zosima ihr wiederholt und eindringlich den Rat, sich nicht zu fürchten, sondern Reue für ihre Sünde zu empfinden.[78] Sie solle daran glauben, daß Gott ihr dann alles vergeben werde, da er alle Menschen gleich liebe:

> – Ничего не бойся, и никогда не бойся, и не тоскуй. Только бы покаяние не оскудевало в тебе – и все бог простит. […] О покаянии лишь заботься, непрестанном, а боязнь отгони вовсе. Веруй, что Бог тебя любит так, как ты и не помышляешь о том, хотя бы со грехом твоим и во грехе твоем любит. […] Иди же и не бойся. На людей не огорчайся, за обиды не сердись. Покойнику в сердце все прости, чем тебя оскорбил, примирись с ним воистину. Коли каешься, так и любишь. А будешь любить, то ты уже божья... Любовью все покупается, все спасается. Уж коли я, такой же, как и ты, человек грешный, над тобой умилился пожалел тебя, кольми паче бог. Любовь такое бесценное сокровище, что на нее весь мир купить можешь, и не только свои, но и чужие грехи еще выкупишь. Ступай и не бойся. (II.3; 14:48)

Das Wesentliche an Zosimas Aussage sind die Ratschläge, die er der Frau zur Bewältigung ihrer Vergangenheit, aber auch zum Umgang mit ihren Mitmenschen gibt. Zum einen soll sie mit ihrer nicht mehr veränderbaren Vergangenheit Frieden schließen, indem sie ihrem Mann sein Verhalten vergibt, zum anderen soll sie auch anderen Menschen verzeihen, wenn sie ihr Unrecht zufügen. Dadurch käme sie dann zur Liebe, die Zosima für das größte Gut hält, und die sie retten würde. Wichtig ist auch die Äußerung des Starec, daß er sich selbst für einen sündigen Menschen hält und Rührung und Mitleid angesichts der Geschichte der Witwe empfindet – dies stellt die einzige Äußerung über sich selbst in seinen

---

[77] So auch LINNÉR, Starets Zosima, S. 35.
[78] V. N. Belopol'skij sieht in der Äußerung 'Grecha svoego ne bojtes'' den zweiten Leitsatz der Ethik Zosimas. Die Furcht vor der Sünde und der Wunsch, sie zu verdecken, würden unweigerlich zur Lüge führen. In diesem Zusammenhang erwähnt Belopol'skij, daß das Thema der Lüge auch von Bedeutung für die Handlungsentwicklung sei: Katerina Ivanova belügt sich über ihre Gefühle zu Dmitrij und lügt letztendlich auch vor Gericht, wodurch sie Dmitrij endgültig vernichtet. BELOPOL'SKIJ, S. 180-181.

Gesprächen dar.[79]

4. Beschreibung von Charakter und Denkweise des Starec

a) Eigenschaften und Fähigkeiten Zosimas

i. Einzelne charakteristische Züge

Zu Zosimas Eigenschaften werden im Roman fast keine direkten Angaben gemacht – sie lassen sich nur aus seinem Handeln und seinen Aussagen herleiten. Einige Charakterzüge Zosimas sind bereits in den einzelnen Kapiteln dieser Arbeit angeklungen; sie sollen jedoch an dieser Stelle noch einmal eine zusammenfassende und ergänzende Betrachtung erfahren, um ihre Grundzüge klar herauszustellen: Entsprechend seiner religiösen Position ist Zosima uneigennützig, bescheiden und fast asketisch. Dies zeigt sich beispielhaft in seinem Handeln gegenüber Alëša, als er diesen noch zum Abt schickt, obwohl es ihm schlecht geht und seine Stunden bereits gezählt sind (II.7), und an seiner Lebensweise, auf die noch gesondert eingegangen werden wird. Auch seine Einstellung zu seinen vermeintlichen Erfolgen im Wirken als Starec ist in diesem Zusammenhang zu erwähnen – sie zeigt sich besonders an seiner Aussage über die Verbesserung von Lizas Gesundheitszustand, die er nicht sich selbst, sondern Gott zuschreibt:

> – [...] Облегчение не есть еще полное исцеление и могло произойти и от других причин. Но если что и было, то ничьею силой, кроме как божиим изволением. Все от бога. (II.4; 14:51)

Dies ist ein Beispiel für die tiefe Gläubigkeit des Starec, die sich besonders in der Darstellung seiner Lehren, aber auch in seinen Gesprächen mit Frau Chochlakova und den übrigen Frauen zeigt. Bemerkenswert ist, daß er sich trotz seiner religiös bestimmten, asketischen Lebensführung einen Sinn für Humor bewahrt hat (zum Beispiel in seinem Verhalten gegenüber Liza in II.4) und der Freude in seinem Leben einen großen Stellenwert zuschreibt, wie später noch gezeigt werden wird. Besonders erwähnt wird, wie vorurteilslos Zosima anderen begegnet, und daß er die sündigen Menschen trotz ihrer Fehler am meisten liebt.[80]

---

[79] Zu den Begegnungen Zosimas mit dem Volk merkt S. Linnér an, daß die Vertreter des Volkes nur zur Illustration der Fähigkeiten Zosimas dienen und deshalb wenig individualisiert dargestellt werden. LINNÉR, Starets Zosima, S. 77.

[80] N. Reber beschreibt Zosima als „gütigen alten Mönch, der Liebe, Erbarmen, Allverzeihen und Freude nicht nur predigt, sondern mit seinem ganzen Wesen verkörpert und lebt". Ähnlich schreibt E. Heier Zosima Eigenschaften wie eine mitfühlende und vergebende Natur, eine selbstlose Liebe und Demut und Bescheidenheit zu. W. Nigg sieht Zosimas Liebe zu allen Menschen, die frei von Antipathiegefühlen sei, als sehr charakteristisch für Zosima. Sie ermögliche es ihm erst, auf die Sorgen der zu ihm kommenden Menschen einzugehen. S. Linnér hingegen betont, daß sich auch

Алеше необыкновенно поражало и то, что старец был вовсе не строг; на-
против, был всегда почти весел в обхождении. Монахи про него говорили,
что он именно привязывается душой к тому, кто грешнее, и, кто всех более грешен, того он всех более и возлюбит.   (I.5; 14:28)

Dies zeigt sich zum Beispiel daran, daß er – wie in der Untersuchung seines Gesprächsver-

haltens schon deutlich geworden ist – ungeachtet der Reaktion seines Gesprächspartners

immer ruhig, ausgeglichen und wohlwollend bleibt (so besonders zu Fëdor in II.2 und II.6).[81]

ii. Die Sehergabe des Starec

Bereits zu Beginn der Einführung des Starec Zosima im Roman erfolgt eine aus-

führliche Darstellung seiner Fähigkeiten:

Про старца Зосиму говорили многие, что он, допуская к себе столь многие
годы всех приходивших к нему исповедовать сердце свое и жаждавших
от него совета и врачебного слова, до того много принял в душу свою от-
кровений, сокрушений, сознаний, что под конец приобрел прозорливость
уже столь тонкую, что с первого взгляда на лицо незнакомого, приходив-
шего к нему, мог угадывать: с чем тот пришел, чего тому нужно и даже
какого рода мучение терзает его совесть, и удивлял, смущал и почти пугал
иногда пришедшего таким знанием тайны его, прежде чемтот молвил сло-
во.   (I.5; 14:28)

Wie der Erzähler hier erklärt, hat Zosima eine große Lebenserfahrung gesammelt, da er sich

viele Jahre mit den Problemen der zu ihm kommenden Ratsuchenden beschäftigte. Diese

Erfahrung äußert sich in einer Scharfsichtigkeit oder ausgeprägten Beobachtungsgabe, die

es ihm ermöglicht, dem Hilfesuchenden auf den ersten Blick seinen Kummer anzusehen.[82]

Zur Beschreibung dieses Sachverhalts verwendet der Erzähler eine besondere Vorgehens-

weise: Er macht deutlich, daß er an dieser Stelle die Aussagen anderer, nicht näher genannter

Personen wiedergibt. Durch diese Berufung auf andere erzielt er eine objektivierende Wir-

kung für seine Aussage und distanziert sich gleichzeitig von ihr.

Zosimas Scharfsichtigkeit und Beobachtungsgabe, die zunächst als durch Lebenser-

fahrung erlernte Fähigkeit beschrieben werden, erhalten durch die später dargestellten Zu-

kunftsvoraussagen des Starec jedoch eine mystische Konnotation. Deshalb ist für die Fähig-

keit des Starec statt der wörtlichen Übersetzung von 'prozorlivost'' als 'Scharfsichtigkeit,

Weitsicht, Weitblick' auch die Bezeichnung 'Sehergabe' gerechtfertigt, wobei diese Kon-

---

auf Basis seines Handelns für Zosima kaum charakterliche Details ergeben, wie sie zu einem realistischen Portrait gehörten.
NIGG, W.: Religiöse Denker. Kierkegaard, Dostojewskij, Nietzsche, van Gogh, Berlin / Mün-chen
1952, S. 199.   HEIER, S. 97.   LINNÉR, Starets Zosima, S. 37.   REBER, Einführung, S. 16.
[81] Zur konsequenten Selbstkontrolle Zosimas, seinem bewahrten Intellekt und seiner intakten Urteilsfähigkeit trotz seiner körperlichen Schwäche äußern sich auch Linnér.   LINNÉR, Starets Zo-
[82] Vgl. auch LINNÉR, Starets Zosima, S. 23-24. | sima, S. 79.

notation durchaus auch in dem russischen Begriff enthalten ist.[83]

Das erste Beispiel dieser Sehergabe stellt sein Kniefall vor Dmitrij dar (II.6), durch den er den auf dem Höhepunkt befindlichen Streit der Karamazovs beendet. Trotz seiner körperlichen Schwäche und Erschöpfung geht er zu Dmitrij, kniet in einer bewußten Verbeugung vor ihm nieder und berührt sogar mit der Stirn den Boden. Dmitrij ist zunächst verwirrt, stürzt dann aber plötzlich – begleitet von einem Ausruf des Verstehens – aus dem Zimmer. Auch alle anderen sind verwirrt und verlassen den Raum. Nur Fëdor stellt die unbeantwortet bleibende Frage, was für einen Grund der Kniefall habe und ob es ein Symbol sei. In Verbindung mit Fëdors Bezeichnung seines Sohnes Dmitrij als Vatermörder wird jedoch auch gleich ein konkreter Bezug für die symbolische Bedeutung geliefert und eine entsprechende Erwartungshaltung geweckt.[84] Das Thema des Kniefalls und seine Bedeutung werden danach noch in mehreren Kapiteln aufgegriffen.

So gibt Zosima Alëša den Rat, in der Nähe seiner Brüder zu bleiben (II.7). Alëša glaubt in diesem Zusammenhang sofort an eine geheimnisvolle, vielleicht auch furchtbare Bedeutung des Kniefalls und ist sich sicher, daß die Voraussagung des Starec eintreffen werde. In einem sich anschließenden Gespräch mit dem Seminaristen Rakitin wird das Thema fortgeführt, in seiner Bedeutung gesteigert und einer konkreten Deutung unterworfen. Rakitin spricht mit Alëša über die Bedeutung des Kniefalls und ist dabei der Meinung, daß der Starec tatsächlich hellsichtig sei und ein Verbrechen bei den Karamazovs ahnen würde. Der Kniefall sei ein Symbol, eine Allegorie: Der Starec jage den Gerechten davon und mache vor dem Mörder einen Kniefall. Schließlich gibt auch Alëša zu, solche Gedanken gehabt zu haben. Zum Schluß grenzt Rakitin das Verbrechen auf Dmitrij und Fëdor ein, die wegen ihres gemeinsamen Interesses an Grušenka schon jetzt miteinander in Konflikt stehen.

Eine endgültige Deutung findet dieses Thema dann, als Zosima zu Beginn seiner letzten Unterhaltung Alëša bittet, Dmitrij zu finden, damit er vielleicht noch etwas Furchtbares verhindern könne (VI.1). Auf Alëšas Frage, was dies zu bedeuten habe, gibt nun gibt Zosima selbst die Erklärung für seinen Kniefall und bestätigt die im Roman bereits angelegten Vermutungen: Er sei vor Dmitrij niedergefallen, da diesem großes Leid bevorstehe. Ohne dies näher zu definieren antwortet er ausweichend:

---

[83] Deutsche Bedeutungen nach: LEJN, K. (Hrsg.): Russko-nemeckij slovar' (osnovnoj), M. 1991. Ožegov umschreibt 'prozorlivyj' mit 'umejuščij predvidet', pronicatel'nyj', d.h. die Konnation der Fähigkeit zum Voraussehen ist im Wort enthalten.
OŽEGOV, S. I.: Slovar' russkogo jazyka, M. 1987.   Vgl. auch LOSSKIJ, S. 314.
[84] S. auch LINNÉR, Starets Zosima, S. 78-79. Zur Bedeutung des Kniefalls im zentripetalen Kompositionsprinzip des Romans s. REBER, Einführung, S. 117.

– [...] Показалось мне вчера нечто страшное... словно всю судьбу его выразил вчера его взгляд. Был такой у него один взгляд... так что ужаснулся я в сердце моем мгновенно тому, что уготовляет этот человек для себя.   (VI.1; 14:259)

Er meint also, in Dmitrijs Blick sein ganzes Schicksal gesehen zu haben und ergänzt, daß sich, immer wenn er diesen Gesichtsausdruck bei jemandem gesehen habe, das Schicksal auch erfüllt habe. Ein Zwischenfall um Dmitrij scheint jetzt also unausweichlich.

Die seherischen Fähigkeiten bzw. die Weitsicht des Starec erstrecken sich jedoch nicht nur auf Dmitrij, sondern auch auf Alëša. In seinem Gespräch mit Alëša nach dem Treffen der Karamazovs äußert sich Zosima über dessen Zukunft und gibt ihm für sein weiteres Leben eine feste Weisung (II.7): Sein Platz liege künftig nicht im Kloster – er solle es nach seinem Tod verlassen, werde viel durchmachen und unter anderem auch heiraten müssen. Zosima sendet ihn kurz vor seinem Tod also in die Welt, weist ihm die Aufgabe zu, sich dort zu bewähren, ist aber überzeugt, daß Alëša sie erfüllen kann. Diese Äußerung Zosimas ist jedoch weniger eine Voraussehung, als eine Bestimmung, wie Alëša sein weiteres Leben führen soll. Außerdem erscheinen die Schwierigkeiten, die Zosima ihm voraussagt, sehr wahrscheinlich und naheliegend. Die Wirkung dieser Aufgabe für Alëša liegt darin, daß sie ihm Trost nach dem Tode seines Starec geben kann und ihn auch auf sein zukünftiges Schicksal vorbereitet. In diesem Zusammenhang ist wohl auch das Vermächtnis zu sehen, das Zosima ihm mit auf den Weg gibt.[85] An späterer Stelle wiederholt er seine Prognose für Alëša noch einmal, betont aber im Gegensatz zu der ersten – die nur die Aufforderung enthielt, im Unglück das Glück zu suchen, – die positive Wende in Alëšas Schicksal:

– Мыслю о тебе так: изыдешь из стен сих, а в миру пребудешь как инок. Много будешь иметь противников, но и самые враги твои будут любить тебя. Много несчастий принесет тебе жизнь, но ими-то ты и счастлив будешь, и жизнь благословишь, и других благословить заставишь – что важнее всего. Ну вот ты каков.   (VI.1; 14:259)

Zosima sagt ihm zwar ein schweres Schicksal voraus, aber auch, daß er trotzdem glücklich sein werde und auch andere dazu bringen werde, seine Lebensfreude anzunehmen. Wie schon in seiner ersten Voraussage bereitet er Alëša auf diese Weise auf seine Zukunft vor und hilft ihm so, daß er ihr ohne Unruhe oder Sorge entgegensehen kann.

Schon in der Romanhandlung selbst ist angelegt, daß es sich hierbei um eine Voraussage handelt, deren Erfüllung grundsätzlich möglich erscheint und sich auch schon zu Lebzeiten des Starec andeutet: So unterstützt der Priestermönch ('*ieromonach*') Vater Paisij Alëša darin, für eine Zeit das Kloster zu verlassen und an den Wirklichkeitsgehalt der Prognose zu glauben („Только как же это определил он тебе пока быть срок в миру? Значит,

---

[85] Zum Inhalt des Vermächtnisses s. Kapitel II.4.b)ii. der vorliegenden Arbeit.

предвидит нечто в судьбе твоей!" III.11; 14:145). Kurz nach Paisijs Äußerung wird ein Brief von Liza an Alëša erwähnt, der eine Liebeserklärung und Pläne für eine gemeinsame Zukunft enthält. Die Einführung des Briefes gerade an dieser Stelle spricht dafür, daß mit dem weltlichen Leben Alëšas wohl eine Ehe mit Liza gemeint ist. Nach dem Lesen des Briefes ist er glücklich und die Verwirrung in seiner Seele hat sich gelöst. Dies ist sicherlich – wie auch zum Teil sein Verhalten ihr gegenüber (besonders in II.4) – ein Zeichen seiner Gefühle für Liza. In einem späteren Gespräch mit ihr (IV.4) gibt Alëša auch zu, daß er an ihre Gefühle und die Verwirklichung ihrer Pläne geglaubt habe. Dem Starec ist die Zuneigung zwischen beiden auch nicht verborgen geblieben: Er hat amüsiert das Verhalten Lizas und Alëšas beobachtet (II.4), wobei seine Bemerkungen dazu und sein Verhalten gegenüber Liza durchaus die Vermutung zulassen, daß er eine bestimmte Entwicklung dieser freundschaftlichen Beziehung ahnt.

iii. Zur mystischen Dimension Zosimas

Wie bereits gezeigt, wird Zosimas Sehergabe ursprünglich realistisch als erlernte Fähigkeit hergeleitet, erhält durch seine eintreffenden Voraussagen aber eine neue Dimension - diese kann man entweder weiterhin rational als Beobachtungsgabe und Scharfblick verstehen oder man kann in sie eine übersinnliche, mystische Fähigkeit hineindeuten. Zosima selbst schreibt sich jedoch – wie bereits erwähnt – keine außergewöhnliche Gabe zu. Zudem sind die Beispiele seiner Fähigkeit im Roman immer so angelegt, daß sie auf natürliche Weise durch aufmerksame Beobachtung und Erfahrung im Umgang mit anderen erklärt werden können. Ganz besonders ist dies an Zosimas Einschätzung des Verhältnisses zwischen Fëdor und seinem Sohn Dmitrij zu sehen: Sie stehen dank ihrer Wesensart und Eifersucht bereits zum Zeitpunkt des Kniefalls in Konflikt miteinander und eine Zuspitzung dessen – auch bis zu einem Mord aus Affekt – ist durchaus denkbar. Auch ist wahrscheinlich, daß – sollte Fëdor etwas zustoßen – Dmitrij dafür verantwortlich gemacht wird, weil der Streit mit seinem Vater und dessen Bezeichnung seines Sohnes Dmitrij als Vatermörder gegen ihn sprechen. Zosima sieht hier also etwas voraus, was ohnehin schon sehr wahrscheinlich ist. Bemerkenswert ist, daß seine Prophezeiung allgemein genug bleibt, damit unter das Leid Dmitrijs sowohl sein Mord an seinem Vater als auch die bloße Verurteilung dafür fallen kann. Auch in Bezug auf die Voraussage für Alëša gibt es schon während des Handlungsgeschehens Anzeichen (wie die Zuneigung zwischen ihm und Liza), die Zosima durch seine Beobachtungen wahrgenommen hat und die für die Realisierung seiner Prognose sprechen.

Die Funktion der Sehergabe Zosimas für die Romankonzeption liegt in der Steigerung der Spannung, die durch Vorausdeutungen auf Zukünftiges erzeugt wird. Eine besondere Bedeutung kommt hierbei der Kniefall-Thematik zu, die sich in ihrer symbolischen Bedeutung allmählich entwickelt und auf diese Weise die Erwartungshaltung langsam bis zum Höhepunkt ansteigen läßt. Die Spannungssteigerung erfolgt hier in drei bzw. vier Stufen: Der Kniefall ist hierbei der Ausgangspunkt, wobei gleichzeitig auch durch Fёdors Aussage ein vager Hinweis auf die symbolische Bedeutung impliziert wird (II.6). In Alёšas Gespräch mit Zosima wird dieser erneuert und erfährt dann in Alёšas Unterhaltung mit Rakitin eine konkrete Deutungsrichtung (II.7). Bereits hier kann das Eintreten eines Ereignisses aufgrund der festen Überzeugung Alёšas als wahrscheinlich angenommen werden. Durch Zosimas Erklärung (VI.1) erscheint ein Zwischenfall schließlich unausweichlich und die Spannung hat damit einen Höhepunkt erreicht. Da Zosimas Kommentar zu seinem Kniefall jedoch so allgemein bleibt, daß grundsätzlich auch ein anderer Ausgang als der des Vatermordes durch Dmitrij möglich bleibt, wird die Spannung auf dem Höhepunkt gehalten. Insgesamt bleibt diese durch Zosima um Dmitrij angelegte Erwartungshaltung auch über den Mord hinaus erhalten, da die wirkliche Täterschaft noch längere Zeit ungeklärt bleibt.[86] Dies detaillierter zu untersuchen, fällt jedoch nicht in den Rahmen dieser Arbeit. Auch die Vorausdeutung auf die Zukunft Alёšas hat spannungssteigernde Wirkung – diese bezieht sich jedoch besonders auf den im Vorwort angekündigten Fortsetzungsband, der das weitere Schicksal des Helden zeigen sollte. Auf diese Fortsetzung wird hier ein Vorausgriff unternommen, um Interesse für Alёšas weiteren Lebensweg zu wecken. Abschließend sei erwähnt, daß das Prinzip der beruhigenden Zukunftsdarstellung nicht nur bei Alёša, sondern – wie schon erwähnt – auch bei Frau Chochlakova und bei zwei der Frauen aus dem Volk verwendet, jedoch nicht so detailliert ausgeführt wird. Ihre zukünftige Entwicklung ist für die Handlungskonzeption des Romans jedoch nur teilweise von Bedeutung. Insgesamt dient die Sehergabe also auch als ein dramatisches Mittel, das ein grundsätzliches Ausdrucksmittel in den Aussagen des Starec darstellt und häufig zur Spannungssteigerung eingesetzt wird.

Die mystische Seite an Zosimas Voraussagen kommt zunächst vor allem durch die Bewunderung des Volkes für den Starec zustande, das aus ganz Rußland zu ihm kommt, ihn zum Teil für einen Heiligen hält und an ein Wunder nach seinem Tode glaubt (I.5; 14:28). Wie der Erzähler berichtet, glaubt auch Alёša an diese 'wunderbare' Kraft des Starec. Eine Wiederaufnahme findet dieser Wunderglaube, als der Starec fühlt, daß sein letzter Tag ge-

---

[86] Zu dieser Äußerung Zosimas als Beispiel für die Technik der Spannungserzeugung in den *Brat'ja Karamazovy* vgl. REBER, Einführung, S. 149.

kommen ist (IV.1; 14:149-150). Hier wird deutlich, daß auch die strengsten der Mönche ein Wunder nach Zosimas Tod erwarten. Dies erfährt noch eine Steigerung, als kurz darauf die Nachricht von Frau Chochlakova eintrifft, daß eine von Zosimas Vorhersagen sich tatsächlich erfüllt habe: Der in Sibirien vermißte Sohn einer ratsuchenden Frau habe sich entsprechend der Voraussage Zosimas gemeldet und komme zurück. Der Brief ihres Sohnes habe sie nach der Rückkehr von der Unterredung mit dem Starec sogar bereits erwartet. Wie der Erzähler berichtet, könne selbst Vater Paisij, der eigentlich ein strenger Mönch sei, seine Gefühle angesichts der Bestätigung der Gabe Zosimas durch dieses Ereignis nicht verbergen (IV.1; 14:150). Paisij macht zwar den Einwand, daß sich alles auch auf natürlichem Wege zugetragen haben könne, doch laut Erzähler glaube er dies selbst nicht, und seine Redeweise mache dies auch deutlich. Selbst der vorher gegenüber dem Starcentum sehr kritische Mönch aus Obdorsk wird infolge dieses Ereignisses als sehr erstaunt und in seinen Ansichten erschüttert beschrieben. – Die mystische Seite der Fähigkeiten Zosimas wird im Roman also zunächst direkt unterstützt. Jedoch stellt der Mönch aus Sibirien ein Mittel dar, um über seine Beziehung zu Vater Ferapont in der Darstellung des Handlungsverlaufs zu diesem strikten Gegner des Starcentums überzuleiten, wodurch der Wunderglaube und auch die Einrichtung des Starcentums an sich gleich wieder relativiert werden. Nach Zosimas Tod wird noch einmal deutlich gemacht, wie groß die Erwartungshaltung für ein Wunder seitens der Weltlichen und der Geistlichen ist: Viele Menschen strömen zum Kloster und warten auf die Erfüllung eines solchen – hieran zeigt sich, wie viele Zosima schon zu Lebzeiten für einen großen Heiligen halten (VII.1; 14:295-296). Dieses erwartete Wunder – eine Unvergänglichkeit des Leichnams, die sich auch bei einigen anderen großen Starcen gezeigt hatte – tritt jedoch nicht ein. Der frühzeitig auftretende Leichengeruch Zosimas beweist, daß er ein ganz normaler Sterblicher war. Diese Tatsache ruft große Unruhe und Bestürzung, aber auch Freude seitens der Gegner des Starcentums hervor. Letztendlich wird Zosima damit also sein mystischer Charakter, der ihm durch seine Sehergabe verliehen wurde, völlig entzogen.[87]

---

[87] Zum Wunderglauben heißt es im Roman bei der Beschreibung Alëšas, der hier ein Realist genannt wird: „Не чудеса склоняют реалиста к вере. […] В реалисте вера не от чуда рождается, а чудо от веры." (I.5; 14:24)
Zur Funktion der Sehergabe läßt sich eine Äußerung von R. Levinsky anführen, die der Ansicht ist, daß Dostoevskij Phantasie, Traum und Mythus (hier in der Bedeutung einer glorifizierten Person) einsetzt, um den Kontrast zur objektiven Realität zu vergrößern und die Richtung, der der Roman folgen wird, anzudeuten. Die Mythen repräsentieren für Levinsky eine Intuition unbewußter Wirklichkeit, d. h. diese Wirklichkeit sei real, aber nicht sofort sichtbar. Analog zur Sichtweise in dieser Arbeit konstatiert auch S. Linnér, daß die Fähigkeiten Zosimas ('prozorlivost", sowohl als eine übersinnliche als auch eine natürliche Gabe oder eine hochtrainierte Sensibilität verstanden werden können. Insgesamt wird Zosimas Autorität für Linnér jedoch nicht auf Ereignisse aus dem Bereich der Wunder gegründet und ihre Darstellung könne daher als natürlich und damit

37

b) Ansichten und Auffassungen des Starec

i. Die Lebensweise

Die Wohnverhältnisse des Starec Zosima werden im Roman relativ detailliert beschrieben: Er wohnt in einem kleinen, einstöckigen Holzhäuschen mit zwei Zimmern, um das herum mit erfahrener Hand Blumen gepflanzt sind[88] (II.1; 14:35). Die Beschreibung des Wohnraums (in dem auch die Karamazovs von Zosima empfangen werden) durch den Erzähler ist signifikant (II.2; 14:37): Er ist nicht besonders geräumig, die Einrichtung ist plump, ärmlich, abgenutzt und beschränkt sich auf das Notwendigste – aber auch hier gibt es Blumen. Schmückende, religiöse Gegenstände wie Ikonen, ein Kruzifix, Ostereier aus Porzellan und kostbare Stiche nach italienischen Meistern, die direkt neben wertlosen Lithographien hängen, sind jedoch zahlreicher vertreten.[89] Beendet wird diese Beschreibung durch den abwertenden Blick Miusovs über diese Art der Einrichtung. Auch der Erzähler schreibt dem Aussehen dieses Raumes etwas Welkes oder sogar Verwelktes zu ("„Вся келья была очень необширна и какого-то вялого вида." II.2; 14:37). Diese Wirkung des Raumes kann man als Symbol für das 'Verwelkte' – also fast zu Ende gegangene – Leben des Starec ansehen. Dieser bildlich veranschaulichte Zustand Zosimas wird sowohl an seinem Äußeren - sein Gesicht ist voller Runzeln – als auch an seinem gesamten Körper deutlich, der hager und von Krankheit gezeichnet ist und älter wirkt, als er tatsächlich ist. Die Schlafkammer des Starec ist ebenfalls nur mit dem unentbehrlichsten Mobiliar eingerichtet (II.7): Sie enthält ein schmales Bett und einen Lesepult. An schmückendem Beiwerk gibt es nur Ikonen, ein Kreuz und ein Evangelium – also nur Dinge, die zu seinem religiösen Leben gehören.[90]

---

realistisch bezeichnet werden. Eine Funktion der Sehergabe sieht Linnér ebenfalls in der dramatischen, spannungssteigernden Wirkung.
LEVINSKY, R.: Nathalie Sarraute and Fedor Dostoevsky. Their Philosophy, Psychology, and Literary Techniques, Texas 1973, S. 7 und 31-32. LINNÉR, Starets Zosima, S. 49-52.
Zum hagiographischen Charakter der Sehergabe s. THOMPSON, S. 230-237.
S. auch KRAEGER, L. / BARNHART, J.: Dostoevsky on Evil and Atonement. The Ontology of Personalism in his Major Fiction, Lewiston 1992, S. 75-77.

[88] Dies ist ein Ausdruck der Liebe zur Natur, die B. Harreß den religiösen Typen Dostoevskijs als charakteristisch zuschreibt. HARRRESS, S. 337.

[89] Zu der Bedeutung von Objekten bei Zosima s. auch:
KLEIN, E.: Gli oggetti come simbolo di relazione fra i personaggi. In: Bazzarelli, E.: Problemi attuali di critica Dostoevskiana. Atti del Convegno tenuto a Milano il 14 e 15 Maggio 1982. Milano 1983, S. 137-145.

[90] Nach Mochulsky soll diese Beschreibung des Häuschens und der Zelle Zosimas der des Starec Amvrosij aus der 'Optina Pustyn'' entsprechen. S. Linnér bezeichnet die Räumlichkeiten der Starec als einfach und schäbig zwischen strenger Armut und schlechtem Geschmack. Insgesamt sieht er diese Beschreibung als Zeichen einer 'Deglorifizierung' Zosimas, die ihn realistischer erscheinen lassen soll. LINNÉR, Starets Zosima, S. 27. MOCHULSKY, S. 631-632.

Die Bedeutung der detaillierten Beschreibung der bescheidenen Wohnverhältnisse Zosimas liegt darin, ein äußeres Zeichen der Lebensauffassung und Weltanschauung des Starec zu geben: Äußerlichkeiten und Materielles sind ihm nicht wichtig. Nur sein Glaube wird auch durch symbolische Gegenstände widergespiegelt. Dieser Lebensweise, die auf der Unwichtigkeit des Äußeren basiert, entspricht es auch, daß nie etwas über seine Kleidung zu Lebzeiten erwähnt wird – nur vor seinem Begräbnis schildert der Erzähler im Zuge des Bestattungsritus eines Mönches strengster Regel seine Kleidung: ein Mönchsgewand mit Kapuze und einen Mantel, von denen anzunehmen ist, daß sie Zosimas übliche Kleidung darstellen.

ii. Die Einstellung zum Leben

Wie bereits erwähnt, wird Zosima durch den Erzähler als nicht streng und fast immer heiter bezeichnet – also anders, als seine bescheidene Lebensweise dies vermuten lassen könnte. Zudem lächele er sehr häufig, wie bei der Beschreibung seiner äußeren Erscheinung und in entsprechenden Erzählerkommentaren belegt wird, und seine Gemütsart ist heiter (wie bereits erwähnt wurde zum Beispiel gegenüber Fёdor (II.2) oder gegenüber Liza (II.4)). Eine besondere Bedeutung kommt in diesem Zusammenhang dem Beginn des Gespräches mit Frau Chochlakova zu (II.4). Zosima weiß hier schon, daß er bald sterben wird und Frau Chochlakova will es nicht glauben, da er so gesund, vergnügt und glücklich aussieht. Der Starec erklärt, es ginge ihm nur im Moment besser, es bestehe aber dennoch keine Hoffnung mehr. Die Bemerkung, daß er glücklich wirke, macht ihm jedoch viel Freude:

> Ибо для счастия созданы люди, и кто вполне счастлив, тот прямо удостоен сказать себе: «Я выполнил завет божий на сей земле». Все праведные, все святые, все святые мученики были все счастливы. (II.4; 14:51)

Diese Aussage beinhaltet Zosimas Einstellung zum Leben: Freude ist das wichtigste Gefühl, das man empfinden solle. Sie erscheint in seinen Worten als das von Gott gegebene Vermächtnis, das ein Ziel des Lebens darstellen soll.[91] Dieses Motiv tritt mehrmals im Roman in Erscheinung. Eine Übereinstimmung zu dieser Lebensauffassung des Starec findet sich in dem Vermächtnis, das er Alёša mit auf den Weg gibt:

> Вот тебе завет: в горе счастья ищи. Работай, неустанно работай. Запомни слово мое отныне, ибо хотя и буду еще беседовать с тобой, но не только дни, а и часы мои сочтены. (II.7; 14:72)

---

[91] Auch W. Nigg bezeichnet Zosima als eine trotz ihrer Position als Starec dem Leben zugewandte Person, die das Glück bejahe und davon ausgehe, daß derjenige, der die Menschen liebt, auch ihre Freude liebe. NIGG, S. 199. Vgl. dazu auch LOSSKIJ, S. 315.

Alëša soll also der Lebensauffassung seines Starec folgen und versuchen, sein Leben in Freude zu gestalten. Zosima wiederholt diese Weisung an Alëša auch noch einmal (VI.1), aber mit der Konnotation, daß dieser erfolgreich bei ihrer Umsetzung sein werde: Er wird trotz mancher Schicksalsschläge die Lebensfreude Zosimas haben und auch andere dazu bringen, sie anzunehmen. Wie sehr Zosima von Freude durchdrungen ist, zeigt sich noch kurz vor seinem Tod. Als Zosima seine Erlebnisse aus der Vergangenheit schildert, fühlt er bereits, daß sein Tod nahe ist - doch er freut sich darauf („[...] но близко грядущею жизнью, от предчувствия которой трепещет восторгом душа моя, сияет ум и радостно плачет сердце [...]" VI.2.b; 14:265). Schließlich stirbt er ruhig und fröhlich mit einem Lächeln auf dem Gesicht (VI.3). Mit seiner Einstellung zum Tod zeigt sich eine Parallele zu seinem Bruder Markel, bei dem Zosima diese Art der Lebensfreude erstmals kennenlernte. Insgesamt ist seine Lebensauffassung wie auch seine Lebensweise ein äußeres Zeichen seiner Weltanschauung, das im Umgang mit anderen deutlich wird.

iii. Zosimas Weltanschauung in seinen Lehren

Zosimas Belehrungen stellen noch einmal eine Zusammenfassung und Erweiterung der Ansichten dar, die in seiner Biographie und in seinen Gesprächen bereits anklangen. Die Lehren sind hierbei stufenweise gegliedert: Sie führen von der allgemeinen Funktion der Geistlichen und des Volkes bis hin zu Verbindungen zu anderen Welten und einer mystischen Betrachtung der Hölle.[92] Der wesentlichste Grundzug der Lehren Zosimas ist sein Glaube an die persönliche Verantwortung eines jeden Menschen, der von R. Neuhäuser als die 'personalistische Ethik' Zosimas bezeichnet wird.[93] Hierbei geht Zosima – wie schon sein Bruder Markel und sein Besucher – von einer allgemeinen Weltschuld aus: Jeder einzelne trage die Schuld für alle anderen auf Erden. Diese Erkenntnis sei sowohl das Ziel des mönchischen Weges als auch das des Lebens eines jeden Menschen und erst sie könne grenzenlose Liebe ermöglichen. Dabei sind die Mönche für Zosima nicht heiliger, sondern stellten nur das dar, was alle Menschen verkörpern sollten.[94] (IV.1)

Ein weiterer Punkt in den Auffassungen Zosimas von der Welt ist seine Ablehnung des Individualismus und der Isolierung des Einzelnen verbunden mit einer 'Forderung nach einer Solidarität aller Menschen'.[95] Zosima ist der Meinung, daß die Menschen das Geistige

---

[92] HARRESS, S. 352.
[93] NEUHÄUSER, Romane, S. 187.
[94] Vgl. zur gegenseitigen Verantwortung auch:
WASIOLEK, E.: Dostoevsky. The Major Fiction, Cambridge (Massachusetts) 1964, S. 177-178.
[95] NEUHÄUSER, Romane, S. 187.

verleugnen, einer Lehre folgen, die allein in der Befriedigung der eigenen Bedürfnisse bestehe, und darunter dann Freiheit verstehen. Die Folge einer solchen Lebensweise sieht er in der Absonderung und Vereinsamung der Menschen und der Ansammlung von Materiellem anstelle von Freude.[96] Insgesamt stellen diese Ansichten Zosimas eine Fortführung der Aussagen seines früheren Gastes dar. Zosimas Schlußfolgerung zu einer derartigen Lebensauffassung ist, daß solche Menschen aufgrund ihrer Gebundenheit an Äußerlichkeiten und Materielles unfrei seien. Diesen stellt er die Mönche gegenüber, die durch ihren Gehorsamsdienst, ihr Fasten und ihr Gebet die Loslösung von unnötigen Bedürfnissen und vom Willen erlangen. Dadurch würden sie schließlich die Freiheit des Geistes und geistige Freude erreichen, worin für Zosima die wirkliche Freiheit bestehe – wie sich auch an seiner Lebensweise zeigt. Er ist überzeugt, daß Rußlands Rettung vor der zunehmenden Isolation aus dem Volk kommen werde, da dieses sich im Gegensatz zu den Gebildeten noch seinen Glauben bewahrt habe und dadurch die Atheisten überwinden und ein gläubiges Rußland schaffen werde. Die Aufgabe der Mönche sieht er dabei in der Unterstützung des Volkes. (VI.3.e /rus. d)[97] Die Rettung Rußlands besteht für Zosima in der zukünftigen Vereinigung aller Menschen. Darunter versteht er zum einen als Grundlage der Gesellschaftsordnung die Brüderlichkeit aller Menschen, bei der Reiche und Arme untereinander zu teilen wissen. Zum anderen ist Zosima – wie schon sein Bruder Markel – der Auffassung, daß alle Menschen einander dienen sollten. Als Folge davon würden die Menschen Freude in barmherzigen Taten und nicht in rohen Genüssen empfinden. (VI.3.f /rus. e)

Einen weiteren Komplex von Überzeugungen aus den Belehrungen Zosimas, die ihren Ursprung schon in den Äußerungen Markels und des Besuchers haben, nennt R. Neuhäuser die 'Lehre vom Paradies im Menschen'.[98] Nach Zosimas Meinung läßt sich das Paradies im Menschen zum einen dadurch verwirklichen, daß alle Menschen einander lieben. Dabei stellt für ihn die Liebe eine so starke Macht dar, daß man mit ihr die Sünden der Menschen überwinden könne.[99] Dies stellt die Zusammenfassung der Gedanken Zosimas dar, die sich schon in seinen Gesprächen mit der Witwe und mit Frau Chochlakova zeigten

---

[96] Zosima unterscheidet hierbei jedoch zwischen Armen und Reichen: Die Reichen würden vereinsamen und geistigen Selbstmord begehen; die Armen hingegen würden ihre Natur verderben und zu Neid und Verbrechen neigen, da sie noch nicht wüßten, wie sie mit ihrer Freiheit umgehen sollen und diese nur als Bedürfnisbefriedigung verstehen würden.

[97] Zosima geht zwar davon aus, daß auch das Volk nicht frei Sünden sei, doch ihr Bewußtsein für die Sünde und ihr Glaube an Gott hält er für stärker. Die Höhergestellten gestalteten ihr Leben jedoch nicht nach Gott, sondern nach dem Verstand unter der Maxime: Wenn es keinen Gott gäbe, könne es auch kein Verbrechen geben. (VI.3.f /rus. e)

[98] NEUHÄUSER, Romane, S. 187.

[99] Ergänzend hierzu sei angemerkt, daß Zosima später die Hölle als Schmerz darüber definiert, daß man nicht mehr lieben könne. In diesem Zusammenhang erklärt er auch, daß der Sinn und Zweck des irdischen Lebens allein in der tätigen, lebendigen Liebe bestehe. (VI.3.i; 14:292)

und auch bei der Beschreibung seiner eigenen Eigenschaften bereits erwähnt wurden. Entsprechend seiner eigenen Lebenseinstellung sollen die Menschen in ihrer Liebe aber auch fröhlich sein. Zum anderen sollten sie nicht an den Sünden der anderen verzweifeln, sondern sich selbst für alle Sünden verantwortlich machen und einsehen, daß man allen gegenüber in allem die Schuld trage. Dies steht analog zu der Meinung des Gastes, der glaubte, daß jeder Mensch das Paradies in sich trage und dies anbreche, sobald der Mensch seine Schuld gegenüber seinen Mitmenschen erkenne. Insgesamt sieht Zosima dieses Schuldeingeständnis also als ein Mittel, die von ihm propagierte Fröhlichkeit und das Glück zu erlangen. (VI.3.g /rus. ž)

Die Steigerung dieser Aussagen über das Paradies im Menschen besteht in der Sichtweise der 'Welt als Paradies'.[100] Dies manifestiert sich vor allem in der positiven Einstellung zum Leben: Jeder Mensch hat, wenn er es nur will, die Fähigkeit, für sich das Paradies auf Erden zu errichten. Als Folge hiervon ist eine intensive Freude am Leben möglich. Nach R. Neuhäuser trägt jedoch nicht nur der Mensch diesen paradiesischen Charakter einer göttlichen Schöpfung in sich, sondern auch die ganze Natur.[101] Dazu gehört auch die allumfassende Liebe zu allen Menschen und der ganzen Natur, die die Verbindung zum Wirken Gottes herstellt.[102] Die hier schon angeklungene Weltauffassung bezeichnet R. Neuhäuser auch als die der 'Welt als vernetztes System'.[103] Für Zosima besteht die Welt aus mehreren Kräften, die im Gleichgewicht miteinander stehen müssen, wie sich an seiner Beschreibung der Welt als Ozean zeigt.[104] Darüber hinausgehend erscheint die Welt im Verständnis Zosimas als ein 'mehrdimensionales Gebilde'.[105] So führt Zosima zur Bedeutung des Paradieses im Menschen aus, daß zwar nicht alle menschlichen Gefühle auf der Erde verstanden werden könnten, da sie in anderen Welten begründet lägen, jeder Mensch jedoch in seinem In-

---

[100] NEUHÄUSER, Romane, S. 187-188.

[101] Mit der Liebe zur göttlichen Schöpfung ist auch die Beschränkung des Schuldbegriffs auf den Menschen verbunden, der den sündlosen Kindern und Tieren gegenübersteht. (VI.3.g /rus. ñ) Dies wurde schon früher in dem Gespräch des jungen Zosima mit einem Bauern über die Tiere ausgedrückt: „Трогательно даже это и знать, что на нем нет никаких греха, ибо все совершенно, все, кроме человека, безгрешно, и с ними Христос еще раньше нашего." (VI.2.b; 14:267-268) Die Worte Zosimas in diesem Gespräch, das insgesamt eine lyrische Naturbeschreibung darstellt, führt auch Neuhäuser als Beispiel für das Vorhandensein der göttlichen Schöpfung in der Natur an.

[102] Vgl. dazu Zosimas Äußerung: „Любите все создание божие, и целое к каждую песчинку. […] Будешь любить всякую вещь и тайну божию постигнешь в вещах. […] И полюбишь наконец весь мир уже всецелюю, всемирнюю любовью." (VI.3.g /rus. ž; 14:289) Zosimas Liebe zur Natur bezieht sich jedoch nicht auf eine idyllische Natur, sondern darauf, wie die Welt bei veränderter Sichtweise gesehen werden kann. LINNÉR, Starets Zosima, S. 183.

[103] NEUHÄUSER, Romane, S. 188.

[104] Vgl. dazu die Aussage: „[…] ибо все как океан, все течет и соприкасается, в одном месте тронешь – в другом конце мира отдается." (VI.3.g /rus. ž; 14:290)

[105] NEUHÄUSER, Romane, S. 188.

neren seine Verbindung zu dieser erhabeneren und höheren Welt spüre. Und nur durch dieses Gefühl allein bleibe alles Leben bestehen – ohne es ersterbe etwas im Menschen: Er würde gleichgültig gegenüber dem Leben werden und es sogar hassen. (VI.3.g /rus. ž) Wie Neuhäuser hierzu erklärt, werde in Zosimas Weltsicht die gewohnte Zweiteilung in „Diesseits" und „Jenseits" durch einen „mehrstöckigen" bzw. „multidimensionalen" Aufbau des Universums ersetzt. Einen letzten Aspekt bei der Interpretation der Lehren Zosimas bildet nach Neuhäuser das 'mystische Naturerlebnis', das er als eine Bedingung dafür ansieht, um Zosimas Weltsicht überhaupt folgen zu können.[106] Dazu müsse der Mensch „in dem Erlebnis der mystischen Vereinigung mit der Natur als göttlicher Schöpfung sozusagen neu geboren werden". Das erste Beispiel für eine derartige Veränderung stellt Zosimas Bruder Markel dar, der auf diese Weise von entscheidender Bedeutung für Zosimas Wandlung wurde. Und Zosima wird schließlich durch sein verändertes Denken und Handeln zum Vorbild für eine Reihe von Figuren im Roman, wie sich an späterer Stelle der Arbeit noch zeigen wird.[107]

Insgesamt ist für die Belehrungen Zosimas auch das sonst für ihn typische Prinzip der Wiederholung wichtiger Äußerungen charakteristisch. Als wichtigste Themen in seiner Weltsicht ergeben sich auf diese Weise: die Bedeutung der Gefühle der Liebe und der Freude und als Voraussetzung dafür das Einsehen der Allschuld, die Vereinigung der Menschen durch Brüderlichkeit und in der Folge die Rettung Rußlands durch das gläubige Volk, das den Atheismus überwindet. Durch das sprachliche Mittel der Wiederholung, aber auch durch den häufigen Gebrauch von Imperativen wird eine sehr eindringliche Wirkung der Belehrungen Zosimas erzielt. Sie erhalten dadurch den Charakter von Aufforderungen und gelangen in die Nähe von Geboten oder sogar einer 'religiösen Doktrin', wie V. Terras sie bezeichnet.[108] K. Mochulsky versteht den Charakter der Lehren Zosimas jedoch anders: Für ihn ist der Glaube des Starec entfernt von Dogmatismus und seine Lehren über die Menschen und die Welt dominieren über Doktrinen über Gott.[109] Insgesamt beziehen sich

---

[106] NEUHÄUSER, Romane, S. 188-189.
[107] Ältere zusammenfassende Modelle der religiösen und moralischen Philosophie Zosimas gibt es bei: KOMAROWITSCH, S. 119-139. PLETNMV, S. 173-174.
[108] TERRAS, Companion, S. 22. Zum Didaktizismus der Lehren auch HACKEL, S. 140.
[109] Mochulsky steht den Lehren Zosimas, die für ihn den Weg zum Aufstieg der Seele zu Gott darstellen, auch insgesamt sehr positiv gegenüber. Bezüglich der Vorbilder für die Lehren Zosimas gibt es einige Hypothesen: So sieht K. Mochulsky in einigen Anschauungen Zosimas Parallelen zu den Auffassungen des Bischofs Tichon Zadonskij: Zosima lehre wie Tichon über die christliche Liebe, die die Welt in ein Paradies verwandeln solle. V. Terras erinnern die Überzeugungen Zosimas in den Kapiteln 'O molitve, o ljubvi i o soprikosnovenii miram inym' (VI.3.g /rus. ž) und 'O ade i adskom ogne, rassuždenie mističeskoe' (VI.3.i) an die Gedanken des Isaak Sirin. Ausführlichere Untersuchungen stellt S. Hackel an. HACKEL, S. 140-158. MOCHULSKY, S. 634-636. TERRAS, Companion, S. 22-23.

Zosimas Lehren in der Tat in erster Linie auf den Menschen und sein Leben, weniger auf Gott und gar nicht auf die Kirche. R. Neuhäuser betont die Aktualität der Sichtweise Zosimas: Er sieht in Zosimas Verständnis der 'Welt als vernetztes System' eine ökologische Sichtweise, in der das Naturverständnis der ökologischen Bewegung der zweiten Hälfte des 20. Jahrhunderts bereits enthalten sei.[110] Hierbei gehe es um eine Rückkehr zur vorneuzeitlichen Auffassung der Erde als einem lebenden Organismus.

5. Das Verhältnis anderer Figuren zu dem Starec Zosima

a) Positive Einschätzungen

i. Alëšas Bewunderung

Insgesamt gibt es nur wenige Aussagen über die Einstellungen anderer Personen zu Zosima – die ausführlichste Darstellung erfährt hierbei Alëša. Er ist eine der wenigen Personen im Roman, die von Zosima keine Hilfe erwartet, sondern ihm neben Zuneigung und Aufmerksamkeit auch Unterstützung zuteil werden läßt.[111] Seine Besorgnis um den Starec fungiert dabei neben den Erzählerkommentaren als ein Mittel, die zunehmende Verschlechterung von Zosimas Gesundheitszustand darzustellen und seine körperliche Schwäche im Gegensatz zu seiner ungebrochenen geistigen Kraft zu betonen. An vielen Stellen des Romans wird Alëšas Bewunderung für Zosima durch Berichte des Erzählers deutlich: Bezeichnenderweise wird die Außergewöhnlichkeit des Starec als der einzige Grund dafür genannt, daß Alëša den Weg ins Kloster einschlug.[112] Wie der Erzähler beschreibt, sei er zwar bereits vorher ein Menschenfreund gewesen und der Aufenthalt im Kloster sei ihm als ein idealer Weg zur Ausübung seiner Nächstenliebe erschienen, doch wäre er ohne den Starec nicht zu dieser Entscheidung gekommen:

> И поразила-то его эта дорога лишь потому, что на ней он встретил тогда необыкновенное, по его мнению, существо – нашего знаменитого монастырского старца Зосиму, к которому привязался всею горячею первою любовью своего неутолимого сердца. (I.4; 14:17-18)

Der Starec erscheint hier als eine Person, die auf Alëša nicht nur wegen ihrer Taten, sondern besonders durch ihre Ausstrahlung wirkt und dessen Weg beeinflußt.[113] Später vermutet der

---

[110] NEUHÄUSER, Romane, S. 189.
[111] Vgl. dazu die Bedeutung des Namens Aleksej als 'Helfer'. PEACE, R.: Dostoyevsky. An Examination of the Major Novels, London 1971.
[112] Vgl. dazu auch BRAUN, M.: Dostojewskij. Das Gesamtwerk als Vielfalt und Einheit, Göttingen 1976, S.257.
[113] Dies geht soweit, daß Alëša auch in der Zelle des Starec wohnt und freiwillig ein Mönchsge-

Erzähler hierzu, daß die Macht und der Ruhm, die den Starec ständig umgaben, wohl besonders durch Alëšas jugendliche Einbildungskraft und seine besondere Empfänglichkeit dafür auf ihn eine starke Wirkung ausgeübt haben (I.5).

Wie bereits erwähnt, glaubt Alëša ohne jeden Zweifel an die wundertätige, geistige Kraft des Starec (wobei der Erzähler hierzu einschränkend anmerkt, daß er auch die unwahrscheinlichsten Dinge widerspruchslos und unkritisch glauben würde) und ist mehr als andere davon überzeugt, daß dessen Tod dem Kloster großen Ruhm verschaffen werde (I.5; 14:28-29). Dementsprechend stark ist auch die Wirkung, die die tatsächlichen Ereignisse nach Zosimas Tod bei ihm hervorrufen, obwohl der Erzähler an dieser Stelle den Wunderglauben Alëšas relativiert[114] und konstatiert, es ginge ihm nur um die göttliche Gerechtigkeit (VII.1; 14:297; VII.2; 14:305-306). Ähnlich unreflektiert glaubt Alëša auch an die Erfüllung der Voraussagen seines Starec sowohl in Bezug auf sich als auch auf andere. Er vertraut dem Starec ohne jeden Zweifel, glaubt an die Erfüllung seiner Prognosen und fügt sich in Bezug auf seine eigene Zukunft letztendlich in völligem Gehorsam dessen Willen. Der Grund hierfür kann durchaus weniger in der Beeinflußbarkeit Alëšas als in dem absoluten Vertrauensverhältnis zwischen dem Starec und seinem Schüler und dessen Gehorsam und Demut gesehen werden. Insgesamt verehrt Alëša den Starec über dessen reale Bedeutung hinaus:

> [...] глубокий, пламенный внутренний восторг все сильнее и сильнее разгорался в его сердце. Не смущало его нисколько, что этот старец все-таки стоит пред ним единицей: «Все равно, он свят, [...]». (I.5; 14:29)

Dabei geht seine Begeisterung sogar soweit, daß er aufgrund der Heiligkeit des Starec durch dessen Wirken vom Anbruch des Paradieses auf Erden träumt. Kurz vor dem Tode Zosimas heißt es über die Intensität der Gefühle Alëšas für den Starec:

> Сердце его загорелось любовью, и он горько упрекнул себя, что мог на мгновение там, в городе, даже забыть о том, кого оставил в монастыре на одре смерти и кого чтил выше всех на свете. (III.11; 14:145-146)

Die Verehrung Alëšas für Zosima zeigt sich nach dessen Tod in ihrer Überhöhung und Ausschließlichkeit noch einmal in einer abschließenden Beschreibung: Alëša verehrte den Starec, der ihm wie ein Ideal erschien, bis zur Vergötterung und richtete seine ganze Liebe nur auf ihn („лицо возлюбленного старца его, лицо того праведника, которого он до такого обожания чтил"; „это существо столь долго стояло пред ним как идеал бесспорный [...]" VII.2; 14:306). Ähnlich überhöhte, irreale Züge trägt auch seine Äußerung gegenüber

---

wand trägt, obwohl er noch nicht an das Kloster gebunden ist (I.5). R. Belknap sieht die Bedeutung Zosimas für Alëša sogar als so groß, daß der Starec zusammen mit Alëšas Mutter dessen Glauben an Gott überhaupt erst begründet habe. BELKNAP, Genesis, S. 90-91.

[114] Vgl. hierzu die Bezeichnung Alëšas als Realist, bei dem eventuelle Wunder durch den Glauben entstehen (I.5; 14:24).

Rakitin: „не говори про покойника: он выше всех, кто был на земле!" (VII.3; 14:321).

Die Funktion Alёšas besteht in diesem Zusammenhang darin, als ein Stellvertreter der Anhänger und Bewunderer Zosimas ein Beispiel für die mögliche Wirkung des Starec auf Personen in seinem Umfeld zu geben. Durch seine Bewunderung unterstützt Alёša die positive Wirkung Zosimas und trägt durch seinen Glauben an die Vorhersehungsgabe Zosimas zur Spannungssteigerung bei. Dies wird dadurch noch verstärkt, daß Alёša aufgrund seines angenehmen Äußeren und Wesens als Sympathieträger wirkt (I.4-5), wobei seine Begeisterung für Zosima vom Erzähler auch durchaus relativiert wird.

ii. Die Anerkennung durch andere Figuren

Mit Ausnahme von Alёša zeigt sich die Anerkennung für Zosima weniger an Aussagen von Einzelpersonen, sondern vor allem an der Wertschätzung einer größeren Gruppe, die die Allgemeinheit repräsentiert. Durch die Vielzahl der vereinigten Stimmen wird dabei deren Aussage objektiviert und die allgemeine Tendenz gezeigt. Gleich bei der Einführung des Starec Zosima in den Roman heißt es, daß die überwiegende Mehrheit der Mönche zu Zosima halte und viele ihn sehr liebten. Manche hielten ihn genau wie Alёša sogar für einen Heiligen, nach dessen Tod sein Kloster durch ein Wunder zu großem Ruhm kommen werde. Auch das Volk verehrt Zosima sehr und strömt aus ganz Rußland zu seiner Einsiedelei, um seinen Segen und seinen Rat zu erhalten (I.5).

Die lobenden Äußerungen von Einzelpersonen stammen überwiegend aus dem Kreis der weiblichen Ratsuchenden. So ist zum Beispiel Frau Chochlakova von Zosimas Fähigkeiten überzeugt und schreibt die Besserung des Zustandes ihrer Tochter begeistert dem Starec zu (II.4). Sie verehrt ihn als großen Heilkünstler oder Heilkundigen (‚*velikij iscelitel'* II.4; 14:49 und 51) und Kenner der menschlichen Seele (II.4; 14:51) und erwähnt ihn auch nach seinem Tode noch anerkennend und respektvoll (VIII.3, XI.2). Auch einige Frauen aus dem Volk, die zu ihm kommen, bezeichnen ihn als Wohltäter, der in ihren Herzen gelesen hat und wollen seinem Rat folgen. Eine andere Frau ist eigens gekommen, ihn zu besuchen, da er krank ist, und ihm zu sagen, daß er noch lange leben solle (II.3). Diese Frauen stehen stellvertretend für viele andere aus dem Volk, die den Starec schätzen. Aber auch Fёdor lobt den Starec: Wie bereits erwähnt, behauptet er, Zosima geprüft zu haben. Dabei attestiert er ihm schließlich, daß man mit ihm gut auskommen könne (II.2). Jedoch ist diese Äußerung Fёdors aufgrund seiner beständigen Übertreibungen und der Unehrlichkeit nur begrenzt als Zeugnis für die Reputation des Starec zu nutzen. Eine letzte positive Bemerkung über Zosima stellt die begeisterte Aussage des Gutsbesitzers Maksimov dar, der ihn als großartigen Starec bezeichnet, der seinem Kloster zu Ruhm und Ehre gereiche (II.1; 14:33).

b) Negative Einschätzungen

Auch zu ablehnenden Haltungen gegenüber Zosima gibt es eine allgemeine Aussage: Der Erzähler berichtet, daß es auch kurz vor dem Tod des Starec noch Mönche gibt, die ihn hassen und vor allem beneiden. Dazu gehören selbst einige Mönche von hohem Ansehen. Doch wie der Erzähler einschränkt, geht die Zahl der Gegner Zosimas zurück und die meisten schweigen bezüglich ihrer Einstellung (I.5). Erst nach dem Tod Zosimas werden Anschuldigungen gegenüber Zosima ausgesprochen: Dabei werden unter anderem seine Lebenseinstellung der Freude kritisiert, wie auch sein Umgang mit der Askese, der manchen nicht streng genug war (VII.1). Eine Zosima gegenüber kritisch eingestellte Figur, die aus der Masse heraustritt, ist ein einfacher Mönch aus Obdorsk in Sibirien, der nach der Beschreibung des Erzählers niedriger Herkunft, starrer Weltanschauung und von neugierigem Wesen ist (II.4). Er stellt dem Starec eine herausfordernde Frage bezüglich seiner Heilungskünste, an die er nicht zu glauben scheint. Zosima bezieht jedoch – wie bereits erwähnt – das Eintreten von Heilungen nicht auf sich und seine Fähigkeiten, sondern auf Gott, und gibt damit dem Mönch keinen Raum für Spekulationen. Außerdem lädt er ihn sogar in seine Zelle ein, um sich mit ihm weiter zu unterhalten – er weicht Kritik und Anfechtungen also keineswegs aus. Von der Erfüllung der Voraussage Zosimas ist selbst dieser kritische Mönch beeindruckt, aber auch verwirrt – denn er hatte schon vor seinem Besuch im Kloster Vorurteile gegen das Starcentum, das er bisher nur aus Erzählungen kannte und für eine schädliche Neuerung hielt (IV.1). Damit repräsentiert er eine häufiger vertretene Einstellung gegen des Starcentum und bemerkt laut Erzähler auch die kritische Einstellung anderer Mönche aus dem Kloster gegenüber dem Starcentum.[115] Eine Bestätigung für seine Ansichten erhält er durch die nach dem Tode Zosimas geäußerte Kritik. Insgesamt steht er also nicht auf der Seite Zosimas, sondern eher auf der des Vater Ferapont.

Ferapont ist ein einfacher Mönch im Alter von ungefähr 75 Jahren, lebt abseits vom Kloster und wird als großer Asket, Schweiger und Faster bezeichnet (IV.1). Er ist von athletischer Statur, seine Kleidung wird als betont einfach, schäbig und unsauber beschrieben, seine Sprache ist abrupt bis grob und insgesamt erscheint er als nicht besonders gebildet.[116]

---

[115] Angemerkt sei, daß der Erzähler diese Mönche hier aber als '*legkomyslennye*' also als 'leichtfertig' oder 'oberflächlich' bezeichnet und auf diese Weise eine Wertung für das Starcentum trifft. Er steht zumindest an dieser Stelle auf Zosimas Seite.   Vgl. LEJN, Russko-nemeckij slovar'.

[116] Zur bäuerlichen Sprache Feraponts weist N. Reber auf das 'o' hin, das von ihm auch wie ein 'o' gesprochen wird (im Gegensatz zur reduzierten Aussprache bei den Gebildeten).

Auffallend an der Beschreibung der Lebensweise Feraponts ist jedoch, daß er in seiner asketischen Lebensweise viel strenger ist als Zosima, der dafür nach seinem Tod sogar Kritik bekommt. Ferapont ist bekannt als bedeutender Gegner Zosimas und des Starcentums im Allgemeinen, das er für eine schädliche und leichtfertige Neuerung hält. Ein bedeutender Teil der Brüderschaft sympathisiert mit ihm und viele weltliche Besucher halten ihn für einen großen Gerechten und Glaubensstreiter, obwohl er auch immer ein christlicher Narr genannt wird. Ferapont ist einer der wenigen Mönche, die zu Zosima keinen Kontakt haben. Als Grund dafür gibt er an – wie er dem sibirischen Mönch mitteilt –, daß er Teufel zwischen den Mönchen des Klosters sähe; mit ihm selbst stünde jedoch der Heilige Geist in Verbindung. Sogar der Mönch aus Obdorsk ist an dieser Stelle des Gesprächs mißtrauisch und zweifelt an den Worten Feraponts. Doch diese Auffassung Feraponts wird auch bei seinem Auftritt an Zosimas Sarg deutlich, als er die Teufel austreiben will (VII.1) - er scheint also nicht an die Aufrichtigkeit und Ehrlichkeit der anderen Mönche zu glauben.[117]

Es gibt aber auch kritische Aussagen von Menschen aus dem Volk, wie zum Beispiel Miusovs ablehnende Reaktion auf das Äußere des Starec und sein Rückschluß auf dessen Charakter. Auch Fëdor nimmt Stellung zu Zosima (III.8): In betrunkenem Zustand bezeichnet Fëdor Zosima als scharfsinnig und witzig und behauptet dann, daß dieser aufgrund seines edlen Wesens einen großen Unwillen darüber empfinde, sich verstellen zu müssen, um einen Anschein der Heiligkeit zu erzeugen – Zosima glaube nicht im geringsten an Gott, habe etwas Mephistophelisches und sei ein wollüstiger Mensch (*sladostrastnik*). Hierüber erzählt Fëdor schließlich eine Geschichte und bemerkt erst später, daß er Zosima mit jemand anderem verwechselt hat. Diese Unterstellungen würden, wenn sie nicht von Fëdor wären, die stärkste Kritik an Zosima beinhalten. Das Bemerkenswerte an dieser Gleichstellung von Fëdor und Zosima auf eine Stufe ist jedoch, daß sie von Fëdors Seite nicht als Kritik, sondern als Wertschätzung für Zosima gemeint ist. Natürlich ist die Haltlosigkeit der Äußerungen Fëdors auf der Basis der bisher bekannten Informationen über den Starec und das Wesen Fëdors, der hier sowohl die Sicht für die Wirklichkeit als auch jeden Anstand verloren hat, offensichtlich.[118] Für S. Linnér ist Fëdors beleidigendes Verhalten dennoch als Kritik am Starec aufzufassen.[119] Zusammenfassend sei für die kritische

---

REBER, Einführung, S. 134.
Im Übrigen ist auffällig, daß bei Ferapont – im Gegensatz zu Zosima – sehr wohl auf die Kleidung eingegangen wird (IV.1; 14:152). Dies dient hier der Unterstützung des Gesamteindrucks von Ferapont – er folgt der Askese in allen Lebensbereichen.

[117] Zur Frage der Vorbilder für Ferapont in der Geschichte der 'Optina Pustyn'' äußert sich W. Komarowitsch. K. Mochulsky beschreibt seine Behausung ebenfalls nach einem Vorbild aus der 'Optina' gestaltet. KOMAROWITSCH, S. 129-132. MOCHULSKY, S. 361.

[118] S. PEACE, S. 291.

[119] Insgesamt äußert Linnér zur Kritik an Zosima, daß sie zwar seine Würde nicht beeinträchtigen

Beurteilung Zosima gesagt, daß sie sich insgesamt nicht nur auf ihn als Person bezieht. Denn Zosima repräsentiert im Roman den Stand eines Starec und zieht damit repräsentativ für alle Starcen die Kritik am Starcentum auf sich.

---

könne, er aber dennoch seinen Gegnern (besonders denen aus dem geistlichen Bereich) nur wenig entgegenzusetzen habe. Auch M. Braun betont die starke Kritik an Zosima. Er beschreibt den Starec als einzigen „echten Mönch" in der kritisch dargestellten klösterlichen Umgebung, der aufgrund des Mißtrauens seiner Gegner und der zum Teil offenen Feindschaft dort eine wenig beneidenswerte Stellung habe.
BRAUN, S. 258.   LINNÉR, Starets Zosima, S. 77 und 107.

III. IDEENGESCHICHTLICHE GRUNDLAGEN FÜR DIE ANALYSE DER FUNKTION ZOSIMAS IM ROMAN

1. Das Starcentum in Rußland

a) Historische Entwicklung

Erste Hinweise auf das Starcentum finden sich im orthodoxen Osten auf der Halbinsel Sinai und auf dem Berg Athos im 4. und 5. Jahrhundert.[120] Für die Geschichte des Starcentums in Rußland ist besonders ein Ereignis aus der Entwicklung im Osten von Bedeutung: Der Athosmönch Nikodemus (1748-1809) gab 1782 in Venedig in griechischer Sprache den ersten Sammelband asketischer und mystischer Schriften unter dem Titel *Philokalia* ('Tugendliebe') heraus, wodurch es in der zweiten Hälfte des 18. Jahrhunderts zu einer Wiederbelebung der Askese und Mystik kam.[121] Dieses Buch gewann in Rußland großen Einfluß durch den aus der Ukraine stammenden Mönch Paisij Veličkovskij (1722-1794), der die *Philokalia* ins Altkirchenslavische übersetzte. Sie wurde 1793 in Petersburg unter dem Titel *Dobrotoljubie* gedruckt. Paisij hatte den Athos besucht, verbreitete danach seine Lehren in einigen Klöstern an der Moldau und hatte viele Schüler. Durch sein Wirken gewann das Starcentum in Rußland erstmals einen größeren Einfluß.[122]

Ab 1821 erschienen dann Teile der *Dobrotoljubie* in russischer Sprache in der Petersburger Monatsschrift „Christianskoe Čtenie". Dieses Buch erfuhr eine große Verbreitung und beeinflußte die Erneuerungsbewegung im russischen Mönchtum stark. In der zweiten Hälfte des 19. Jahrhunderts kamen die Hauptvertreter dieser Richtung meist aus dem einfachen Mönchtum, doch auch einige Bischöfe standen ihr nahe.[123] Zu dieser Zeit hatte

---

[120] I. Smolitsch erwähnt, daß schon im 4. Jahrhundert die Bezeichnung „pater spiritualis" im Sinne eines Starec gebräuchlich war.
SMOLITSCH, I.: Leben und Lehre der Starzen. Der Weg zum vollkommenen Leben, Freiburg 1958, S. 19-20 und 35-49. Vgl. dazu auch: SMOLITSCH, Mönchtum, S. 471-476.

[121] Vgl. AMMANN, A.: Abriß der ostslawischen Kirchengeschichte, Wien 1950, S. 479.
SMOLITSCH, Mönchtum, S. 476. SMOLITSCH, Starzen, S. 17 und 49.

[122] Vgl. AMMANN, S. 479. SMOLITSCH, Mönchtum, S. 480-481. SMOLITSCH, Starzen, S. 17 und 49.
Zu den wenigen Spuren des Starcentums in Rußland vor Paisij erwähnt Smolitsch als ersten signifikanten Hinweis das Wirken Nil Sorskijs (1433-1508) und seiner Schüler gegen Ende des 15. Jahrhunderts. Über die Bedeutung des Starcentums im 17. und 18. Jahrhundert gäbe es jedoch fast keine Nachrichten. SMOLITSCH, Mönchtum, S. 482-490. SMOLITSCH, Starzen, S.

[123] AMMANN, S. 479 und 555-558. | 17 und 58-74.

sich das Starcentum in zahlreichen Klöstern verbreitet und erlebte den Höhepunkt seiner Entwicklung. Eine besondere Bedeutung kommt hierbei der 'Optina pustyn'' bei Kozel'sk (im Gouvernement Kaluga) zu: Sie war fast ein Jahrhundert lang (von 1828-1921/22) ein in ganz Rußland wegen seiner Starcen Leonid (1768-1841), Makarij (1788-1860) und Amvrosij (1812-1891) berühmtes geistliches Zentrum. Leonid wurde von Ratsuchenden aus allen Schichten des Volkes aufgesucht, Makarij hingegen zog auch Dichter und Gelehrte zu einem Besuch an, wie zum Beispiel den Philosophen und Slavophilen I. V. Kireevskij. In seinem fast zwanzig Jahre umfassenden Wirken als Starec in Optina beschäftigte sich Makarij auch mit der Übersetzung und Herausgabe asketisch-mystischer Schriften, wie zum Beispiel der Werke des Nil Sorskij. Sein Nachfolger Amvrosij hatte eine geistliche Ausbildung erhalten, setzte während seiner langjährigen Tätigkeit als Starec in Optina die Arbeit Makarijs fort und festigte das Ansehen der religiösen Gedanken. Auch er hatte Kontakt zu russischen Denkern wie F. M. Dostoevskij, V. S. Solov'ëv, L. N. Tolstoj und K. N. Leont'ev. Mit dem Tode des Starec Amvrosij endet die große Zeit des russischen Starcentums: Es waren zwar noch Schüler Amvrosijs als Starcen in 'Optina' tätig, sie erlangten aber nicht mehr dessen Bedeutung; 1921/22 wurde die 'Optina'-Einsiedelei dann geschlossen.[124]

b) Definition und Beschreibung der Inhalte

Die Bezeichnung 'Starec' leitet sich von dem russischen '*staryj*' für 'alt' her und meint in der wörtlichen Bedeutung einen 'alten Mann, Greis'.[125] In Anlehnung an diese Bedeutung bezeichnet ein Starec in der russisch-orthodoxen Kirche einen älteren Mönch der höchsten asketischen Stufe. Seine Aufgaben bestehen innerhalb des Klosters in der geistigen und seelischen Ausbildung der Novizen. Er verwaltet im Kloster meist kein Amt, sondern hat den Status eines geistigen Führers, Beraters und Beichtvaters. Den Weltlichen, die zu ihm kommen, erteilt er Ratschläge und Weisungen. Zwischen dem Starec und seinem Schüler besteht eine sehr enge Beziehung, wobei sich der Novize seinen geistigen Vater jedoch selbst aussuchen kann. Jedoch muß jemand, der sich einem Starec unterstellt, seinem eigenen Willen völlig entsagen und seinem Starec gegenüber Gehorsam, Demut und Aufrichtigkeit üben. Der Starec begegnet seinem Schüler mit Güte und gerechter Strenge.[126]

---

[124] AMMANN, S. 502 und 556. SMOLITSCH, Mönchtum, S. 503-511.
SMOLITSCH, Starzen, S. 17, 132-138 und 162-173. (Darunter auch Hinweise zur Bedeutung des Starcentums für die geistige Entwicklung in Rußland.)　　　　　　　　　　| 102.
[125] Vgl. BRAUN, S. 257 (Fußnote 11). LEJN, Russko-nemeckij slovar'. REBER, Einführung, S. KISELEV, K.: Das Mönchtum in der Russischen Orthodoxen Kirche. In: Stupperich, R.: Die Russisch-Orthodoxe Kirche in Lehre und Leben, Witten 1967, S. 232.
[126] Nach SMOLITSCH, Starzen, S. 18.

Die Lehren des Starcentums gründen sich vor allem auf die heilige Schrift. Eine große Rolle bei der Ausübung dieser Lehren spielt die Asketik mit den Hilfsmitteln des Gehorsams, der Demut und des Gebets, die im Kampf gegen Sünden eingesetzt werden. Sie dienen dem Zweck, die Freiheit von den eigenen Bedürfnissen und damit die Freiheit von sich selbst zu erlangen.[127] Die Askese stellt hierbei den Weg dar, den Grundgedanken der Mystik des Starcentums – die Vergöttlichung des christlichen Lebens bzw. den Aufstieg des Geistes zu Gott – zu realisieren. Dabei lassen sich zwei Strömungen der Mystik feststellen: Die sinnlich-gemütserregende Mystik zielt darauf ab, durch Demut und Gebet die Liebe Gottes zu erlangen, wodurch eine 'unbeschreibliche Glückseeligkeit' entstehe und der Mensch dem irdischen Dasein enthoben werde. Die denkerisch-besinnliche Mystik hingegen errichtet ein Lehrgerüst der Leidenschaften und stellt ein Schema von acht Hauptsünden auf (Unmäßigkeit, Unzucht, Habgier, Zorn, Traurigkeit, Trägheit, Eitelkeit und Hoffart), deren Bekämpfung sie in den Vordergrund stellt.[128]

2. Literatur und Psychologie

a) Die psychologische Sichtweise in der Literaturwissenschaft

Die beiden Bereiche der Psychologie und der Literaturwissenschaft weisen eine Parallele im Bereich ihres Untersuchungsgegenstandes auf: Sie beschäftigen sich unter anderem mit dem Individuum im weitesten Sinne (sei es als realem Menschen oder als literarische Figur).[129] Ihnen ist aber auch die Arbeitsmethode der Analyse gemeinsam. A. Hansen-Löve bezeichnet in diesem Zusammenhang die Analytik „als das eigentlich verbindende und verbindliche methodologische Prinzip der Psycho- und Kunsttheorie der Moderne".[130] Es gibt eine Vielzahl von interdisziplinären Untersuchungen zwischen beiden Richtungen: Seitens der Psychologie geschieht dies in den Bereichen der angewandten Psychologie und der

---

[127] Nach SMOLITSCH, Starzen, S. 19-31.
[128] Nach SMOLITSCH, Starzen, S. 31-50.
Zur Mystik auch: GALLING, K. (Hrsg.): Die Religion in Geschichte und Gegenwart. 6 Bde., Tübingen 1960, S. 1237-1238 und 1248.
Weiterführende Literatur zum Thema:
NIKOLAOU, Th.: Askese, Mönchtum und Mystik in der orthodoxen Kirche, St. Ottilien 1996.
SMOLITSCH, I.: Geschichte der russischen Kirche 1700-1917, Leiden 1964.
[129] REH, A. M.: Literatur und Psychologie, Bern 1986, S. 20.
[130] HANSEN-LÖVE, A. A.: Zwischen Psycho- und Kunstanalytik. In: ders., Psychopoetik, S. 7-14.
Im Bereich der Methodik stellen auch die Untersuchung von Sprache und Sprechweise eine Parallele der beiden Bereiche dar.
Vgl. dazu auch: HAESLER, L.: Psychoanalyse. Therapeutische Methode und Wissenschaft vom Menschen, Stuttgart u.a. 1994, S. 73-83.

Literaturpsychologie und seitens der Literatur in der psychoanalytischen Literaturwissenschaft und ebenfalls in der Literaturpsychologie. Bezüglich der psychologischen Sichtweise in der Literaturwissenschaft gibt es jedoch verschiedene, zum Teil auch einander widersprechende Ansichten. Allerdings wird bei der Anwendung psychologischer Theorien in der Literaturinterpretation allgemein eine grundsätzliche Gefahr gesehen: Bei Untersuchungen, die von eher psychologischem Interesse gelenkt werden, kann es zu einer Reduktion der Analyse auf den Schaffensprozeß des Werkes kommen (von N. Groeben auch als Gefahr des Biographismus bezeichnet[131]). Hierbei wird meist zu schnell vom Werk auf den Autor geschlossen, wobei die Qualitäten des literarischen Werkes selbst in den Hintergrund treten.[132] N. Groeben sieht die Konsequenz für die psychologische Interpretationsmethode in der Literaturwissenschaft daher darin, daß nur die 'hermeneutisch verwertbare Wissenschaftsteilmenge der empirischen Psychologie' angewendet werden dürfe.[133] Unter der psychologischen Interpretation eines Werkes versteht er eine 'psychologische Semantik' des Werkinhalts. Das Vorgehen bestehe dabei darin, beliebige Zeicheneinheiten eines Werkes (strukturelle, sprachliche, stilistische und inhaltliche Einheiten wie Worte, Motive, Symbole, Ideen, Prozesse, etc.) auf ihre Bedeutung hin zu analysieren.[134] Aber auch gegen diese werkimmanente Methode wird Kritik erhoben, so zum Beispiel von A. Reh.[135] Von grundsätzlicher Bedeutung ist jedoch Groebens Feststellung, daß es bei der psychologisch orientierten Deutung literarischer Figuren nicht nur um eine psychologisch-deskriptive Zuordnung zu verschiedenen Krankheitsbildern gehe, sondern um eine darüber hinausgehende Interpretation.[136]

Wie A. Reh betont, ist der für die Literaturwissenschaft relevante Bereich der Psychologie die Tiefenpsychologie, und zwar sowohl im allgemeinen Sinne als auch speziell im Bereich der Psychoanalyse.[137] Ein Grund dafür, warum sich gerade die Psychoanalyse so bewährt hat, dürfte darin liegen, daß sie als Methode gut strukturiert ist und geeignete Interpretationsmöglichkeiten bietet.[138] Die Verbindung der Psychoanalyse zur Literaturwis-

---

[131] GROEBEN, N.: Literaturpsychologie. In: Arnold, H. L. / Sinemus, V.: Grundzüge der Literatur- und Sprachwissenschaft. Bd. 1: Literaturwissenschaft, München 1992, S. 389-390.
Ergänzend auch: GROEBEN, N.: Literaturpsychologie. Literaturwissenschaft zwischen Hermeneutik und Empirie, Stuttgart 1972.
Zu Groeben und seiner empirischen Literaturpsychologie, aber auch zu anderen Methoden vgl.: LANGNER, R. (Hrsg.): Psychologie der Literatur. Theorien, Methoden, Ergebnisse, Weinheim / München 1986.
[132] REH, S. 27.   WILPERT, S. 727.
[133] GROEBEN, S. 390.
[134] GROEBEN, S. 391.   WILPERT, S. 727.
[135] REH, S. 20.
[136] GROEBEN, S. 392.
[137] REH, S. 19-20.
[138] Vgl. auch GROEBEN, S. 392.

senschaft ist schon durch die Affinität ihres Begründers Sigmund Freud zur Literatur angelegt worden. Zum einen rezipierte Freud literarische Werke,[139] zum anderen hatte er seine
eigene Auffassung von der literarischen Produktion und ihrem Produkt, wobei ihn allerdings
vor allem die Biographie des Autors interessierte.[140] Auch C. G. Jung beschäftigte sich mit
der Verbindung von Psychologie und Literatur, die für ihn einen Zugang zum kollektiven
Unbewußten des Menschen darstellte.[141] Nach den Analysemethoden Freuds und seiner
Nachfolger ist in Deutschland die Methode der psychoanalytischen bzw. tiefenpsychologischen Literaturinterpretation begründet worden.[142] Sie untersucht in der Literatur das Wirken der unbewußten Dimensionen der Psyche (z. B. unerfüllte Wünsche, verdeckte Konflikte, unbewältigte Erlebnisse).[143] Die Interpretation kann sich hierbei auf den Autor, einen
fiktionalen Charakters oder den Lesers beziehen.[144] Insgesamt kann die Verwendung psychologischer Theorien und Methoden eine zusätzliche Interpretationsebene für das literarische Werk, seine Konflikte, sowie für seine Figuren und deren Motivation bedeuten.[145]

Verbreitung hat die psychoanalytische Literaturwissenschaft vor allem in den letzten beiden Jahrzehnten im angloamerikanischen Raum gefunden. Weiterführende Angaben
zu ihrer Entwicklung in Westeuropa und Amerika findet man bei W. Schönau.[146] Auch die
Beschäftigung mit der psychologischen Literaturinterpretation in der russischen bzw. rus-
sistischen Literaturwissenschaft war lange Zeit wenig ausgeprägt und hat sich erst Ende der

---

[139] Im Rahmen der vorliegenden Arbeit ist auch Freuds Beschäftigung mit der russischen Literatur
und besonders mit Dostoevskij von Interesse.
Vgl. hierzu: FREUDS Essay 'Dostoevskij und die Vatertötung' (s. Fußnote 11)
RICE, J. L.: Freud's Russia. National Identity in the Evolution of Psychoanalysis, New Brunswick (New Jersey) 1993. (Darin besonders: Dostoevsky in Freud's World, S. 123-158.)
Zu den Beziehungen zwischen Psychoanalyse und russischer Literatur im Allgemeinen s. auch:
ETKIND, A.: Eros des Unmöglichen. Die Geschichte der Psychoanalyse in Rußland. Übersetzt
von A. Tretner, Leipzig 1996. (Darin besonders: Die russische Kultur der Moderne zwischen Ödipus und Dionysos, S. 51-100.)
[140] Freud verglich den Dichter und sein Werk mit dem Normalmenschen mit seinen Träumen oder
dem Neurotiker mit seiner Phantasie. Außerdem faßte er das literarische Werk als Werkzeug des
Autors auf, seine Psyche auszudrücken. Die Folge dieser Sichtweise besteht in einer Indifferenz
gegenüber der literarischen Qualität des Werkes, so daß Freuds Literaturanalysen lediglich inter-
pretatorische Skizzen bleiben. Vgl. dazu: GROEBEN, S. 392. REH, S. 27 und 29.
FREUD, S.: Der Dichter und das Phantasieren. In: ders.: Gesammelte Werke. 18 Bde., London
1952-1968. Bd. 7. Werke 1906-1909, London 1961, S. 213-223.
[141] JUNG, C. G.: Psychologie und Dichtung. In: Ermatinger, Emil (Hrsg.): Philosophie der Literaturwissenschaft, Berlin 1930.
[142] Vgl. REH, S. 26-27.
[143] WILPERT, S. 726.
[144] GROEBEN, S. 394. REH, S. 20-21. WILPERT, S. 727.
[145] So auch WILPERT, S. 272. Eine ausführliche Aufstellung darüber, welche Fragestellungen der
Tiefenpsychologie für die Literaturwissenschaft interessant sein könnten, geben:
STEINBAUER, H.: Die Psychoanalyse und ihre geistesgeschichtlichen Zusammenhänge mit besonderer Berücksichtigung von Freuds Theorie der Literatur und seiner Deutung literarischer Werke, Basel / Boston 1987, S. 172-216. REH, S. 41-220.
[146] SCHÖNAU, W.: Einführung in die psychoanalytische Literaturwissenschaft, Stuttgart 1991.

siebziger Jahre, vor allem im angelsächsischen Bereich, ausgeweitet. Analog dazu läßt sich feststellen, daß psychologische Interpretationsmethoden auch in der Dostoevskij-Forschung verstärkt erst seit Anfang der achtziger Jahre Beachtung fanden, wobei es im angloamerikanischen Bereich aber durchaus ältere Arbeiten gibt. Weitere Informationen zur psychologischen Sichtweise in der slavistischen Literaturwissenschaft liefern die Beiträge von V. P. Beljanin, A. Hansen-Löve, N. V. Os'makov und D. Rancour-Laferriere.[147]

b) Entwicklung und Methodik in der Tiefenpsychologie

Die Psychologie definiert man allgemein als die Wissenschaft vom Erleben und Verhalten der Lebewesen.[148] Die Tiefenpsychologie stellt dabei eine psychologische Richtung dar, in der davon ausgegangen wird, daß nicht nur bewußte, sondern auch unbewußte Prozesse für das Erleben und Verhalten des Menschen von Bedeutung sind. Ihre Zielsetzung besteht in der Aufdeckung dieser unbewußten psychischen Faktoren.[149] In der Regel werden darunter frühere Erlebnisse oder Erfahrungen verstanden, die nicht vergessen, sondern aus dem Bewußtsein verdrängt wurden.[150] Gelingt der Einbau dieser unbewußten Anteile in das Leben der Persönlichkeit nicht, werden sie in anderer Form wirksam (als Fehlleistungen, Träume, Ängste).[151] Der Begriff der Tiefenpsychologie ist um 1930 entstanden und stellt eine Sammelbezeichnung für alle psychologischen und psychotherapeutischen Richtungen dar, die sich mit der Erforschung der unbewußten Schichten der Psyche beschäftigen. Er wird jedoch nicht einheitlich gebraucht, da er zum einen die die Tiefenpsychologie begründende Psychoanalyse mit einschließt, zum anderen aber auch nur die Richtungen bezeichnet, die sich aus der Psychoanalyse heraus entwickelt haben.[152]

Aufgrund ihrer grundlegenden Bedeutung für die Tiefenpsychologie soll hier kurz auf die Psychoanalyse eingegangen werden. Sie wurde von Sigmund Freud (1856-1939) als

---

[147] BELJANIN, V. P.: Vvedenie v psichiatri...eskoe literaturovedenie, München 1996.
HANSEN-LÖVE, Psychopoetik.
OS'MAKOV, N. V.: Psichologičeskoe napravlenie v russkom literaturovedenii, M. 1981.
RANCOUR-LAFERRIERE, D.: Russian literature and psychoanalysis. Four modes of intersection.
In: ders. (Hrsg.): Russian Literature and Psychoanalysis, Amsterdam 1989, S. 1-40.
SURKOV, A. A. (Hrsg.): Kratkaja literaturnaja ènciklopedija. 9 Bde., M. 1962-1978. (Darin zur Psychologie in der russischen Literaturwissenschaft: Bd. 6, S. 65-71)
Weitere Titel zu diesem Themenbereich findet man in der Bibliographie von N. Kiell (vgl. Fußnote 11) und im bibliographischen Teil des Aufsatzes von D. Rancour-Laferriere (S. 18-37).
[148] BENESCH, H.: dtv-Atlas Psychologie. 2 Bde., München 1987, S.31.
[149] REH, S. 19.
[150] HEHLMANN, W. (Hrsg.): Wörterbuch der Psychologie, Stuttgart 1974, S. 546.
[151] S. auch REH, S. 25.
[152] Humboldt-Psychologie-Lexikon, München 1990, S. 382.
HEMLING, H.: Taschenbuch der Psychologie, München 1974, S. 157.

Behandlungsmethode psychischer Störungen entwickelt und dann zu einer Theorie über die Wirkungsweise psychische Kräfte ausgebaut. Der Ausdruck erschien erstmals 1894. Heute ist der Gebrauch des Begriffs nicht einheitlich, man versteht darunter meist jedoch drei Bereiche: eine Theorie des Erlebens und Verhaltens, eine Methode zur Erforschung psychischer Vorgänge und eine Form der psychotherapeutischen Behandlung.[153] Im Hinblick auf die vorliegende Arbeit ist sowohl die Untersuchungsmethode als auch die Theorie von Interesse. Als Untersuchungsmethode hat die Psychoanalyse Wege zur Beschreibung und Analyse des Unbewußten aufgezeigt, das von ihr als entscheidende Motivation menschlichen Verhaltens verstanden wird. Dabei geht es im wesentlichen um die Analyse von Träumen, Phantasien und Vorstellungen sowie von Fehlleistungen mittels verbaler freier Assoziation (der spontanen Äußerung aller Gedanken), durch die die Verbindungen der psychischen Vorgänge zueinander deutlich werden sollen.[154] In der Therapie wird mittels der freien Assoziation eine Wiederbelebung der ins Unterbewußtsein verdrängten Konflikte, ihre Deutung und Einfügung in das Leben des Klienten angestrebt.[155] Als eine Theorie des Erlebens und Verhaltens versucht die Psychoanalyse modellhaft Erklärungen zur Entwicklungspsychologie und zur Persönlichkeits- und Motivationstheorie zu geben. Die Entwicklungspsychologie umfaßt hierbei die psycho-sexuelle Entwicklung des Kindes (orale, anale, phallische Phase, Latenzphase, Pubertät; Ödipus-Situation), die Entwicklung der Triebe (Sexualität und Aggression als das Individuum dynamisierende Antriebe), Fragen zur psychosozialen Entwicklung, sowie Entstehungsursachen von Neurosen, die zu einer eigenen Neurosentheorie ausgebaut wurden.[156] Im Bereich der Persönlichkeits- und Motivationstheorie ist in der Psychologie vor allem das strukturelle Persönlichkeitsmodell des Es (der Bereich des Unbewußten, der primitiven Wünsche und Triebe), Ich (der zwischen Es und Über-Ich vermittelnde Bereich mit unbewußten und bewußten Zügen) und Über-Ich (der Bereich des Gewissens, der von den moralischen Vorstellungen der Umwelt geformt wird) bekannt.[157]

Heute stellt die Psychoanalyse als psychotherapeutische Methode nur eine von ver-

---

[153] HOFFMAN, S. O.: Psychoanalyse. In: Asanger, R. / Wenninger, G. (Hrsg.): Handwörterbuch Psychologie, Weinheim 1989, S. 579.
[154] Humboldt-Psychologie-Lexikon, S. 286.
[155] Dazu HOFFMANN, S. 582-583.
[156] Vgl. HOFFMANN, S. 580-581.   Ergänzend zu den Entwicklungsphasen und der Trieblehre s.: BATTEGAY, R.: Psychoanalytische Neurosenlehre. Eine Einführung, Frankfurt 1994, S. 52-85. MENTZOS, St.: Neurotische Konfliktverarbeitung. Einführung in die psychoanalytische Neurosenlehre unter Berücksichtigung neuer Perspektiven, Frankfurt 1996, S. 88-104. TOMAN, W.: Tiefenpsychologie, Stuttgart / Berlin 1978, S. 60-69.
[157] Hier sei angemerkt, daß die Definitionen der drei Instanzen der Psyche zum Teil variieren. S. auch: BATTEGAY, S. 114-134.   MENTZOS, S. 40-42.   TOMAN, S. 35-52. ZIMBARDO, Ph.: Psychologie. Hg. von S. Hoppe-Graff und B. Keller, Heidelberg 1992, S. 410- Ausführlicher in: BRENNER, Ch.: Grundzüge der Psychoanalyse, Frankfurt a. M. 1967. | 411.

schiedenen Behandlungsformen dar und wird vor allem in abgewandelter Form verwendet.[158] Als Theorie liefert sie noch immer das zusammenhängendste Konzept und ist besonders im Bereich der Neurosentheorie von Bedeutung.[159] Die Psychoanalyse nach S. Freud ist im Laufe der Zeit erheblich erweitert und in einem internationalen Schrifttum ausgebaut worden, wird jedoch auch häufig kritisch beurteilt. Dabei geht es zum Beispiel um die Grenzen von Freuds Dreiinstanzenmodell der Psyche und besonders um die Trieblehre, deren sexuelle Konnation in Kritik geraten ist.[160] Von der klassischen Psychoanalyse zum Teil erheblich abweichend entwickelten sich vor allem die Analytische Psychologie C. G. Jungs (1875-1961), die Individualpsychologie A. Adlers (1870-1937) und die Neopsychoanalyse E. Fromms (1900-1980),[161] die alle in die Tiefenpsychologie einmündeten. Diese Richtungen unterscheiden sich vor allem durch unterschiedliche Modellentwürfe vom Unbewußten und von den Persönlichkeitsstrukturen, lehnen auch teilweise, wie die Neopsychoanalyse, die Triebtheorie Freuds ab.[162] In der Gegenwart wird die Tiefenpsychologie in vielen Einzelforschungen weitergeführt, die versuchen, auch soziale Gegebenheiten oder Inhalte aus Religion und Philosophiesystemen mit einzubeziehen.[163]

c) Die Neurosenlehre als Teilgebiet der Tiefenpsychologie

Der Begriff Neurose stellt heute eine Sammelbezeichnung für eine Vielzahl von psychischen Störungen mit unterschiedlichen Erscheinungsformen und Ursachen dar und wird durch die verschiedenen psychologischen Richtungen unterschiedlich festgelegt.[164] Erstmals wurde er 1776 in neurologischer Bedeutung von dem schottischen Arzt W. Cullen (1710-1790) gebraucht. Dieser verstand darunter jede Nervenerkrankung ohne nachweisbare organische Veränderung.[165] Später machte der Neurose-Begriff jedoch einen Bedeutungswan-del durch, wurde in physiologischer, psychologischer oder ganzheitlicher Bedeutung gebraucht und erst durch S. Freud in der Weise bestimmt, in der er heute verwendet

---

[158] Einen Überblick über Psychoanalyse als Therapie im Vergleich zu anderen Therapiemöglichkeiten bieten: BATTEGAY, S. 266-315. MENTZOS, S. 266-292. TOMAN, S. 140-200.
DÖRNER, K. / PLOG, U.: Irren ist menschlich. Lehrbuch der Psychiatrie / Psychotherapie, Bonn
[159] HOFFMANN, S. 581. | 1990, S. 565-585.
[160] BATTEGAY, S. 85-87. DÖRNER/PLOG, S. 570. HOFFMANN, S. 584. MENTZOS, S. 41-42.
ZIMBARDO, S. 413-114.
[161] HOFFMANN, S. 583-585.
[162] HOFFMANN, S. 583. REH, S. 19. Weiterführend auch: LÜCK, S. 102-109 und S. 111-112.
[163] HEHLMANN, S. 547. Ausführlichere Informationen zur Entwicklung der Tiefenpsychologie in:
WYSS, D.: Die tiefenpsychologischen Schulen von den Anfängen bis zur Gegenwart. Entwicklung, Probleme, Krisen, Göttingen 1991.
[164] Humboldt-Psychologie-Lexikon, S. 245.
[165] HEHLMANN, S. 352.

wird.[166] Kritik erfährt der Begriff heute vor allem deshalb, weil er in kaum differenzierter Form für alle Schweregrade neurotischer Erscheinungen (vom leichten Unbehagen bis zu psychiatrischen Krankheitsbildern) verwendet wird.[167]

Heute stellt die psychoanalytische Neurosen-Theorie (die in den letzten Jahren eine starke Weiterentwicklung erfuhr) noch immer das geschlossenste und am besten systematisierte Modell dar.[168] Freud geht von der Entstehung der Neurose durch ein sexuelles Trauma (ein signifikantes Ereignis) in der Kindheit aus, wobei es gleichbedeutend ist, ob es sich um eine real erlebte Kindheitssituation handelte oder die Situation nur als bedrohlich empfunden wurde.[169] Heute sieht man die Ursache allgemeiner in einer traumatisierenden Situation: Die Neurosen-Entstehung wird dabei durch die Erziehung bzw. das Verhalten der Bezugspersonen gefördert, das verwöhnend, vernachlässigend, einengend, überfordernd, agressiv sein kann und dadurch Mangelerfahrungen seitens des Kindes hervorruft.[170] Diese unbefriedigten kindlichen Grundbedürfnisse und Wünsche werden hierbei aufgrund einer Anpassung an das Verhalten der Bezugspersonen ins Unbewußte verdrängt.[171] Die psychische Fehlentwicklung im Sinne der Neurose liegt meist schon in der frühesten Kindheit begründet, ist grundsätzlich jedoch auch noch in späteren Entwicklungsphasen möglich, wenn die Umweltverhältnisse entsprechend belastend sind.[172]

Zu einem späteren Ausbruch der Neurose als Erkrankung kann es durch eine auslösende Situation kommen, die Ähnlichkeit zu der verdrängten infantilen Konfliktsituation hat (z.B. als Angriffs-, Entwertungs- oder Trennungssituation). Sie führt zu einer Regression, das heißt einer Wiederbelebung oder Reaktivierung des ungelösten Konfliktpotentials. In

---

[166] CLAUSS, G. (Hrsg.): Fachlexikon abc Psychologie, Frankfurt a. M. 1995, S. 322. Humboldt-Psychologie-Lexikon, S. 245.
[167] SCHUSTER, P.: Neurose. In: Asanger, R. / Wenninger, G. (Hrsg.): Handwörterbuch Psychologie, Weinheim 1989, S. 483.
Nach Schlemm werden heute insgesamt etwa 80 % der psychiatrischen Erkrankungen als Neurosen klassifiziert. Dabei wird nach Zimbardo im Raum Nordamerika und Europa 1980 für Neurosen eine Prävalenz von 9,38 % in der Gesamtbevölkerung angenommen. Legewie hingegen geht 1970 davon aus, daß etwa 20 % der Bevölkerung der Bundesrepublik Deutschland (also 12 Millionen Menschen) von Neurosen betroffen sind.
LEGEWIE, H. / EHLERS, W.: Knaurs moderne Psychologie, München / Zürich 1972, S. 280.
SCHLEMM, K.: Neurosen, psychogene Reaktionen, Persönlichkeitsstörungen. Eine statistische Untersuchung, München 1986, S. 2. (Diss.) ZIMBARDO, S. 499.
[168] HOFFMANN, S. 581. SCHUSTER, S. 483.
[169] BATTEGAY, S. 201.
[170] BATTEGAY, S. 34 und S. 201. VIEBAHN, I. v.: Seelische Entwicklung und ihre Störungen. Ein psychoanalytischer Grundlehrgang, Göttingen 1968, S. 124-138.
[171] Humboldt-Psychologie-Lexikon, S. 245. VIEBAHN, S. 97-107.
[172] BATTEGAY, S. 201-205.
Die Basis für frühe Entwicklungsstörungen ist durch die totale Abhängigkeit des Kindes von der Bezugsperson gegeben. Diese Abhängigkeit macht das Kind erst lernfähig, aber auch empfänglich für Störungen in seinem Beziehungsumfeld, die dann durch Vernachlässigung etc. ein Urmißtrauen auslösen können. Vgl. BATTEGAY, S. 26-28. DÖRNER/PLOG, S. 101.

der Folge kommt es zu einer Zunahme der psychischen Spannung. Sie äußert sich in Angst, die in ihrer Signalfunktion ein Zeichen für eine bestehende Gefahr ist.[173] Die Angst entspricht hierbei jedoch in ihrer Intensität meist nicht der realen Gefahr, sondern ergibt sich aus der Wiederbelebung einer entsprechenden unbewältigten infantilen Konfliktsituation, in der jede Gefahr eine Lebensbedrohung darstellte. Die Reaktivierung bleibt hierbei der Person unbewußt; bewußt ist ihr nur ihre starke Angst.[174] Diese funktioniert dann als Motor, der die Mechanismen des Ich zur Unterdrückung der Angst, die sogenannten Abwehrmechanismen, in Bewegung setzt.[175] Zu den wichtigsten Abwehrmechanismen gehören hier die Verdrängung (das Fernhalten unangenehmer Gefühle vom Bewußtsein durch Ausschluß von der Reproduktion im Bewußtsein) und die Projektion (das Projizieren innerer Probleme nach außen auf die Umwelt oder auf umgebende Menschen).[176] Die Unterdrückung der Angst äußert sich schließlich auch in verschiedensten psycho-vegetativen Symptomen.[177]

Bei einer Erklärung neurotischer Konflikte im Rahmen des Dreiinstanzenmodells der Psyche stellt das Ich die vermittelnde Instanz zwischen den Anforderungen des Es (den triebhaften Grundbedürfnissen) und des Über-Ich (den moralisch-ethischen Leitaspekten) dar, die außerdem noch die Außenwelt angemessen berücksichtigen muß.[178] Die Ergebnisse der Konfliktlösungen zwischen den Instanzen können jedoch immer nur Kompromisse sein. Als neurotisch werden Konfliktsituationen bezeichnet, wenn ein Ungleichgewicht im Kräfteverhältnis zwischen Ich und Es (also im Umgang mit dem unbewußten Konfliktpotential) zu einer als Leidenszustand erlebten Kompromißbildung führt. Die neurotische Kompromißlösung zeigt sich hierbei als neurotisches Symptom, durch das das Ich einen traumatischen Zustand verhindert (angezeigt durch das Gefahrensignal der Angst).[179] Das durchbrechende Symptom stellt dabei auch den Versuch des Ichs dar, den verschiedenen Kräften (wie Gewissensinhalten, Triebimpulsen) gerecht zu werden.[180] Bei einer Neurose ist es also das Ich als Ort der Ängste, das die Abwehrmechanismen einsetzt und die Symptome ausbildet.[181]

---

[173] Nach HOFFMANN, S. 582. MENTZOS, S. 32. PANAHI, S. 106-108. ZIMBARDO, S. 411. Zu Ursachen für die Auslösung auch: SCHUSTER, S. 484.
[174] Vgl. auch BATTEGAY, S. 39.
[175] HOFFMANN, S. 582. | 411-412.
[176] BATTEGAY, S. 135-169. DÖRNER/PLOG, S. 307-310. MENTZOS, 60-67. ZIMBARDO, S.
[177] Dazu gehören u.a. Schlaflosigkeit, Müdigkeit, Kopf-, Herz- und Magenschmerzen, Atemnot, Schwindel, Depression, Kontaktstörungen, Hemmungen, Selbstunsicherheit. Vgl. dazu: DÖRNER/PLOG, S. 305-306. HEHLMANN, S. 353. Humboldt-Psychologie-Lexikon, S. 245. MENTZOS, S. 84-86. VIEHBAHN, S. 123-124. ZIMBARDO, S. 509-510.
[178] HOFFMANN, S. 581. SCHUSTER, S. 484.
[179] SCHUSTER, S. 484-485.
[180] HOFFMANN, S. 582.
[181] HOFFMANN, S. 581.

IV. DIE WIRKUNGSWEISE UND FUNKTION ZOSIMAS

1. Die Bedeutung für die Konstruktion des Romans

a) Allgemeine strukturelle Komponenten

Obwohl der Starec Zosima nur an der Handlung der ersten Romanhälfte Anteil hat, ist er doch von grundlegender Bedeutung für das Konstruktionsprinzip des Romans. Dies ist an verschiedenen Stellen bei der Analyse Zosimas schon angeklungen, bedarf aber noch einer zusammenhängenden Darstellung und Erklärung. Die Bedeutung und Funktion Zosimas wird dabei nicht gleich zu Beginn des Romans deutlich: Es entsteht zunächst nur der Eindruck, daß Zosima in seinem Kloster abseits vom Hauptgeschehen in der Stadt lebt. Nach der Zusammenkunft der Karamazovs im Kloster und der Einführung der Bedeutung Zosimas für Alëša wird jedoch offensichtlich, daß das Kloster einen Gegenpol zum Handlungsort der Stadt darstellt. Das Kloster erscheint damit als eine der beiden konträren Welten des Romans, mit denen jeweils auch verschiedene Personengruppen und sich nebeneinander entwickelnde Handlungslinien verbunden sind. Der geistlichen Welt gehören der Starec Zosima, Vater Paisij, Rakitin und andere Mönche an. Der profane Bereich wird hauptsächlich von Fëdor Pavlovič Karamazov, seinen Söhnen Dmitrij und Ivan, den Frauengestalten Agrafena Aleksandrovna (Grušenka), Katerina Ivanovna, Frau Chochlakova und ihrer Tochter Liza und den Dienern Fëdors gebildet. Nur Fëdors Sohn Alëša gehört zu beiden Welten und hält Kontakt zu den jeweiligen Personengruppen. Damit fungiert er als Bindeglied der gegensätzlichen Bereiche - denn zu einer direkten Konfrontation aller wichtigen Mitglieder beider Bereiche kommt es nur bei der Zusammenkunft der Karamazovs im Kloster. Auch muß man feststellen, daß das Kloster, nachdem der Starec gestorben ist und Alëša es verlassen hat (VII.4), als Handlungsort im Roman nicht mehr in Erscheinung tritt.

Zusammenfassend ist zu der Charakterisierungsweise der Figur des Starec zu bemerken, daß die Betonung bei der Darstellung Zosimas nur auf seinen Fähigkeiten als Starec liegt, die in seinem Handeln und seinen Äußerungen widergespiegelt werden. Dementsprechend bleiben seine individuellen Eigenschaften als Person unausgeformt: Selbst in den Äußerungen Zosimas bekommt man keinen direkten Einblick in seine Empfindungen oder Gedanken. Insgesamt liegen auch nur wenige direkte Charakterisierungen durch andere Personen vor und diese beziehen sich ausschließlich auf seine Position als Starec. Eine Deutung

Zosimas kann also nur indirekt über sein Verhalten erfolgen. Auch die Konstruktion der Personenbeschreibung ist in besonderer Weise angelegt: Man lernt den Starec als handelnden Figur am Endpunkt ihrer Entwicklung kennen. Seine Vergangenheit erfährt erst anläßlich seines Todes Beachtung, wird aber auch mit der Darlegung seiner Lehren verbunden, die das Zentrum der Darstellung des Starec ausmachen. Bemerkenswert ist, daß auch Biographie und Lehren Zosimas keine wirklich persönlichen Aussagen über Zosima und dessen Gedanken oder Gefühle enthalten: Biographische Angaben erfolgen nur in soweit als sie zum Verständnis für Zosimas Berufung und seine Entscheidung, Starec zu werden, beitragen; und die Lehren des Starec beinhalten zwar seine Weltanschauung, bestehen aber nur aus allgemeinen Reflexionen über das Verhältnis der Menschen untereinander und das der Menschen zu Gott. Auch formuliert Zosima seine Lehren nicht selbst, sondern sie werden durch Alëša in überarbeiteter, komprimierter Weise wiedergegeben. Durch diese Art der Wiedergabe und den besonderen Sprachstil Zosimas rückt der Inhalt der Lehren in die Nähe von Geboten. Eine ähnlich zur Tat auffordernde Wirkung entsteht auch, wenn Zosima in direkter Rede in seiner Funktion als Starec Hilfesuchenden Ratschläge erteilt. Insgesamt wird durch die indirekte Wiedergabeweise der Rede Zosimas in Buch sechs die weiter oben auf inhaltlicher Ebene aufgestellte Schlußfolgerung, daß es nicht um individuelle Züge im Wesen Zosimas und um die Darstellung seines Bewußtseins geht, noch unterstützt.[182] Aufgrund dieser Festlegung auf seine Funktion als Starec und der daraus resultierenden Einseitigkeit der Portraitierung kann man Zosima als eindimensionalen Charakter nach B. Wett bezeichnen.[183] Jedoch ist er nicht nur als statische Figur zu verstehen: Er ist zwar in seinem Handeln auf bestimmte Verhaltensweisen begrenzt und macht auch während des Handlungsgeschehens keine Weiterentwicklung durch (denn er steht schon auf deren Endpunkt)

---

[182] Hierzu sei eine Äußerung R. Welleks erwähnt, der die Unklarheit über die Bewußtseinsvorgänge in den Charakteren und über ihre Motivation sogar als einen besonderen Zug in Dostoevskijs Kunst bezeichnet.
WELLEK, R.: Bachtin's view of Dostoevskij. „Polyphony" and „Carnivalesque". In: Actualité de Dostoevskij. 4. Symposium International Dostoevskij in Bergamo vom 17. bis 23. August 1980, Genf 1982, S. 12.
Die Tatsache, daß Zosima weniger als Individuum gestaltet ist, wird in der Literatur zum Thema häufig erwähnt. So stellt S. Linnér wiederholt fest, daß Zosimas Charakter wenig ausgeformt sei, innere Widersprüche oder Spannungen ausgelassen seien und seine Vergangenheit keine Spuren in ihm hinterlassen habe. Dies führe dazu, daß er auf bestimmte Verhaltensweisen beschränkt und deshalb relativ vorhersehbar sei. Nach Meinung von V. Terras werden die Auslassungen dadurch motiviert, daß Zosima die 'Freiheit von sich selbst' erreicht habe und sein Handeln nicht durch Gefühle bestimmt werde, sondern durch den Glauben.
LINNÉR, Starets Zosima, S. 37, 54-55, 80, 84, 102-103 und 111. TERRAS, Companion, S. 56-57.
[183] WETT, B.: „Neuer Mensch" und „Goldene Mittelmäßigkeit": F. M. Dostoevskijs Kritik am rationalistisch-utopischen Menschenbild, München 1986, S. 64-69.
Zur Eindimensionalität und didaktischen Wirkung vgl. auch LAVRIN, Dostojevskij mit Selbstzeugnissen, S. 145.

– doch ist seine Entwicklung vor der eigentlichen Romanhandlung von signifikanter Bedeutung in der Romankonzeption. Insgesamt verkörpert Zosima einen literarischen Typ im Werk Dostoevskijs: Wie in der Beschreibung seiner literarischen Vorbilder schon angeklungen ist, setzt er den Typ des geistlichen Beraters fort, stellt sogar dessen Höhepunkt dar und repräsentiert nach V. Terras einen von Dostoevskijs Versuchen, einen perfekten, christlichen Menschen zu schaffen.[184] Insgesamt wird seine Position im Roman verschieden beurteilt: Im Vorwort wird nur Alëša der Status einer Hauptfigur zugeschrieben. N. Reber meint jedoch, daß der Roman selbst alle Karamazov-Brüder, ihren Vater und auch den Starec Zosima zu Hauptgestalten mache und für S. Linnér stellt Zosima schon nach den ersten beiden Büchern eine der Hauptfiguren des Romans dar, der außerdem eine Schlüsselposition zukomme. R. Neuhäuser beschreibt den Starec jedoch als eine 'Figur zweiten Ranges', da er für die Handlungsentwicklung kaum von Bedeutung sei.[185]

Die Beteiligung des Starec Zosima am Handlungsgeschehen ist auch von struktureller Signifikanz: Schon im ersten Buch wird direkt nach der Beschreibung der Mitglieder der Karamazov-Familie durch einen Exkurs über Geschichte und Wesen des Starcentums beleuchtet, welchen religiösen Stand Zosima repräsentiert und damit – kontrastiv zu der vorhergehenden Erwähnung der Karamazovs – sein Stellenwert für den Roman angedeutet (I.5). Diese Darstellung erfährt in einem späteren Kapitel (III.11) noch eine Erweiterung. Außerdem erfolgt Zosimas Tod und Ausscheiden aus der Handlung genau in der Mitte des Romans und fällt mit einem strukturellen Absatz zusammen (mit dem Buch 'Russkij inok' wird der zweite Teil des Romans beendet), der gleichzeitig einen inhaltlichen Einschnitt markiert. Zum einen gibt das sechste Buch einen signifikanten Abschluß für die Präsenz Zosimas im Handlungsgeschehen, da es durch weitere Informationen über ihn und seine Lehren die Figur des Starec abrundet. Zum anderen ist es aus dem Handlungsgeschehen um die Karamazovs, von dem es strukturell umrahmt ist, herausgehoben. Es stellt sowohl einen inhaltlichen als auch einen stilistischen Bruch in der Erzählweise dar und nimmt die Stellung eines 'interlude'[186] an. Insgesamt hat das sechste Buch eine kontrastive Funktion – denn es

---

[184] TERRAS, Companion, S. 25. | S. 98.

[185] LINNÉR, Starets Zosima, S. 37-38, 85.   NEUHÄUSER, Romane, S. 185-186.   REBER, Einführung, Zur Frage der Hauptfiguren ist auch die Ansicht von M. Braun interessant, der davon ausgeht, daß Alëša – obwohl er im Vorwort als Held eingesetzt wird – nicht als Hauptfigur der Brat'ja Karamazovy zu bezeichnen sei, da er zu wenig zur Handlungsentwicklung beitrage und eher ein Beobachter sei. Für den vorliegenden Roman schlägt Braun Dmitrij (auf der Handlungs-ebene) oder Ivan (auf der ideologischen Ebene) als Hauptfiguren vor. An anderer Stelle bezeichnet Braun die Tatsache, daß die eigentlichen Hauptpersonen nicht feststellbar seien, ebenso wie das Vorliegen von zwei gleichwertigen Haupthandlungen als Kennzeichen eines polyphonen Romans. BRAUN, S.235-237 und 268-269.

[186] LINNÉR, Starets Zosima, S. 9.

folgt einerseits auf Ivans Erzählung vom Großinquisitor und stellt andererseits die Handlung, die auf die Erwartung eines möglichen Mordes an Fëdor hinläuft, zunächst in den Hintergrund.

Diese Unterbrechung wird also an einer wichtigen Stelle in der Handlungsentwicklung vorgenommen: Die Vermutung, daß es zu einem Verbrechen kommt, ist zu Beginn des sechsten Buches auf dem Höhepunkt. Zum Aufbau dieser Spannung trägt Zosima durch den Einsatz seiner Zukunftssicht und Vorhersagen wesentlich bei. Besonders bedeutsam ist in diesem Zusammenhang der Kniefall, der den weiteren Verlauf der Handlung um Dmitrij und Fëdor schon anzeigt, und immer wieder aufgegriffen wird, wodurch ein tragischer Ausgang unvermeidbar erscheint.[187] Bemerkenswert ist in diesem Zusammenhang, daß die Deutung des Kniefalls durch andere Personen zwar darauf hinweist, daß Dmitrij den Mord an Fëdor begehen wird – Zosimas Erklärung in VI.1 (unmittelbar vor der Unterbrechung der Handlung) läßt jedoch die genaue Art von Dmitrijs Schicksal offen und trägt dadurch weiter zur Aufrechterhaltung der Spannung bei. Zudem gibt Zosima durch den Gebrauch seiner Weitsicht noch einen Vorausblick auf die weitere Geschichte Alëšas und weckt damit Interesse für dessen Schicksal im Fortsetzungsband der *Brat'ja Karamazovy*. Nachdem alles auf ein Verbrechen an Fëdor hindeutet, scheidet der Starec durch seinen Tod aus dem Handlungsgeschehen aus, da er durch den Hinweis auf die zukünftigen Ereignisse seinen Handlungsrahmen erfüllt hat.[188]

b) Zosimas Position in der Personenkonstellation

i. Zur Handlungskonzeption

An den beiden Polen der Handlungskonzeption stehen sich die geistigen Haltungen und Lebensweisen der jeweiligen Personengruppen einander gegenüber: Die geistliche Welt um den Starec Zosima stellt einen moralischen Gegenpol zu den weltlichen, mit menschlichen Schwächen beladenen Karamazovs[189] dar. Hierbei erscheint die Handlungslinie um die

---

[187] Der Kniefall und das Wiederaufgreifen dieses Themas stellt eines der von N. Reber erwähnten Strukturelemente der Verdoppelung oder Wiederholung von Situationen und Motiven dar, die zur Spannungserzeugung und Spannungssteigerung beitragen. Dabei bezeichnet Reber die „Erzeugung und Steigerung der Spannung bis zum schier Unerträglichen" als das auffälligste Merkmal in der Erzählweise der *Brat'ja Karamazovy*. Andere Faktoren, die im Roman zur Spannungsintensivierung beitragen, sind der Gebrauch der dialogischen Rede und der polare Aufbau des Romans, der später noch erläutert wird. REBER, Einführung, S. 63.

[188] Zu den begrenzten Möglichkeiten Zosimas s. auch BRAUN, S. 258.

[189] Von Ch. Passage wird auf die Symbolhaftigkeit des Namens 'Karamazov' hingewiesen, der aus den drei Elemente '*kara*', '*maz*' und der Endung -*ov* besteht. Das Element '*maz*' entspricht nach Passage dem russischen Wort '*maz*" für 'Schmiere, Salbe'; '*kara*' hingegen komme von dem

Karamazovs als das handlungstragende Element im Roman: Sie beinhaltet die Ermordung des Vaters Fëdor durch seinen illegitimen Sohn Smerdjakov und die fälschliche Verurteilung seines ältesten Sohnes Dmitrij für dieses Verbrechen. Fëdor erscheint hierbei als eine geschwätzige, boshafte, sich hemmungslos seinen Leidenschaften (besonders den Frauen und dem Alkohol) hingebende Person mit Geschäftssinn, die ihr Vermögen ausschließlich zur Unterhaltung ihres Lasters einsetzt. Seine Söhne hat er als Kinder vernachlässigt und aus dem Haus gegeben, da sie ihn bei seinem Leben störten. Sein ältester Sohn Dmitrij, eine wie sein Vater leidenschaftliche, aber auch eine emotionale, romantische, ehrliche und relativ naive Figur, haßt seinen Vater. Er lebt aus finanziellen Gründen und aus Eifersucht und Rivalität um Grušenka in offenem Konflikt mit ihm. Der mittlere Bruder Ivan ist sehr intelligent, folgt nur seinem Verstand und verachtet sowohl seinen Bruder Dmitrij als auch seinen Vater wegen ihrer Eigenschaften und ihrer Lebensweise. Zudem interessiert er sich für Katerina Ivanovna, die meint, Dmitrij zu lieben. Der uneheliche Halbbruder Smerdjakov gehört zwar nicht unmittelbar zu den Karamazovs, haßt Fëdor jedoch genauso wie Dmitrij und Ivan.[190] Die Beziehungen der Karamazovs untereinander sind durch ihre entgegengesetzten Charaktere und Interessen also sehr schwierig. L. Müller spricht hier bezüglich des Vater-Sohn-Konflikts, der das Verhältnis der Karamazovs zueinander dominiert, von der Verkehrung des Sinnes der Vaterschaft.[191] Die Mißachtung dieses Sinnes führt nach seiner Meinung fast zwangsläufig dazu, daß die Söhne sich gegen ihren Vater auflehnen und es schließlich zu seiner Ermordung kommt.

Die zweite Handlungslinie bezieht sich auf die geistige Welt des Romans: Sie zeigt den jüngsten Bruder Alëša, sein Leben im Kloster und seine Beziehung zu dem Starec Zosima. Alëšahat nur wenig Gemeinsamkeiten mit seinem Vater und seinen Brüdern und stellt einen Gegenpol zu den übrigen Karamazovs dar: Er ist tief religiös, gläubig und gutmütig.[192]

türkischen Wort für 'schwarz' – damit ergibt sich für den Namen '*Karamazov*' also die Bedeutung 'schwarze Schmiere'. Man könnte in dieser Namensdeutung also einen Hinweis auf dunkle und unangenehme Elemente im Umfeld dieser Personen sehen. Bemerkenswert ist, daß die Vornamen der drei Karamazov Brüder religiöse Konnotationen aufweisen: Dmitrij als der heilige Demetrius, Ivan als der heilige Johannes und Aleksej als der 'Gottesmensch' Aleksej (*Aleksej čelovek božij*). PASSAGE, S. 93-96. Vgl. auch REBER, Einführung, S. 18 und 99-100.
CHAPPLE, R.: A Dostoevsky Dictionary, Ann Arbor (Michigan) 1983, S. 391.
REBER, N.: Studien zum Motiv des Doppelgängers bei Dostoevskij und E. T. A. Hoffmann, Gießen 1964, S. 107-108. TERRAS, Companion, S. 117-118.

[190] Für eine ausführlichere Darstellung der Figuren sei verwiesen auf:
BELKNAP, Genesis, S. 57-72 (Dmitrij), S. 89-110 (Alёõa) und S. 111-126 (Ivan).
BRAUN, S. 239-246. CHAPPLE, S 417-424. REBER, Einführung, S. 16-24.

[191] MÜLLER, Leben, S 80-81. Vgl. auch FLICK, V.: Untersuchungen zur Ästhetik Dostoevskijs in seinen Romanen und Erzählungen, Heidelberg 1972, S. 235-237.

[192] Die drei Brüder sind also insgesamt sehr verschieden voneinander. Nach Braun stehen sie jeder auf seine Weise in Opposition gegen den Vater - nämlich im Bereich der Emotionalität, der Intellektualität und in dem der christlichen Ethik. Analog dazu bezeichnet auch N. Reber die

Dennoch erfolgt durch ihn die Herstellung der Verbindung zwischen den beiden Handlungslinien:[193] Er steht einerseits rein räumlich zwischen beiden Polen, da er sich zwischen ihnen
hin und her bewegt und nach seiner Zeit im Kloster wieder ins weltliche Leben zurückkehrt.
Andererseits hat er auch auf der charakterlichen Ebene eine Doppelstellung: Seiner Herkunft
nach stammt Alëša aus der weltlichen Karamazov-Familie – doch schon seine Mutter war
sehr religiös und seinem Wesen und Verhalten nach gehört Alëšazur geistlichen Seite Zosimas.[194] Durch diese Mischung von weltlichen und geistlichen Anlagen kann Alëša beide
Seiten vorurteilsfrei verstehen und lieben: Er ist der einzige der Brüder, der seinen Vater
Fëdor nicht haßt oder widerlich findet. Auch alle Frauengestalten – besonders Grušenka –
achtet er trotz ihrer Fehler und den Gerüchten über sie.

Was Alëša so grundsätzlich von seinen Brüdern unterscheidet, ist die Beziehung zu
seinem geistigen Vater: Der Starec Zosima wird zu seinem Vorbild und Lehrer und Alëša
steht ihm geistig viel näher als den übrigen Karamazovs.[195] Dadurch erlangt Zosima – im
Gegensatz zum leiblichen Vater Fëdor – eine große Bedeutung für die geistige Entwicklung
Alëšas. In welchem Ausmaß es zu einer Übernahme der Lehren und der Weisheit Zosimas
durch seinen Schüler kommt, wird an mehreren Stellen im Roman deutlich. Eine Variante
hiervon ist die direkte Wiedergabe der Aussagen Zosimas: Dies zeigt sich zum Beispiel, als
Alëša versteht, warum der durch seinen Bruder Dmitrij beleidigte Hauptmann Snegirëv eine
finanzielle Entschädigung ablehnt:

> – [...] Знаете, Lise, это ужасно как тяжело для обиженного человека, когда
> все на него станут смотреть его благодетелями... я это слышал, мне это

Karamazovs als Kontrastfiguren, aber auch als Komplementärfiguren, die verschiedene Teile eines Ganzen bilden.   BRAUN, S. 242.   REBER, Einführung, S. 46.
Erwähnt sei an dieser Stelle auch die These L. Müllers von dem Zusammenwirken aller karamazovschen Kräfte in umgewandelter Form in der Figur des Starec Zosima. FNdors Begierde werde
hierbei zur bloßen Möglichkeit, Dmitrijs Eros zu einer Liebe zur ganzen Schöpfung, Ivans Verstand zur höheren Vernunft und der praktische Verstand Smerdjakovs zum Erkennen dessen, was
in einer bestimmten Situation getan werden müsse.   MÜLLER, Leben, S. 86-87.
[193] Vgl. auch MÜLLER, Leben, S 84.   WASIOLEK, S. 178.
VIVAS, E.: The two dimensions of reality in *The Brothers Karamazov*. In: Wellek, R. (Hrsg.):
Dostoevsky. A Collection of Critical Essays, Englewood Cliffs (New Jersey) 1962, S. 71-89.
[194] Diese Dualität offenbart auch eine Charakterisierung Alëšas durch Rakitin: Dieser beschreibt
Alëša als einen stillen, sanften Menschen und einen Heiligen. Dennoch sei er ein Karamazov:
Vom Vater habe er die Anlagen zu einem leidenschaftlichen Menschen voller Lebenshunger und
von der Mutter die zu einem christlichen Narren. Rakitin wundert sich, daß Alëša nicht so sei,
wie die übrigen Karamazovs, und deutet an, daß er es jedoch noch werden könne (II.7).
Interessant ist in diesem Zusammenhang auch eine Eigenschaft Alëšas, auf die M. Braun hinweist:
Die weiblichen Gestalten finden durchaus Interesse an dem jüngsten Karamazov-Bruder, obwohl
ihm das selbst nicht direkt bewußt wird. Hieran zeigt sich also eine Andeutung auf seine Herkunft.
BRAUN, S. 245.
[195] Passage bezeichnet Zosima sogar als Alëšas '*surrogate father*' ('Leihvater').   PASSAGE, S. 97.

старец говорил. Я не знаю, как это выразить, но я это часто и сам видел. Да я ведь и сам точно так же чувствую. (V.1; 14:196)

Auf der Basis des durch Zosima erworbenen Wissens beschäftigt sich Alëša mit psychologischen Momenten im Handeln Snegirëvs und führt dazu auch ein verallgemeinertes Zitat seines Starec über den Umgang mit den Menschen an: „Знаете, Lise, мой старец сказал один раз: за людьми сплошь надо как за детьми ходить, а за иными как за больными в больницах..." (V.1; 14:197) Diese Auffassung Alëšas und Zosimas geht von der Verletzlichkeit eines jeden Menschen aus und beinhaltet die Rücksichtnahme darauf. Auch ein Gespräch mit seinem Bruder Ivan läßt sich hier anführen. Als Ivan meint, daß man seinen Nächsten nicht lieben könne, zitiert Alëša eine Äußerung seines Starec zu diesem Thema: „Об этом не раз говорил старец Зосима, [...] – он тоже говорил, что лицо человека часто многим еще неопытным в любви людям мешает любить." (V.4; 14:216) Die Bewertung eines Menschen nach dem Äußeren erscheint also als ein bedeutendes Thema bei Zosima und dementsprechend auch bei Alëša.[196] Wie sich anhand dieser Aussagen Alëšas nachweisen läßt, hat dieser das Wissen Zosimas über die Menschen und den Umgang mit ihnen übernommen. Dies wird von Rakitin auch direkt so ausgedrückt: „Это тебя твоим старцем давеча зарядили, и теперь ты своим старцем в меня и выпалил, Алешенька, Божий человечек." (VII.3; 14:321)

Zudem entwickelt Alëša die seherischen Fähigkeiten und die Beobachtungsgabe Zosimas. So hat er nach dem Tode Zosimas ein seltsames Erlebnis (VII.2; 14:307-308): Er empfindet ein unbestimmtes, qualvolles Gefühl bei der Erinnerung an sein Gespräch mit Ivan am Tag zuvor (V.3-5) – der Grund hierfür liegt jedoch nicht in der dort behandelten Glaubensproblematik. Diese Stelle kann man als eine Vorahnung auf ungute Ereignisse um Ivan auffassen, die durch eine genaue Beobachtung realer Fakten bzw. Andeutungen aus dem Gespräch mit Ivan entsteht. Auch Zosimas Lebensauffassung der allumfassenden Freude teilt Alëša schließlich. Nach Zosimas Tod empfindet er zunächst sehr große Trauer, doch als er die Zelle des Starec betritt empfindet er plötzlich Freude und sieht seiner Zukunft zuversichtlich entgegen. Vor Zosimas Sarg erinnert er sich dann zunächst an Zosimas Einstellung zum Leben: „Кто любит людей, тот и радость их любит..." und „Все, что истинно и прекрасно, всегда полно всепрощения" (VII.4; 14:326) und später an die Bemerkung Dmitrijs, daß man ohne Freude nicht leben könne. Schließlich schläft Alëša während Paisijs Lesung über die Hochzeit in Kana zu Galiläa ein. Im Traum erscheint ihm sein

---

[196] Diese Aussage steht in unmittelbarem Zusammenhang mit der durch den Erzähler angesprochenen fälschlichen Bestimmung des Charakters nach der äußeren Erscheinung in Kapitel II.2.a) dieser Arbeit.

Starec, gibt ihm Bestätigung für sein Verhalten (gemeint ist der Besuch bei Grušenka in VII.3) und fordert ihn auf, sein Werk zu beginnen – Zosima erscheint also auch nach seinem Tod noch als der Leiter Alëšas. Der Erzähler berichtet hierzu, daß sich nach diesem Traum eine Idee Alëšas bemächtige und seine Seele 'heimgesucht' werde: Alëša empfindet jetzt große Freude und fühlt sich seinem künftigen Weg gewachsen; er gelobt, alle Menschen zu lieben und möchte allen ihre Schuld vergeben. An dieser Stelle ist Zosimas Lebensauffassung zu der Alëšas geworden.[197]

Später entwickelt Alëša auch ähnliche Verhaltensweisen wie sein ehemaliger Starec. Dies zeigt sich zum Beispiel in seiner Unterhaltung mit dem dreizehnjährigen Kolja Krasotkin (X,6). Er stellt sich mit dem Jungen auf eine Stufe und nimmt ihn ernst als ob sie beide gleichaltrig wären. Zu Koljas frühreifen Gedanken bezieht er ganz offen und kritisch Stellung (wie Zosima früher an der Lebensweise Fëdors). Er tut dies jedoch in einer nicht verletzenden Weise; der Ton des Gesprächs bleibt wohlwollend, Alëša lächelt meist und spricht laut Erzählerkommentar mit Wärme. Auf diese Weise führt er Kolja zur Selbsteinsicht (wie Zosima dies bei Fëdor oder bei Frau Chochlakova tat) und macht ihm schließlich noch eine Andeutung für seine Zukunft: Er werde zwar vielleicht kein glücklicher Mensch sein, aber dennoch das Leben preisen (auch dies erinnert an die Voraussagen des Starec).[198] Ähnlich verhält er sich in seiner Ansprache an die Kinder nach Iljušas Tod am Ende des Romans (Epilog, 3.), als er die Ansichten des Starec über die Bedeutung der Erinnerung wiederholt und weiterführt: War schon der Starec von der Wichtigkeit der Kindheitserinnerungen überzeugt, so erklärt Alëša jetzt, daß ein Mensch für das Leben gerettet sei, wenn er viele gute Erinnerungen aus der Kindheit habe.[199] Wie sich hier zeigt, besteht eine Funktion Zosimas also darin, den Haupthelden des Romans durch die Vermittlung von geistiger – und geistlicher – Bildung zu formen und ihm seine charakteristische Eigenheit zu verleihen. Da-

---

[197] K. Mochulsky sieht eine mögliche Anregung für Alëšas Vision und die Erfahrung der sich anschließenden Ekstase in den Memoiren des Bischof Tichon, die von seinen Laienbrüdern verfaßt wurde. V. N. Belopol'skij weist darauf hin, daß Alëša hier auch die Liebe Zosimas zur Natur übernimmt. BELOPOL'SKIJ, S. 178. MOCHULSKY, S. 635.
Vgl. zu Alëšas Traum auch REBER, Einführung, S. 55-56 und 157-158.
KANZER, M.: The vision of Father Zossima from *The Brothers Karamazov*. In: Coltrera, J. F. (Hrsg.): Lives, Events, and Other Players. Directions in Psychobiography, New York 1980, S. 305-309. | 140.
KOVÁCS, Á.: Personalnoe povestvovanie. Puškin, Gogol', Dostoevskij, Frankfurt 1994, S. 105-REBER, N.: Die Tiefenstruktur des Traums in Dostoevskijs Werk und ihre Bedeutung für den Bewußtwerdungsprozeß des Menschen. In: Rothe, H. (Hrsg.): Dostojevskij und die Literatur. Vorträge zum 100. Todesjahr des Dichters ..., Köln / Wien 1983, S. 202.
WANNER, F.: Leserlenkung, Ästhetik und Sinn in Dostoevskijs Roman 'Die Brüder Karamazov', München 1988, S. 95-101. WASIOLEK, S. 178-179.
[198] Vgl. zu Alëšas Fähigkeiten auch TERRAS, Companion, S. 94-95.
[199] Vgl. zum genauen Wortlaut der beiden Aussagen Kapitel IV.2.c) vi. dieser Arbeit.

mit liefert der Starec die Motivation für die geistige Entwicklung Alëšas, für sein Verhalten und Denken und seinen späteren Lebensweg. Die große Bedeutung Zosimas für die geistige Entwicklung der Hauptfigur bestimmt auch die Position des Starec in der Romankonzeption: Er ist zwar selbst nur eine Nebenfigur, hat aber über die Beeinflussung der Hauptfigur eine große Bedeutung für den Ideengehalt des Romans.[200]

ii. Kontraste als Strukturprinzip

Die bereits festgestellte Kontrastierung bzw. dualistische Komposition ist ein wesentliches Merkmal, das den ganzen Romanaufbau durchzieht: Der Roman ist durch seine beiden Handlungslinien deutlich in zwei Polen konzipiert, wodurch eine Grundspannung entsteht.[201] Hierbei liegt die Funktion der Kontraste darin, die jeweils andere Seite zu betonen und den Gesamteindruck durch den Gegensatz zu verstärken. Der polare Aufbau setzt sich auch auf der Personenebene fort. Grundsätzlich dient der Einsatz von Kontrastpersonen dabei dazu, durch die entstehenden Unterschiede die Besonderheiten einer anderen Figur hervorzuheben. Bei dem Starec Zosima läßt sich dieses Verfahren an drei Beispielen zeigen: Auf der moralischen Ebene der praktischen Lebenseinstellung und Lebensweise bilden die beiden Vaterfiguren Zosima und Fëdor das deutlichste Gegensatzpaar.[202] Zosima ist ein Mönch strengster Regel und Fëdor der lasterhafteste der Karamazovs, der sich ganz seinem ausschweifenden Lebenswandel und seiner Genußsucht hingibt. Zunächst sei jedoch darauf hingewiesen, daß es an Zosima selbst einen Kontrast gibt: Seine äußere Erscheinung ist im Vergleich zu seinem Wesen wenig ansprechend (nur seine Augen könnte man als seinem Wesen entsprechend interpretieren).[203] Dieser Kontrast ist um so interessanter, als er die einzige Parallele zu Fëdor herstellt: Auch dessen Äußeres wird negativ beschrieben – jedoch

---

[200] Zu Alëša als Nachfolger Zosimas vgl. auch HARRESS, S. 339-340.
S. Linnér merkt zu der Wirkung der Lehren Zosimas auf Alëša kritisch an, daß nur ein Teil der Entwicklung Alëšas im Roman gezeigt werde und man keinesfalls von einer dauerhaften Nachwirkung ausgehen könnte. LINNÉR, Starets Zosima, S. 78.

[201] Vgl. hierzu auch REBER, Einführung, S. 36, 45-47 und 64.
Zur 'spiegelbildlichen' Beziehung der beiden selbständigen Geschichten durch ihre Problematik vgl. auch MÜLLER, Leben, S. 85-87.

[202] Reber gebraucht hier auch die Bezeichnung 'Antipoden'. REBER, Einführung, S. 46.
Zu den beiden verschiedenen Arten von Vaterschaft s. auch: BREGER, S. 225 und 227- 228.
Vgl. auch ANDERSON, R. B.: Dostoevsky. Myths of Duality, Gainesville 1986, S 137-144.
FLICK, S. 242-243. TERRAS, Companion, S. 46.

[203] Analog dazu äußert E. Heier, daß Zosimas äußere Erscheinung kaum Beziehung zu seiner geistigen 'Schönheit' habe, die nur durch indirekte Mittel wie sein Handeln und seine Lehren enthüllt werde. Einen Grund für dieses Verfahren in der Beschreibung Zosimas liefert das schon erwähnte, von Linnér vertretene Prinzip der „Deglorifizierung". Sicherlich dient dies aber auch als ein Beispiel für Alëšas Aussage, daß das Gesicht eines anderen viele daran hindere, ihn zu lieben. HEIER, S. 97. LINNÉR, Starets Zosima, S. 27-28.

sogar bis zur Widerwärtigkeit, die dann ihre Entsprechung in seinem Verhalten findet. Bei näherer Betrachtung der beiden Figuren ergibt sich allerdings eine Reihe von gegensätzlichen Begriffspaaren. So folgt Zosima höheren Ideale wie Liebe und Brüderlichkeit – Fëdor hingegen sieht sein Ideal in der Ausübung seiner Laster. Diese Einstellungen offenbaren sich auch im Verhalten der beiden Figuren: Zosimas Altruismus, Bescheidenheit, Demut, Vergebung und aufrichtige Nächstenliebe stehen versus Fëdors Egoismus, Genußsucht, Streitsüchtigkeit und Haß. Wo für den Starec Aufrichtigkeit und Ehrlichkeit charakteristisch sind stehen Lüge und Unterstellung für den alten Karamazov. Zosima ist sachlich, hört anderen zu und wählt seine Worte mit Bedacht; Fëdor hingegen spricht in schwülstigen, langatmigen Possen ohne Rücksicht auf den Gesprächspartner. Die Wirkung des Starec ist dadurch souverän – Fëdor wirkt jedoch deplaziert.

Eine andere Kontrastperson zu Zosima, die wie er auf der geistlichen Ebene steht, ist Vater Ferapont, der größte Gegner Zosimas und des Starcentums im Roman. Sie unterscheiden sich in ihrer geistigen Haltung und deren Ausübung. Im Gegensatz zu Zosima verkörpert Ferapont die strenge Askese. Hierbei wird seitens des Erzählers großen Wert auf die Beschreibung der einfachen, fast schon primitiven Lebensverhältnisse Feraponts gelegt (z.B. daß er nicht einmal seine Kleidung wechselt und nur wenig ißt). Über Zosima hingegen wird nach seinem Tod gesagt, daß er gutes Essen zu schätzen wußte, und auch seine Wohnstätte ist durchaus als komfortabler als Feraponts Hütte beschrieben. Allerdings ist der bäuerlich-primitive Ferapont, der keine konkreten Überzeugungen vertritt, sicherlich nicht als ernsthafter Gegenspieler Zosimas und keinesfalls als Sympathieträger zu betrachten. So wird er denn von S. Linnér auch als eine Karrikatur Zosimas verstanden.[204] Bemerkenswert ist auch, daß Zosima hingegen nie im Zentrum der Ironie des Erzählers steht.[205] Ein weiterer wichtiger Kontrast besteht auf religionsphilosophischer Ebene zwischen Zosima und Ivan – dies wird jedoch das Thema der religiösen Dialektik sein.

iii. Das Motiv der Schuld

Der Schuldfrage kommt in den *Brat'ja Karamazovy* eine besondere Bedeutung zu: Zumindest drei der vier Karamazov-Brüder erweisen sich als mitschuldig am Mord an ihrem Vater.[206] Wie L. Müller es bezeichnet, liegt hier also eine 'Solidarität der Schuld' vor.[207] Dabei lebt der älteste Bruder Dmitrij in offenem Konflikt mit Fëdor, wird handgreiflich

---

[204] LINNÉR, Starets Zosima, S. 13. S. auch BUSCH, S. 125. HACKEL, S. 151. HARRESS, S. 340.
[205] Vgl. auch PEACE, S. 292. TERRAS, Companion, S. 86.
[206] Zur Mitschuld der drei Söhne am Tod ihres Vaters, die ihn hassen: LEVINSKY, S. 35-36.
[207] MÜLLER, Leben, S. 82.

gegen ihn und droht mehrmals, daß er ihn umbringen werde. Letztendlich ist er es dann, der für den Mord verhaftet und verurteilt wird. Insgesamt trägt er durch seine Drohungen wesentlich zur Idee der Ermordung bei und liefert Smerdjakov außerdem erst die Möglichkeit, den Mord zu begehen, ohne dafür verdächtigt zu werden. Auch Ivan trägt eine indirekte Mitschuld am Tod seines Vaters, da er seinen Haß gegenüber Fëdor ebenso wie seine Ansichten über die Nichtexistenz Gottes und darüber, daß 'alles erlaubt sei', Smerdjakov mitteilt (XI.8; 15:67-68).[208] Dieser übernimmt Ivans Anschauungen ohne dessen Wissen und realisiert sie durch den Mord an Fëdor, in der festen Überzeugung, daß auch Ivan den Tod seines Vaters wünscht.[209] Nach seinem Schuldeingeständnis gegenüber Ivan erhängt er sich. Alëša haßt als einziger der Brüder seinen Vater nicht und erscheint deshalb zunächst nicht als schuldig. Allerdings trägt er eine passive Schuld: Nach Zosimas Kniefall hat er bereits eine Vorahnung der kommenden Ereignisse – er unternimmt jedoch daraufhin nichts. Auch eine Aufforderung seines Starec, Dmitrij zu suchen, um das Schlimmste zu verhindern, vergißt er aus Trauer um den Tod seines Starec (VI.1; VII.2).[210]

Bezüglich des Mordes an Fëdor liegt also eine gemeinsame Schuld der Brüder vor. Diese Kollektivschuld der Karamazovs stellt die Realisierung der Lehre Zosimas von der Allschuld und Allverantwortung („каждый единой из нас виновен за всех и за вся на земле" IV.1; 14:149) auf der Handlungsebene dar.[211] Die Beschreibung von Vita und Lehren Zosimas in Buch sechs scheint also nur auf den ersten Blick aus dem Handlungsgeschehen herausgehoben, da sie letztendlich in der anderen Handlungslinie bestätigt wird.[212] Dieses Thema wird noch durch Zosimas Aussagen über die Richter ergänzt, die ein Beispiel für die Anwendung der Allschuld darstellen (VI.3.h /rus. z). Die Problematik der Rechtsprechung besteht dabei darin, daß bei einer Schuld aller Menschen auch die Richter und die Geschworenen schuldig sind. Nach Zosimas Meinung könnten die Richter daher erst dann einen Verbrecher verurteilen, wenn sie ihre eigene Schuld und die Mitschuld am Verbrechen des anderen erkannt hätten. Für L. Müller stellt sich hier die Frage, ob man unter diesen

---

[208] M. Braun betont hierzu, daß Ivan selbst nicht ganz so weit geht in seinen Überzeugungen. Die Schlußfolgerung, daß 'alles erlaubt sei', stamme erst von Smerdjakov. BRAUN, S. 255.

[209] Vgl. zur Verbindung zwischen Ivan und Smerdjakov bzw. zur indirekten Mitschuld Ivans: REBER, Einführung, S. 41-44. REBER, Motiv des Doppelgängers, S. 96-97. WANNER, S. 183-200.

[210] Vgl. GERIGK, Nachwort, S. 1038. REBER, Einführung, S. 48. TERRAS, Companion, S. 74. Auch Braun sieht den Mord an Fëdor als Kollektivverbrechen – für ihn trifft allerdings sogar die weiblichen Hauptfiguren (Grušenka, Katerina Ivanovna) eine Mitschuld durch ihre Launenhaftigkeit und Unfähigkeit, ihre Gefühle und Handlungen zu kontrollieren. BRAUN, S. 225.

[211] Ähnlicher Auffassung ist auch L. Müller. MÜLLER, Leben, S. 82.

[212] Vgl. auch HARRESS, S. 352. M. Braun hingegen erscheinen Vita und Lehren Zosimas im sechsten Buch eher als ergänzende Exkurse denn als Bestandteile der Romankonzeption. BRAUN, S. 235.

Bedingungen der Allschuld überhaupt richtig urteilen könne.[213] So bezeichnet Müller die Lösung, die Zosima in seinen Lehren bietet – die Schuld des Verbrechers auf sich zu nehmen – auch nicht als Patentlösung, sondern höchstens als eine mögliche Richtung für eine Lösung. Allgemein wird hier also durch die Äußerungen Zosimas die Urteilsfähigkeit der Richter und Geschworenen in Frage gestellt und Kritik an der Praxis der Rechtsprechung geübt.[214]

Insgesamt läßt sich feststellen, daß das Schuldmotiv aufgrund seiner Relevanz für beide Handlungslinien an mehreren Stellen des Romans in Erscheinung tritt. Letztendlich kommt es sogar zu einer Widerspiegelung von Zosimas Überzeugungen in den Aussagen von Figuren aus der weltlichen Handlungslinie. So findet die gemeinsame Schuld ihren Ausdruck in Ivans Bekenntnis im Gerichtssaal, daß alle den Tod ihres Vaters wünschten (XII.5; 15:117). Auch Dmitrij entwickelt nach seiner Verhaftung eine Auffassung von den Menschen, die Zosimas Schuldverständnis sehr nahe kommt:

> – Господа, все мы жестоки, все мы изверги, все плакать заставляем людей, матерей и грудных детей, но из всех – пусть уж так будет решено теперь – из всех я самый подлый гад! (IX.9; 14:458)

Später hat Dmitrij dann explizit die Auffassung von der Universalschuld angenommen – und zwar ohne, daß er die Ansichten Zosimas, wie sie in dessen letzter Unterredung mit den ihm Nahestehenden deutlich werden, kennt:

> За «дитё» и пойду. Потому что все за всех виноваты. За всех «дитё», потому что есть малые дети и большие дети. Все – «дитё». За всех и пойду, потому что надобно же кому-нибудь и за всех пойти. Я не убил отца, но мне надо пойти. Принимаю! (XI.4; 15:31)

Dmitrij setzt hier also die Idee des stellvertretenden Leidens in der Allschuld um.[215] Allerdings muß man dazu ergänzen, daß er nach seiner Verurteilung jedoch beginnt, an seinen Ansichten zu zweifeln und am Ende des Romans plant, seiner Schuld und Strafe durch eine Flucht zu entgehen. Einen Höhepunkt findet die Widerspiegelung von Zosimas Auffassung der Schuld in der weltlichen Handlungslinie dann in einer Äußerung des Teufels gegenüber Ivan, in der dieser Zosimas Schuldprinzip aufgreift: „Он [Алеша] милый; я пред ним за старца Зосиму виноват." (XI.9; 15:73) Aufgrund dieses immer wiederkehrenden Auftretens auf verschiedenen Ebenen der Romankonzeption kann man den Schuldbegriff nach Zo-

---

[213] MÜLLER, Leben, S. 82. S. auch DOERNE, M.: Tolstoj and Dostojewskij. Zwei christliche Utopien, Göttingen 1969, S. 145-146.

[214] Wie M. Braun hierzu anführt, zeigt sich diese Kritik am Justizapparat später besonders am Fehlurteil über Dmitrij. Er ergänzt dazu, daß Dostoevskij selbst den neu eingeführten Geschworenengerichten eher ablehnend gegenüberstand, da die Rechtsprechung hierbei größtenteils von den Fähigkeiten der Ankläger und Verteidiger abhing. BRAUN, S. 231.
Vgl. auch LINNÉR, Starets Zosima, S. 217-218.

[215] Vgl. auch KRAEGER / BARNHART, S. 31-32.

sima insgesamt auch als Leitmotiv betrachten.[216]

iv. Das Motiv der Erkenntnis und Veränderung

Ein Thema, das eng mit dem Schuldmotiv verbunden ist, ist das der Erkenntnis einer falschen Lebenseinstellung oder Lebensweise und eine sich daraus möglicherweise ergebende Veränderung. Wie in den Äußerungen über 'die Welt als mehrdimensionales Gebilde' schon anklang spielt dabei die Wandlung Zosimas als Voraussetzung einer solchen Weltsicht die entscheidende Rolle.[217] Wie in der Darstellung seiner Vita bereits ausführlich gezeigt, verändert sich Zosima im Alter von Anfang zwanzig von einem leidenschaftlichen und ausschweifend lebenden Offizier zu einem selbstlosen und hilfsbereiten Menschen, der schließlich in den Mönchsstand tritt.[218] Bezüglich dieser Wandlung von Lebenseinstellung und Verhaltensweise fallen mehrere Parallelen zu anderen Figuren auf: Die erste Entsprechung besteht zu dem Schicksal seines Bruders Markel, der angesichts seines Todes einen Wandel von einem mürrischen, verschlossenen Menschen zu einem sanftmütigen, freudigen, heiteren und gläubigen Wesen durchmacht. Dies wird zum Vorbild und zur Motivation für Zosimas eigene Veränderung. Deshalb bezeichnet er seinen Bruder auch als seine erste Erscheinung und als Fingerzeig oder Vorherbestimmung von Gott, ohne die er vielleicht nie in den Mönchsstand getreten wäre (VI.1).

Der Besucher, den Zosima noch vor seinem Eintritt ins Kloster kennenlernt, stellt die erste Person dar, die er durch seine Ratschläge zu einem Schuldeingeständnis und damit zu einer Veränderung bewegt. Auch dieses Ereignis bezeichnet der Starec als Fingerzeig, der ihm den Weg ins Kloster weist (VI.1). Doch auch in der Handlungslinie um die Kara-

---

[216] Auch S. Linnér räumt dem Schuldprinzip, das er für die Zosimas Lehren dominierende Doktrin hält, eine große Bedeutung ein: Er sieht in ihm die moralische Botschaft des ganzen Romans. LINNÉR, Starets Zosima, S. 73-74. Vgl. auch BOHATEC, S. 266-269. FLICK, S. 238-241. Zur Betrachtung des Problems der Allschuld von der theologischen Seite sei verwiesen auf: STEINBECK, M.: Das Schuldproblem in dem Roman „Die Brüder Karamasow" von F. M. Dostojewskij, Frankfurt a. M. 1993.

[217] R. Neuhäuser sieht Zosimas Wandlung als Vorbild für die der Karamazovs. Analog dazu ist B. Harreß der Ansicht, daß Zosimas Überwindung des „alten" Menschen und seine Wandlung zum „neuen" Menschen die Entwicklung der drei Brüder vorwegnimmt. HARRESS, S. 352-354 und 358-360. NEUHÄUSER, S. 188-189.

[218] Für E. Heier stellt Zosima ein Symbol einer Transformation eines Sünders in einen idealen Christen dar. Dadurch gehöre er zu der Gruppe von Figuren in Dostoevskijs Werk, die den Versuch zur Beschreibung eines idealen Christen darstellten. HEIER, S. 97. Zur Darstellung von negativen Aspekten aus der Jugend Zosimas läßt sich eine Äußerung von B. Harreß anführen, die feststellt, daß die religiösen Figuren im Werk Dostoevskijs in ihren Bedrohungen und Versuchungen gezeigt werden, um ihre Glaubwürdigkeit zu verstärken.– Dies steht auch in Einklang mit dem von S. Linnér erwähnten Prinzip der „Deglorifizierung" bei Zosima. HARRESS, S. 337. LINNÉR, Starets Zosima, S. 27-28.

mazovs ist das Motiv der Erkenntnis und Veränderung von signifikanter Bedeutung: Es zeigt sich am Schicksal aller drei Karamazov-Brüder.[219] Von großer Bedeutung ist hierbei die Parallele zwischen Zosima und Alëša, der von seinem Starec als dessen zweite Erscheinung bzw. als eine Wiederholung seiner ersten Erscheinung am Ende seines Lebensweges bezeichnet wird (VI.1). Die geistige Ähnlichkeit, die Alëša zu Zosimas verstorbenem Bruder Markel hat, stellt sowohl den Grund für Zosimas Zuneigung zu ihm dar als auch eine erneute Prophezeiung für den Starec.[220] Auch bei Alëša zeigt sich im Roman eine Erkenntnis: Nach dem Tode seines Starec trauert er nicht nur um ihn, sondern hat vor allem auch Zweifel an der göttlichen Gerechtigkeit, da seinem Starec nach seinem Tode eine Entehrung widerfahren ist. Der Traum, in dem ihm Zosima erscheint, beendet schließlich seine geistige Krise und läßt ihn endgültig zu einem Nachfolger Zosimas werden (VII.4).[221]

Aber auch Dmitrij ist an dieser Stelle zu nennen. Zwischen ihm und dem jungen Zosima besteht eine Ähnlichkeit in Bezug auf das weltliche Leben, das bei beiden ausschweifend und von Leidenschaften beherrscht ist. Wie Zosima erkennt Dmitrij schließlich das Schlechte an seiner Lebensweise und hat den festen Vorsatz zu einer Änderung. So kommt er schon auf seiner Fahrt nach Mokroe zu der Einsicht, daß man das Leben eines anderen nicht zerstören dürfe – er habe es getan und müsse sich dafür bestrafen (VIII.6). Später äußert er sich dann ausführlicher zu seiner Veränderung und der Absicht, zu diesem Zweck das Leiden auf sich zu nehmen:[222]

> – […] Понимаю теперь, что на таких, как я, нужен удар судьбы, чтоб захватить его как в аркан и скрутить внешнею силой. Никогда, никогда не поднялся бы я сам собой! Но гром грянул. Принимаю муку обвинения и всенародного позора моего, пострадать хочу и страданием очищусь! […] в крови отца моего не повинен! Принимаю казнь не за то, что убил его, а за то, что хотел убить и, может быть, в самом деле убил бы...
>
> (IX.9; 14:458)

Am Tag vor der Verhandlung erzählt Dmitrij Alëša sogar, daß er seit seiner Verhaftung einen neuen Menschen in sich fühlt – doch noch in demselben Kapitel wird angedeutet, daß die Veränderung vielleicht nicht endgültig bleiben wird, da Dmitrij sich durch Flucht seiner Strafe entziehen will (XI.4).[223] Ebenso wie Dmitrij sieht Ivan seine Mitschuld am Tod des

---

[219] N. Reber sieht die Erkenntnis und Veränderung als das gemeinsame Tragen der Folgen der All-Schuld, d. h. der Buße: Ivan erleidet eine Persönlichkeitsspaltung, Dmitrij wird verurteilt und Alëša macht eine Krise durch. Wie Reber konstatiert, müssen alle drei Brüder sich durch Leiden läutern, bevor sie ein neues Leben beginnen können.   REBER, Einführung, S. 48-49.

[220] Diese Wiederholung seines Bruders und seiner selbst im Alter in Alëša bezeichnet N. Reber auch als Emanation Alëšas im Geiste Zosimas.   REBER, Motiv des Doppelgängers, S. 100. S. hierzu auch THOMPSON, S. 94-95.

[221] S. auch LINNÉR, Starets Zosima, S. 169-170.

[222] S. auch LINNÉR, Starets Zosima, S. 166.

[223] An dieser Stelle sei angemerkt, daß es auch bei Grušenka die Andeutung eines Erkenntnisprozes-

Vaters ein. Danach fühlt er – wie schon der Besucher des jungen Zosima – die Notwendigkeit eines öffentlichen Schuldbekenntnisses. Eine weitere Parallele zu Zosimas Gast zeigt sich daran, daß er nach seinem Eingeständnis schwer erkrankt. Allerdings bleibt es offen, ob Ivan wieder gesund wird oder wie der Gast stirbt.[224] An den Parallelen der Wandlung Zosimas (auch der Markels und der des Gastes) zu denen der Hauptfiguren kann man die Schußfolgerung ziehen, daß Zosimas Vita als Folie für den ganzen Roman steht.[225] Das Motiv der Erkenntnis und Veränderung stellt also ein zweites wichtiges Leitmotiv im Roman dar.[226] Insgesamt schreibt B. Harreß der Wandlung zum „neuen" Menschen die Funktion einer Instruktion und eines Auswegs aus der Vereinsamung und dem Streben nach Materiellem zu.[227]

2. Die Bedeutung für den Ideengehalt des Romans

a) Religiöse Eigenschaften

i. Zosimas Wirken als Starec

Da die religiösen Eigenschaften des Starec Zosima nicht das eigentliche Thema dieser Arbeit darstellen, sollen nur bestimmte religiöse Aspekte zur Vervollständigung des Bildes von Zosima angeführt werden und dabei in Beziehung gesetzt werden zu den bereits erwähnten Hintergrundinformationen über das Starcentum. Der Schilderung des Starcentums im Roman wird durch den Erzähler große Bedeutung beigemessen: Die wichtigsten Fakten über die Entwicklung des Starcentums, das sich zur Zeit der Romanhandlung allmählich durchsetzt, sind von ihm bereits genannt, noch bevor Zosima als Figur vollständig eingeführt wird (I.5). Auch eine Definition der Position und Funktion der Starcen erfolgt, wobei ihre große Macht genauso betont wird, wie die ihnen vom Volk entgegengebrachte Bewunderung und die zum Teil detailliert geschilderte Position der Gegner.[228] Die

---

ses gibt: Sie sieht ein, daß sie einer jahrelangen Täuschung über den Mann erlegen ist, von dem sie glaubte, daß sie ihn liebe. Nun gesteht sie sich auch ihre Gefühle für Dmitrij ein und will ihm folgen. | -234.

[224] Vgl. zur Erkenntnis und Veränderung der Brüder auch ANDERSON, S. 144-146. BREGER, S. 232

[225] Vgl. hierzu auch HARRESS, S. 351-354. V. Terras bezeichnet Zosimas Vita auch als Emblem des Romans. TERRAS, Companion, S. 99 und 104.

[226] Für N. Reber stellt sich sogar die Frage, ob es sich aufgrund der Analogie des jungen Zosima zu Dmitrij, der Ivans zu dem Gast des jungen Zosima und der des alten Zosima zu Alëša, nicht bei der ganzen Familie Karamazov um eine Emanation von Zosima handele. REBER, Motiv des Doppelgängers, S. 100.

[227] HARRESS, S. 354.

[228] Zur Definition der Starcen heißt es: „Итак, что же такое старец? Старец – это берущий вашу

Darstellung des Starcentums ist hierbei also durchaus kritisch. Besondere Erwähnung verdient in diesem Zusammenhang der abschließende Kommentar des Erzählers zu diesem Diskurs: Er deutet an, daß eine zweiseitige Wirkung des Starcentums möglich sei. Es könne zu Demut und Selbstbeherrschung seitens der Mönche führen, die auf diese Weise dann die Freiheit von sich selbst erreichen würden. Dies wird allgemein als Ziel des Starcentums bezeichnet und auch von Zosima in seinen Lehren im Roman in derselben Bedeutung vertreten. Ebenso könne das Starcentum laut Erzähler aber auch zu 'satanischem' Stolz führen, durch den dann das Gegenteil der Freiheit erreicht würde. Wie S. Linnér abschließend zu den Ausführungen des Erzählers über das Starcentum bemerkt, mußte er diese Informationen einfügen, da dem Leser der damaligen Zeit die Erscheinung des Starcentums nicht ausreichend vertraut war und der Starec Zosima in seiner Funktion sonst nicht hätte verstanden werden können.[229] Zosima stellt dabei als ein Beispiel für einen Starcen allerdings auch das Mittel des Erzählers dar, um den Diskurs am Starcentum durchzuführen.[230] Zum Status des Starcentums innerhalb der Romanhandlung ist zu erwähnen, daß Zosima als letzter Vertreter der dritten Starcengeneration des Klosters von Skotoprigon'evsk bezeichnet wird, der bereits schwerkrank und noch ohne Nachfolger ist. Damit scheint die Einrichtung des Starcentums hier also bereits am ausklingen zu sein, obwohl das Kloster zur Zeit der Romanhandlung nach Mitteilung des Erzählers durch seine Starcen sehr bekannt ist und als ein Anziehungspunkt für Wallfahrten wirkt.[231]

душу, вашу волю в свою душу и в свою волю. Избрав старца, вы от своей воли отрешаетесь и отдаете ее ему в полное послушание, с полным самоотрешением." (I.5; 14:26)
Besonders umstritten in der Ausübung des Starcentum ist das Sakrament der Beichte, das nach Meinung der Gegner leichtfertig und eigenmächtig gebraucht werde (I.5; 14:27; III.11; 14:144-145). Wie ausführlich dargestellt wird, müssen die Schüler ihren Starcen nämlich jede ihrer Verfehlungen beichten: „Обыкновенно по-вечеру, после службы, ежедневно, на сон грядущий, стекалась монастырская братия в келью старца, и всякий вслух исповедовал ему сегодняшние прегрешения свои, грешные мечты, мысли, соблазны, даже ссоры между собой, если таковые случались. Иные исповедовались на коленях. Старец разрешал, мирил, наставлял, налагал покаяние, благословлял и отпускал." (III.11; 14:144-145) [Vgl. dazu auch Fëdors Angriff gegen das Starcentum (II.8; 14:82).]
Die Folge davon ist, daß der Starec das Innere seiner Schüler sehr genau kennt und sich daraus – wie auch aus der bestehenden unlösbaren Bindung des Schülers an ihn – seine große Macht herleitet, die häufig kritisiert wird: „Таким образом, старчество одарено властью в известных случаях беспредельною и непостижимою." (I.5; 14:27). Zu der kritischen, fast schon satirischen Beschreibung des Klosterlebens mit Intrigen u.ä. äußert sich auch M. Braun. BRAUN, S. 258.
[229] LINNÉR, Starets Zosima, S. 23.
[230] N. Reber betont hier die Absicht Dostoevskijs, sich in diesem Roman mit seinen persönlichen Erfahrungen mit dem Starcentum auseinanderzusetzen und ihnen in der Gestalt des Starec Zosima ein Denkmal zu errichten. REBER, Einführung, S. 102.
[231] In Kirchenkreisen wurde die Darstellung Zosimas als Starec aufgrund der Diskrepanz zu den historischen Vorbildern insgesamt negativ aufgenommen. Zu Übereinstimmungen mit orthodoxen Lehren s. ANDERSON, S. 119-129.
Meist wird auch der künstlerische Aspekt im Diskurs um das Starcentum berücksichtigt. So ist beispielsweise Á. Kovács der Ansicht, daß es hier nicht um eine historische Beschreibung gehe,

Wie bereits mehrfach angeklungen steht im Mittelpunkt der Darstellung Zosimas im Roman die Beleuchtung seines Wirkens als Starec – dabei fungiert er sowohl für die Geistlichkeit als auch für das Volk als Ratgeber und geistiger Leiter. Zosimas Funktion als Starec vor den Mönchen besteht vor allem in der Führung und Ausbildung seiner Schüler, die im Roman am Beispiel Alëšas ausführlich dargestellt wird. Hierbei entsprechen sowohl der Gehorsam Alëšas als auch Zosimas Art, Weisungen zu erteilen, dem historischen Verhältnis zwischen Starcen und Novizen.[232] Auch die Beschreibung von Zosimas Aufgaben und Stellung vor dem Volk wird mehrfach angeführt, so zum Beispiel:

[...] для смиренной души русского простолюдина, [...] нет сильнее потребности и утешения, как обрести святыню или святого, пасть пред ним и поклониться ему: «Если у нас грех, неправда и искушение, то все равно есть на земле там-то, где-то святой и высший; у того зато правда, тот зато знает правду; значит, не умирает она на земле, а, стало быть, когда-нибудь и к нам перейдет и воцарится по всей земле, как обещано». Знал Алеша, что так именно и чувствует и даже рассуждает народ, он понимал это, но то, что старец именно и есть этот самый святой, этот хранитель божьей правды в глазах народа, – в этом он не сомневался нисколько и сам вместе с этими плачущими мужиками и больными их бабами, протягивающими старцу детей своих.   (I.5; 14:29)

Diese Textstelle faßt noch einmal das zusammen, was zur Verehrung des Starec durch das Volk und durch Alëša bereits gesagt wurde. Dabei liegt die Betonung jedoch darauf, daß Zosima mit seinem Wirken auf die Bedürftigkeit des tiefgläubigen Volkes trifft, das sich erhofft, durch ihn die Schwierigkeiten des alltäglichen Lebens bewältigen zu können. Hier wird aber auch deutlich, daß ihm eine noch über das Praktische hinausgehende, abstrakte Aufgabe zugeschrieben wird: Wie ein Heiliger soll er auf der Erde die Wahrheit und Gerechtigkeit bewahren. Diese starke Verehrung und der Wunderglaube entsprechen hierbei der historischen Realität.[233]

sondern daß das Starcentum eine mögliche Form der Realisierung der Freiheitsthematik in einem literarischen Text darstelle. Hierbei erscheine der Starec als ein Symbol für das notwendige Verhalten, um diese Freiheit zu erreichen.   KOVÁCS, S. 100.

[232] Es sei darauf hingewiesen, daß die Verbindung zwischen den Starcen und ihren Schülern allgemein auch im Roman (I.5) definiert wird. Vgl. hierzu auch SMOLITSCH, Starzen, S. 18.

[233] Nach A. Amman war zunächst für große Teile des russischen Volkes 'dumpfe', eher unbewußte Religiösität charakteristisch, später ließ sich aber auch eine übernatürliche Frömmigkeit im Volk feststellen. Damit stand das Volk im Kontrast zum Bürgertum, das sich weitgehend von der Kirche entfernt hatte.   AMMANN, S. 498-499, 504, 554-555 und 558-559. Dazu auch: BOHATEC, J.: Der Imperialismusgedanke und die Lebensphilosophie Dostojewskijs. Ein Beitrag zur Kenntnis des russischen Menschen, Graz / Köln 1951, S. 79-98 (Die religiösen und mystischen Bestandteile ... des Volkes; zum Wunderglauben s. S. 93-94).
Im Weiteren sei zu den historischen Bezügen eine Aussage von I. Smolitsch zu Ähnlichkeiten zwischen der Figur Zosima und realen Vorbildern angeführt. Smolitsch sieht einerseits Parallelen zwischen den Anschauungen Zosimas und des heiligen Tichon von Zadonsk, schreibt aber andererseits auch dem Eindruck, den der Starec Amvrosij und die 'Optina' auf den Autor gemacht haben, eine wichtige Rolle zu. So erinnerten die Beschreibung des Benehmens des Starec Zosima,

ii. Zur Stellung der Bibel in den Ansichten Zosimas

Unter den literarischen Quellen für die *Brat'ja Karamazovy* wird der Bibel ein besonderer Stellenwert zugemessen. V. Terras sieht den Roman sogar als einen Versuch Dostoevskijs, das Bild des Menschen und seines Schicksals wie es im Evangelium verstanden wird auf russische Bedingungen zu übertragen.[234] Wie er darlegt, seien alle wichtigen Positionen der zentralen Argumentation im Neuen Testament verankert.[235] Allerdings muß man dazu ergänzen, daß sich auch einige Bezüge zum Alten Testament nachweisen lassen. Besonders zeigt sich die Bedeutung der Bibel im Roman im Wirken des Starec Zosima – sie zieht sich durch die ganze Präsenz dieser Figur im Roman: Er kennt sie schon seit seiner Kindheit und die ihm von seiner Mutter geschenkte Bibelausgabe begleitet ihn symbolisch auf seinem weiteren Weg. Zudem spielen die biblischen Lehren eine grundlegende Rolle bei der Genese seiner eigenen Anschauungen und Lehren und kommen dementsprechend sowohl in seinen eigenen direkten Äußerungen als auch in den von Alëša wiedergegeben vor. Dies geschieht zum einen in Form von Vergleichen oder Geschichten von Heiligen (besonders in II.3 und VI.2.b), aber auch in Form von religiös besetzten Themen oder Motiven (VI.2-3 oder II.2-4).[236] Einzelne Momente aus den Gesprächen Zosimas seien hier beispielhaft angeführt, da sie an späterer Stelle dieser Arbeit noch von Bedeutung sein werden. Auffällig ist hierbei, daß die grundlegenden Themenkomplexe in seinen Gesprächen meist eine religiöse Konnotation enthalten. So steht Fëdors Lügen in Zusammenhang mit dem alttestamentarischen achten Gebot: „Du sollst nicht Falsches gegenüber deinem Nächsten aussagen."[237] In dem Gespräch mit Frau Chochlakova handelt es sich um die 'tätige Liebe' bzw. Nächstenliebe, die sogar bis zur Selbstverleugnung gehen soll, und in Zosimas Weltanschauung den Sinn des Lebens bezeichnet.[238] Bei den ratsuchenden Frauen wieder-

---

seine Herzlichkeit und Liebe zu den Leuten mehr an den Starec Amvrosij als an den heiligen Tichon, der in seinem Verhalten ein anderes Bild zeige.   SMOLITSCH, Starcen, S. 230.

[234] TERRAS, Companion, S. 21.

[235] Als Beispiel für die biblische Referenz der Legende vom Großinquisitor s.: SANDOZ, S. 146-152. Zu allgemeineren biblischen Motiven vgl. auch: CHAPPLE, S. 379-474. REBER, Einführung, S. 98-194 (Kommentar). TERRAS, Companion, S. 125-444 (Kommentar). Hierzu sei eine Notiz bei Grossman angemerkt, die Aufschluß gibt über die Bedeutung der Bibel in Dostoevskijs Leben seit seiner Verbannung.   GROSSMAN, Seminarij, S. 43. Vgl. dazu REBER, Einführung, S. 149-150.

[236] Dazu auch: LINNÉR, Starets Zosima, S. 52-54.

[237] Nach: AT, 2 Mose (Exodus) 20,1-17; 5 Mose (Deuteronomium) 5,6-21. Zur Bedeutung der Lüge in der Bibel als Kennzeichen einer ungläubigen Lebenshaltung und zu den Geboten: KOCH, K. (Hrsg.): Reclams Bibellexikon, Stuttgart 1992, S. 105-106 und 316.

[238] Zur alttestamentarischen Bedeutung der Nächstenliebe s. KOCH, S. 311-312 und 355.

holt sich dieses Thema ebenso wie der auch gegenüber Frau Chochlakova angesprochene Glaube.[239] Für die Lehren Zosimas, wie sie im sechsten Buch in komprimierter Form wiedergegeben werden, stellen biblische Vorstellungen die Basis dar – sie erscheinen teilweise auch als Fortführung der Themengebiete aus seinen Gesprächen. Jedoch soll hier auf eine genauere Untersuchung verzichtet werden.[240] Als letzter Punkt der biblischen Züge Zosimas, der auch für seine Position als Starec von Bedeutung ist, sei die biblische Mystik bzw. der Mystizismus erwähnt. Sie liefert die Grundlagen für das Verständnis der mystischen Seite der Fähigkeiten Zosimas.[241]

iii. Die religiöse Dialektik im Roman

Wie V. Terras konstatiert, geht es in den *Brat'ja Karamazovy* in religiöser und moralischer Hinsicht um das Aufzeigen des christlichen Ideals der traditionellen Tugenden von selbstloser Liebe, Nächstenliebe und Demut.[242] Dies ist im Roman besonders mit der Figur des Starec Zosima und seinen Lehren verbunden. Die Gegenposition zu Zosimas Geisteshaltung vertritt dabei der verstandesbetonte Atheist Ivan.[243] Bei der Untersuchung der religionsphilosophischen Problematik sind besonders die miteinander kontrastierenden Auffassungen Zosimas in Buch und Ivans in seiner Legende vom Großinquisitor (V.4) von Bedeutung. Zudem sind noch die Äußerungen in den Gesprächen Zosimas mit den Ratsuchenden und in Ivans Unterhaltung mit Alëša (V.3-4) zu berücksichtigen. Allerdings kann in dieser Arbeit keine ausführliche Deutung der Erzählung vom Großinquisitor geleistet werden – sie

---

[239] Vgl. zu diesem Thema auch KOCH, S. 176-177.

[240] Grundsätzlich sei nur erwähnt, daß Zosima die Bibel aufgrund ihrer leichten Verständlichkeit für ein geeignetes Mittel zur Verbreitung des Glaubens hält. (VI.2.b; 14:267)
Vgl. ergänzend REBER, Einführung, S. 149-155. Zum biblischen Schuldbegriff als Reminiszenz bei Zosima sei hingewiesen auf STEINBECK, S. 11-21.
Zosimas Lehren beinhalten aber nicht nur biblische Reminiszensen. M. Futrell weist darauf hin, daß einige der wichtigsten Themen in Leben und Lehren Zosimas Parallelen zum Mahayana Buddhismus aufweisen, ohne daß Dostoevskij diese Lehre als Vorbild benutzt hat. Dazu zählt Futrell Zosimas Konzepte der aktiven Liebe, der Brüderlichkeit und Solidarität, der Verantwortlichkeit für jeden und alles und die Auffassung des Lebens als Paradies. | 162.
FUTRELL, M.: Buddhism and *The Brothers Karamazov*. In: Dostoevsky Studies 2, 1981, S. 155-

[241] Zum Problem der realistischen Darstellung Zosimas konstatiert Linnér, daß übernatürliche Phänomene in seinen Fähigkeiten zwar indirekt impliziert werden, aber niemals zu einem expliziten Faktum werden. LINNÉR, Starets Zosima, S. 54-55. S. auch BOHATEC, S. 93-94.
Vgl. zur Mystik und zur Sehergabe bzw. Vision: KOCH, S. 352, 462, 536-537.

[242] TERRAS, Companion, S. 73.

[243] Die beiden Figuren werden von Reber auch als geistige und philosophische Antagonisten bzw. von Terras sogar als die zwei 'Extreme' des Romans bezeichnet, die hauptsächlich den Konflikt zwischen den beiden Handlungspolen im Roman austragen. Nach R. Levinsky stellt dies ein Beispiel für die in Dostoevskijs Werk typische Opposition auf ideologischer Ebene dar, bei der Heiligen oder Gläubigen Sünder oder Atheisten entgegenstelle. LEVINSKY, S. 11.
REBER, Einführung, S. 36-38 und 102.   TERRAS, Companion, S. 78.

soll hier nur in soweit behandelt werden, als sie für die Frage der Dialektik gegenüber Zosima relevant ist.[244]

Im Roman werden an den beiden Figuren Zosima und Ivan zwei verschiedene Einstellungen zum Leben gezeigt: Ivans Ablehnung der ganzen Schöpfung und Zosimas Liebe zur ganzen Schöpfung.[245] Zosimas und Ivans Auffassungen differieren hierbei in wichtigen Punkten voneinander. Sowohl in Zosimas Lehren als auch in Ivans Legende vom Großinquisitor spielt das Problem der menschlichen Freiheit eine große Rolle. So geht Ivans Großinquisitor davon aus, daß die Freiheit grundsätzlich nicht möglich sei und nur zu Verwirrung und Unglück seitens der Menschen führen würde – denn sie könnten mit der Freiheit nicht umgehen und bräuchten jemanden, der sie leitet und den sie anbeten könnten (V.5; 14:228-229, 231-232, 235).[246] Dieser Gedanke taucht auch bei Zosima auf, bezieht sich aber nur auf die materielle Freiheit, mit der die Menschen nicht umgehen könnten (vgl. Fußnote 96). Sein Freiheitsideal hingegen besteht (entsprechend dem des Starcentums) in der geistigen Freiheit durch Loslösung vom Materiellen. Dies sei zwar für die meisten Menschen bislang noch nicht gegeben, aber er ist davon überzeugt, daß die Menschen diesen Zustand durch gegenseitige Verantwortung, Brüderlichkeit und Glauben erreichen können.[247] Auch zu Zosimas Auffassung von der Schuld, die alle Menschen einander gegenüber tragen und einander verzeihen sollten, findet sich eine vergleichbare Stelle in Ivans Auffassungen. Schon Zosima

---

[244] Zu ausführlicheren Informationen sei verwiesen auf: BRAUN, S. 249-254.
CATTEAU, J.: The paradox of the legend of the Grand Inquisitor in The Brothers Karamazov. In: Jackson, R. L. (Hrsg.): Dostoevsky. New Perspectives, Englewood Cliffs (New Jersey) 1984, S. 243-254. KOVÁCS, S. 59-104.
LAUTH, R.: Zur Genesis der Großinquisitor-Erzählung. Zeitschrift für Religions- und Geistesgeschichte 6, 1954, S. 265-276.
LAPŠIN, I.: Kak složilas' legenda o Velikom Inkvizitore. In: Bem, A. L. (Hrsg.): O Dostoevskom. Sbornik statej, Paris 1986, S. 126-140.
MACEINA, A.: Der Grossinquisitor. Geschichtsphilosophische Deutung der Legende Dostojewskijs, Heidelberg 1952.
PIPER, O.: Der „Großinquisitor" von Dostojewski. Die Furche 17, Berlin 1931, S. 249-273.
ROZANOV, V. V.: Legenda o Velikom inkvizitore F. M. Dostoevskogo. Opyt kritičeskogo kommentarija, Berlin 1924. SANDOZ, Political Apocalypse (Grand Inquisitor).
SEREŽNIKOV, K.: Der Auftakt zur Legende vom Großinquisitor. In: Festschrift für Max Vasmer. Hg. von M. Woltner und H. Bräuer, Wiesbaden / Berlin 1956, S. 465-471.

[245] Für L. Müller werden hier zwei Seinsweisen auf sich einzelne Argumente gegenübergestellt – deshalb finde auch keine Argumentation statt. Nach Linnér geht es jedoch nicht darum, welche von beiden vom rationalen Standpunkt konsequenter sei, sondern welche vom moralischen Standpunkt besser sei. Die Theodizee als theoretisches Problem werde beiseite gelassen und durch die ethische Wahl ersetzt, ob man so wie Ivan oder so wie Zosima leben solle. LINNÉR, Starets Zosima, S. 183-184. MÜLLER, Leben, S. 88.

[246] L. Müller beschäftigt sich in diesem Zusammenhang damit, ob die Freiheit – wie nach Meinung des Großinquisitors – eine Überforderung des Menschen darstelle. MÜLLER, Leben, S. 94-95.

[247] Vgl. hierzu auch: SUTHERLAND, St. R.: The philosophical dimension. Self and freedom. In: Jones, M. V. / Terry, G. M. (Hrsg.): New Essays on Dostoyevsky, Cambridge 1983, S. 182-184. Terras weist darauf hin, daß Zosima die von ihm vertretene Freiheit auch verkörpert. TERRAS, Companion, S. 58.

spricht in seinen Lehren die Maxime der Ungläubigen an. Sie bestehe darin, daß es – wenn es keinen Gott gäbe – auch kein Verbrechen bzw. keine Sünde geben könne (vgl. Fußnote 97).[248] Ivan repräsentiert diese Einstellung durch seine Überzeugung, daß 'alles erlaubt sei' (XI.8; 15:67-68). Dabei hat Ivan wie Zosima einen 'Schüler' in seinem Halbbruder Smerdjakov gefunden, der sich Ivans Ansichten ohne dessen Wissen annimmt und sie durch den Mord an Fëdor in die Tat umsetzt. Ein weiterer Punkt, in dem sich Zosimas und Ivans Überzeugungen unterscheiden, ist ihr Verständnis von der Liebe.[249] In Zosimas Weltanschauung stellen tätige Liebe bzw. Nächstenliebe das Mittel dar, um allen Sünden zu begegnen, und machen für ihn den eigentlichen Sinn des Lebens aus. Ivan hingegen ist der Meinung, daß man seinen Nächsten nicht lieben könne (V.4; 215-216).[250] Eine signifikante Bedeutung hat in diesem Zusammenhang die von Zosima übernommene Äußerung Alëšas, daß das Gesicht eines Menschen viele daran hindere, ihn zu lieben – doch schränkt er dies auf diejenigen ein, die in der Liebe noch unerfahren seien. Die Lösung besteht dementsprechend also darin, Erfahrungen in der tätigen Liebe zu sammeln.[251]

Abschließend sei noch kurz die einzige direkte Konfrontation von Ivan und Zosima bei der Zusammenkunft der Karamazovs erwähnt, die eine andere Ebene der Beziehung der beiden Figuren zueinander offenbart. In dem Gespräch über die öffentliche Gerichtsbarkeit der Kirche unterhalten sich Ivan, Paisij und später auch Zosima über den Artikel Ivans, wobei Ivan und Zosima recht ähnliche Gedanken über die Wirkung einer solchen Gerichtsbarkeit äußern (II.5).[252] In der Fortsetzung dieses Gesprächs (II.6) befragt der Starec Ivan nach seiner Meinung über die Folgen, die ein Verlust des Glaubens an die Unsterblichkeit mit sich bringen könnte. Ivan ist der Ansicht, daß es ohne die Unsterblichkeit keine Tugend gäbe. Doch Zosima durchschaut ihn an dieser Stelle: Ivan glaube weder an die Unsterblichkeit seiner Seele, noch an das, was er über die Kirche geäußert habe – diese Fragen seien bei ihm noch nicht entschieden und aus seiner Verzweiflung mache sich Ivan ein Ver-

---

[248] S. hierzu auch KRAEGER / BARNHART, S. 137-159.
[249] Vgl. auch HARRESS, S. 354.
[250] Damit wird hier ein Motiv wiederholt, das schon in Zosimas Gespräch mit Frau Chochlakova an ihrer eigenen Problematik und auch anhand eines Beispiels von einem Arzt anklang, der seinen Nächsten nicht lieben konnte (II.4). An dieser Stelle nannte Zosima jedoch noch keine derartige Erklärung bzw. Lösung für das Problem.
[251] Nach Meinung von V. Terras werde der Zustand der Seele Ivans (vor allem seine Lieblosigkeit) grundlegend in Zosimas Ausführungen über die Hölle beschrieben. Hier sei jedoch erwähnt, daß – wie R. Pletnëv konstatiert – die Ansichten Zosimas über die Hölle nicht mit denen der Orthodoxen Kirche übereinstimmen. PLETNËV, S. 170-171. TERRAS, Companion, S. 75. Zu weiteren Informationen zur religiösen Dialektik um Ivan und Zosima s.: VIVAS, S. 85-86. GIBSON, A. B.: The Religion of Dostoevskij, London 1973, S. 178-193. JOHAE, A.: Idealism and the Dialectic in *The Brothers Karamazov*. In: Burnett, L.: F. M. Dostoevskij 1821-1881. A Centenary Collection, Oxford 1981, S. 109-118.
[252] BOHATEC, S. 98-107. PEACE, S. 266-267.

gnügen. Zosima bringt Ivans theoretische Überzeugungen also auf eine persönliche Ebene und stellt sie an dieser Stelle massiv in Frage. Ivan ist von den Worten Zosimas tief getroffen und stimmt ihm zu.[253]

c) Psychologische Eigenschaften

i. Zum Psychologie-Diskurs bei Dostoevskij

Mit Dostoevskijs Menschenverständnis wurde sich schon in einigen – auch älteren – Werken beschäftigt.[254] Wie W. Nigg hierzu betont, habe Dostoevskij dem Menschen und seinem Wesen immer besondere Aufmerksamkeit gewidmet (nach Lavrin besonders angeregt durch seine Erfahrungen in Sibirien).[255] Durch seine Beobachtungen habe er sich eine ausgeprägte Menschenkenntnis erworben, die er auch in seinen literarischen Werken umgesetzt habe. In diesem Zusammenhang wird Dostoevskij häufig eine tiefere, psychologische Einsicht in seine Figuren nachgesagt, die über das bloße Beschreiben hinausgehe.[256] So hielt zum Beispiel Friedrich Nietzsche Dostoevskij für 'den einzigen Psychologen, von dem er etwas gelernt habe'.[257] Auch M. Kravchenko erwähnt Aussagen über Dostoevskij, in denen er als 'Lehrer der Psychopathologie', 'Psychologe nicht nur des Individuums, sondern einer Nation und einer Revolution' und als 'Pionier des Unbewußten' bezeichnet wird.[258] Im Extremfall geht die Bezeichnung der psychologischen Qualitäten Dostoevskijs sogar soweit, daß er als Vorläufer der modernen psychoanalytischen Schule bezeichnet wird, obwohl er relativ wenig Wert auf Hintergrund und Herkunft seiner Figuren lege.[259] Andererseits wird ihm auch die Unfähigkeit nachgesagt, einen normalen Menschen darzustellen.[260] Erwiesen

---

[253] Damit steht eine Äußerung Linnérs in Einklang, der Zosima aufgrund seiner vielfältigen Lebenserfahrung eine größere Überzeugungskraft zuschreibt als Ivan, der sein Wissen nur aus Zeitungen habe. LINNÉR, Starets Zosima, S. 30-31 und 182. Vgl. auch LOSSKIJ, S. 314.

[254] So u.a.: DOERNE, M.: Gott und Mensch in Dostojewskijs Werk, Göttingen 1962.
BELOPOL'SKIJ, Koncepcija čeloveka. HARRESS, Mensch und Welt. WETT, Menschenbild.
KAŠINA, N. V.: Čelovek v tvorčestve F. M. Dostoevskogo, M. 1986.
MAURINA, Z.: Dostojewskij. Menschengestalter und Gottsucher, Memmingen 1952. | 1947.
STEINBÜCHEL, Th.: F. M. Dostojewski. Sein Bild vom Menschen und vom Christen, Düsseldorf
THIESS, F.: Das pneumatologische Menschenbild bei Dostojewskij. Eine Untersuchung an drei Romanfiguren, Mainz 1973.

[255] DOERNE, S. 35. LAVRIN, Dostojevskij mit Selbstzeugnissen, S. 26. NIGG, Denker, S. 191.

[256] Zum Beispiel DEMPF, S. 81ff. HEIER, S. 7. KRAVCHENKO, S. 136.

[257] NIETZSCHE, F.: Antichrist (1888). In: Sämtliche Werke. Hg. von G. Colli und M. Montinari. Kritische Studienausgabe in 15 Bänden. Bd. 6, München / New York 1980, S. 202.
Dazu ausführlicher: NITZSCHMANN, S. 111-114.

[258] KRAVCHENKO, S. 1.

[259] HEIER, S. 7. Vgl. SMITH, S. / ISOTOFF, A.: The Abnormal from within. Dostoevsky. Studies in Psychology 7, Eugene 1935, S. 364. LAVRIN, Dostojevskij mit Selbstzeugnissen, S. 16.

[260] KRAVCHENKO, S. 169 (dort auch noch ausführlichere Kommentare zur Einschätzung der Fähigkeiten Dostoevskijs durch Psychologen, besonders S. 169-171).

ist, daß Dostoevskij die psychologische Sicht aus C. G. Carus' *Psyche. Zur Entwicklungs-geschichte der Seele* von 1846 in der russischen Übersetzung kannte.[261] Er selbst lehnte jede Bezeichnung als Psychologe jedoch ab und sah sich als einen Realist im höchsten Sinne an, der die Tiefen der menschlichen Seele beschreibe.[262] Dostoevskij ist sicherlich insofern kein Psychologe gewesen, als er keine bestimmte Methode benutzt hat.[263] Dennoch schließt seine Aussage grundsätzlich eine – auch ohne gegenseitige Beeinflussung entstandene – Parallelität zu Inhalten psychologischer Theorien jedoch nicht aus. Denn für die Psychologie gilt – wie für Dostoevskijs Realismus – der Anspruch, realistisch die menschliche Psyche zu erfassen.[264] Zur Herleitung und zum Verständnis der psychologischen Momente in Dostoevskijs Werk weist M. Kravchenko auf die philosophischen Ideen der Zeit hin, die die Psychologie im 19. Jahrhundert stark beeinflußten.[265]

ii. Psychologische Züge im Verhalten Zosimas

Wie schon bei der Darstellung der Sehergabe deutlich wurde, hat sich Zosima motiviert durch seine vielen Erfahrungen ein Wissen über das menschliche Wesen und den Umgang mit anderen, ebenso wie eine gute Beobachtungsgabe erworben, die ihn gegenüber den anderen Figuren des Romans auszeichnen. Die Verwendung dieser Eigenschaften geschieht zwar in religiösem Rahmen in seiner Funktion als Starec – doch gehen sie durch seine Fähigkeit, intuitiv die Zusammenhänge der menschlichen Existenz zu erfassen, über

---

[261] Dostoevskij beschäftigte sich in seiner Zeit in Sibirien mit diesem Werk. Vgl. LAVRIN, Dostojevskij mit Selbstzeugnissen, S. 27. SMITH / ISOTOFF, S. 361 und 373-376.
GIBIAN, G.: C. G. Carus' *Psyche* and Dostoevskij. American Slavic and East European Review 14, 1955, S. 371-382. | 113.
HERDMAN, J. The Double in Nineteenth-Century Fiction, Basingstoke / London 1990, S. 112-
[262] BOGDANOV, V. : F. M. Dostoevskij ob iskusstve, M. 1973, S. 465. DOERNE, S. 10-13.
HEIER, S. 13-14. NIGG, Denker, S. 191.
[263] Vgl. DEMPF, S. 68. HEIER, S. 14.
[264] Weitere Literatur zum Psychologie-Diskurs:
BEM, Psichoanalitičeskie ėtjudi. BREGER, S. 4-12 (The Author as Psychoanalyst).
KIRAJ, L.: K voprosu o russkom romane. Ėpičeskaja funkcija psichologičeskogo motiva v romanach Dostoevskogo „Prestuplenie i nakazanie", „Besy", „Brat'ja Karamazovy". In: Rothe, H. (Hrsg.): Dostojevskij und die Literatur. Vorträge zum 100. Todesjahr des Dichters, Köln / Wien 1983, S. 147-172.
LAUTH, R.: „Ich habe die Wahrheit gesehen". Die Philosophie Dostojewskijs. In systematischer Darstellung, München 1950 (besonders S. 51-124).
LAVRIN, J.: Dostoevsky and His Creation.
THURLEY, G.: Dostoevsky – between psyche and psychology. In: Burnett, L.: F. M. Dostoevsky 1821-1881. A Centenary Collection, Oxford 1981, S. 127-134.
ČIŽEVSKIJ, D.: Dostoevskij – psicholog. In: Bem, A. L. (Hrsg.): O Dostoevskom. Sbornik statej, Paris 1986, S. 23-44.
[265] KRAVCHENKO, S. 2.

diese Ebene hinaus. In seinen Gesprächen beweist Zosima nämlich sowohl durch den Inhalt seiner Aussagen als auch durch die Art seines Verhaltens psychologische Fähigkeiten[266]: Er hilft einigen Ratsuchenden, ihre inneren Konflikte aufzudecken, dadurch ihr Wesen zu begreifen und zeigt ihnen Möglichkeiten für Veränderungen.[267] Dies ist auch Aufgabe eines Therapeuten im Sinne der Tiefenpsychologie, die auf die Untersuchung der unbewußten Faktoren im menschlichen Verhalten abzielt.[268] Zosimas Grundhaltung in seinen Gesprächen hat den Charakter der Haltung eines Psychologen. Was auch geschieht – er bleibt immer ruhig, gelassen, distanziert, kontrolliert, lächelt jedoch häufig und teilt nie eigene Wertungen, Gefühle oder Gedanken mit. Er bleibt grundsätzlich sachlich in seinen Äußerungen, aber konfrontiert seine Gesprächspartner schonungslos offen und ungeschönt mit ihren Problemen. Er zeigt nie Mitleid, sondern nutzt die Wirkung der direkten Konfrontation als Anlaß zum Nachdenken über eine Veränderung. Zudem ist seine Art der Gesprächsführung im Prinzip nicht personenbezogen. Insgesamt erweckt er jedoch das Vertrauen seiner Gesprächspartner und motiviert sie, ihre Problematik zu äußern. Diese Haltung hat durchaus Ähnlichkeit zu der Abstinenz eines Therapeuten im Sinne der Psychoanalyse.[269] In der Methodik lassen sich also Parallelen zwischen Zosimas der Art der Gesprächsführung und der Tiefenpsychologie ziehen – auf inhaltlicher Ebene wird dies später noch beleuchtet werden.

---

[266] Die Wörter 'psychologisch' oder 'Psychologe' werden in dieser Arbeit als Oberbegriff verwendet. Darunter fallen je nach Ausbildungsart im Bereich der Tiefenpsychologie tätige Diplom-Psychologen, Psychiater, Psychotherapeuten oder Psychoanalytiker. Vgl. ZIMBARDO, S. 537.

[267] Diese Aufdeckung von tieferen Konflikten unter der Oberfläche des äußeren Verhaltens einer Figur ist genau das, was S. Linnér unter der Feststellung der psychologischen Struktur einer Person versteht. LINNÉR, Starets Zosima, S. 62 und auch S. 31.

[268] Vgl. dazu Kapitel III.2.b dieser Arbeit.
S. Linnér sieht solche psychologischen Momente im Gespräch zwischen Geistlichem und Ratsuchendem auch in den *Besy* zwischen Tichon und Stavrogin und erwähnt die psychoanalytische Therapie in der Funktion, zum Verständnis Stavrogins beizutragen. Er weist darauf hin, daß Tichon gegenüber Stavrogin nicht nur ein verständnisvoller Zuhörer sei, der Trost und Ratschläge gäbe, sondern er bringe in diesem jedoch nicht helfen, da dieser sich mit seiner eigenen Wahrheit Unterbewußtsein, um ihn zum Geständnis seines Geheimnisses zu bewegen. In diesem Zusammenhang bezeichnet Linnér Tichon als Therapeuten, dessen Technik aufgrund der fehlenden absoluten Objektivität anders sei als die der klassischen Psychoanalyse nach Freud. Tichon bringe nämlich eigene Gefühle ein, um Stavrogin zu ermutigen oder zu beruhigen, könne diesem jedoch nicht helfen, da dieser sich mit seiner eigenen Wahrheit konfrontieren könne. Im Vergleich zu dieser Gesprächssituation aus den *Besy* zeigten Zosimas Unterredungen jedoch nicht dieselbe dynamische Interaktion. LINNÉR, Starets Zosima, S. 63-73. Vgl. auch KRAEGER / BARNHART, S. 106.

[269] „Auch der Analytiker unterliegt [...], der *Abstinenzregel*: Er soll vermeiden, dem Patienten gegenüber ausdrückliche Äußerungen des Trostes, der Anteilnahme, der Beruhigung, der Beschwichtigung zu tun. Andererseits darf er auch keine Gebote und Verbote, keine Ratschläge, Belehrungen oder private Meinungen äußern. Vor allem darf er keine Werturteile fällen oder versuchen, den Patienten im Sinne seiner Überzeugung zu beeinflussen. Das Einhalten der Abstinenzregel bedeutet nicht, eine emotional kalte und distanzierte Haltung einzunehmen, sondern im Gegenteil freundlich abwartendes Verhalten zu zeigen, das es ermöglicht, mit dem gesunden Anteil des Patienten ein tragfähiges Verhältnis aufzubauen." MENTZOS, S. 271-272.

Aufgrund seiner Stellung als Priester und seiner Durchdringung durch die christliche Lehre sind Zosimas Aussagen in den Gesprächen natürlich auch immer mit religiösen Inhalten verbunden, wie im vorigen Kapitel bereits gezeigt wurde. Grundsätzlich sei dazu anzuführen, daß die Position eines Priesters und die eines Psychologen bestimmte Parallelen aufweisen. Beide führen Gespräche mit den zu ihnen kommenden Ratsuchenden, hören zu, versuchen zu verstehen und geben Ratschläge (letzteres ist bei den Psychologen je nach Richtung unterschiedlich ausgeprägt). Die Priester zeigen dabei üblicherweise Anteilnahme – die Psychologen tun es normalerweise nicht, obwohl dies auch in einigen Arten von psychologischen Therapien üblich ist. Der Psychologe versucht darüber hinaus, die Ursachen der Probleme des Hilfesuchenden zu ergründen. Die beiden Positionen des Priesters und des Psychologen widersprechen sich also nicht, sondern haben grundsätzlich eine ganz ähnliche Funktion, wobei die des Psychologen im Normalfall umfassender ist. Deshalb kann auch Zosima beide in sich vereinigen.

iii. Das Gespräch mit Fëdor

An Zosimas Gespräch mit Fëdor lassen sich seine psychologischen Fähigkeiten auf inhaltlicher Ebene sehr gut zeigen, da er Fëdors Charakter und die Ursachen seines Verhaltens ausführlich analysiert. Zosima geht bei der Untersuchung der inneren Konflikte Fëdors in drei Schritten vor. Seine erste Äußerung in der Unterhaltung mit Fëdor dient der Feststellung der Grundlage von Fëdors Verhalten. Aus dieser Replik und der Antwort Fëdors geht hervor, daß Fëdors zugrunde liegendes, tieferes Problem sein Minderwertigkeitserleben ist, das sich an seinem negativen Selbstbild zeigt. Er schämt sich zwar seines Verhaltens, versucht aber dennoch, seinem Bild von sich auch in der Realität zu entsprechen. Dadurch gerät er in einen Kreislauf mit einem Zwang zur Selbsterniedrigung, dem er deshalb folgt, weil er durch ihn eine fortwährende Bestätigung für seine Schlechtigkeit erhält und durch das sich daraus ergebende Zutreffen seiner Ansichten über sich einen Gewinn erzielt.[270] Als psychologische Grundlage für die Interpretation der Aussagen über die Ursache von Fëdors Ver-

---

[270] Das Phänomen des Gewinns durch selbstbestrafendes bzw. selbstzerstörerisches Verhalten war schon früher ein Thema Dostoevskijs, wie an einer Stelle des *Dvojnik* deutlich wird: „Поддразнивать себя и раставлять таким образом свои раны в настоящую минуту было каким-то глубоким наслаждением для господина Голядкина, даже чуть ли не сладострастием." In: *Dvojnik*. PSS, Bd. 1, S. 170.
Fëdors beständige Selbsterniedrigung dient dazu, unbewußte Schuldgefühle zu beschwichtigen. Insgesamt erzielt er dadurch einen sogenannten sekundären Krankheitsgewinn.
Vgl. BATTEGAY, S. 140. DONGIER, M.: Neurosen. Formen und Beispiele, Frankfurt a. M. 1983, S. 151.

halten kann die Definition des Minderwertigkeitsgefühls nach A. Adler dienen.[271] In der zweiten Replik Zosimas zeigt sich die Taktik, mit der er versucht, Fëdor zu einer Veränderung zu bewegen: Im Tonfall einer direkten Aufforderung versucht er, ihm durch die Nennung seiner Laster und Schlechtigkeit in direkter Konfrontation mit der Realität seine Problematik bewußt machen und dadurch die Einsicht zur Notwendigkeit einer Veränderung zu erreichen. Auch weist er Fëdor darauf hin, daß nur er selbst etwas an seinem Verhalten ändern könne und er nicht seine Umgebung dafür verantwortlich machen dürfe. In dieser – schon im vorigen Kapitel eingeführten – Vorgehensweise zeigen sich Parallelen zu psychologischen Methoden.[272]

In seiner letzten größeren Replik gegenüber Fëdor setzt Zosima seine Instruktion mit einer Erklärung über die Psychologie des Lügens und einer Warnung über ihre Folgen fort. Dabei ist seine ausführliche Argumentation schon von Fëdors Problematik losgelöst und generalisiert. Das Lügen wird in seinem Wesen und in seinen Folgen von Zosima in zwei Ketten von Folgeereignissen beleuchtet. In einer ersten Kausalkette erklärt er den Zusammenhang von Lügen und einer lasterhaften Lebensweise. Durch den Verlust des Wahrheitsgefühls und der daraus resultierenden Mißachtung gegenüber sich selbst und seiner Umgebung verliert man auch die Fähigkeit zur echten Liebe. Um das daraus entstehende Defizit (das sich als neurotisches Symptom äußert) zu kompensieren bzw. zu verdrängen, holt man sich Ersatzbefriedigung für echte Zuwendung im Konsum diverser anderer Dinge, wodurch letztendlich auch süchtiges Verhalten entstehen kann.[273] Die zweite Kausalkette behandelt die Steigerung und Übertreibung des Lügens. Hierbei führt die bereits erwähnte

---

[271] Die erste Definition des Minderwertigkeitskomplexes stammt von A. Adler und ist auch heute noch von Bedeutung. Nach Adler versucht der Mensch, das Minderwertigkeitsgefühl durch ein Streben nach Geltung und Macht auszugleichen, um sein Selbstgefühl zu erhöhen (man drängt sich dabei in den Vordergrund, um andere auf sich aufmerksam zu machen). Diese Tendenz, das Minderwertigkeitsgefühl zu kompensieren, sieht er in seiner Neurosentheorie als einen Grundzug der Psyche, auf den das menschliche Verhalten zurückgeführt werden kann.
Vgl. BATTEGAY, S. 109. PANAHI, B.: Grundlagen der modernen Psychotherapie. Ihre Quellen in Wissenschaft und Philosophie, Frankfurt a. M. 1994, S. 124-126. ZIMBARDO, S. 414.

[272] Entsprechende Informationen zur Verfahrensweise in psychotherapeutischen Techniken, die größere Möglichkeiten für das Agieren des Therapeuten offen lassen als die Psychoanalyse, liefert DÖRNER/PLOG (S. 562).

[273] In der Beschreibung R. Battegays stellen krankhafte Handlungen, die der Betreffende immer wiederholen muß (auch als „impulsives Verhalten" oder „impulsive Neurosen" bezeichnet), insgesamt einen Abwehrvorgang vor einer Gefahr (bzw. der Angst des Ich) dar und haben häufig die Bedeutung einer symbolischen Ersatzbefriedigung. Der darunter fallende Modus der Sucht, der sich in allen Bereichen menschlichen Erlebens und Verhaltens entwickeln kann, kennzeichnet sich besonders durch den Abwehrmechanismus der Verleugnung der schmerzlichen Realität (erleichtert durch die berauschende oder betäubende Wirkung des Suchtmittels, die zu einer Einschränkung der Realitätswahrnehmung führt). Dabei stellt die Sucht eine narzistische Ersatzbefriedigung für einen Mangelzustand dar, die schon durch die Einnahme des Suchtmittels an sich erreicht werden kann. BATTEGAY, S. 234-235 und 236-241.

Mißachtung gegenüber den Menschen beim Lügner dazu, daß er sich grundsätzlich auch leichter beleidigt fühlt als andere. Durch diese Haltung neigt er zu negativen Unterstellungen gegenüber seiner Umgebung, kann sich dadurch aber auch leichter in seine Lügen und deren Übertreibungen hineinsteigern, bis er sogar echte Feindschaft gegenüber dem Urheber der vermeintlichen Beleidigung entwickelt. Obwohl der Lügende sehr wohl um die Irrealität der Beleidigung und ihrer Übertreibungen weiß, belügt er sich weiterhin selbst, um sich dadurch vom angeblichen Wahrheitsgehalt seiner Lügen zu überzeugen. Der Grund für dieses Verhalten besteht darin, daß er dabei Wohlbehagen und Vergnügen empfindet, denn er erhält eine beständige Bestätigung seines schlechten Selbstbildes nach jeder einzelnen Lüge und kann einen Teil seines Hasses und seiner Schuld an seinem Verhalten von sich auf andere schieben. Damit läßt sich Zosimas Psychologie des Lügens insgesamt in den schon erwähnten auf das Minderwertigkeitserleben folgenden Kreislauf eingliedern. Lügen, Übertreibungen und gespieltes Verhalten und seine Folgen bezeichnen dabei ein Mittel, wie Fëdor sein Selbstbild zur Realität werden lassen kann, sein Minderwertigkeitserleben also ausleben kann. Genaugenommen ist Zosimas Psychologie des Lügens also die Konkretisierung und die Verdichtung des Inhalts seiner ersten Aussage im Gespräch. Als psychologischer Hintergrund ist hier die Definition des Lügens nach M. Dongier interessant.[274]

Insgesamt erklärt Zosima in seinen Repliken die grundlegende Motivation für Fëdors triebgesteuertes Verhalten, erkennt die Kausalzusammenhänge und stellt unter Beweis, was schon am Romananfang (I.5) über seine Fähigkeiten als Starec und sein Wissen aus langjährigen Beobachtungen und Erlebnissen gesagt wird. Dabei sind in diesen wenigen Repliken einige Parallelen zu tiefenpsychologischen Grundlagen in Bezug auf neurotisches Verhalten festzustellen. Warum Zosima bei Fëdor trotz seiner Fähigkeiten nicht erfolgreich sein kann, liegt daran, daß Fëdors Selbsterkenntnis als Grundvoraussetzung für eine mögliche Änderung nur oberflächlich vorhanden ist. Er erkennt das Problem zwar als solches, sucht die Schuld jedoch weniger bei sich selbst als bei den anderen.[275] Dabei realisiert er

---

[274] M. Dongier bezeichnet als Gründe für das Lügen das Streben, sich ein größeres Ansehen zu verschaffen (z.B. kann man seine eigene Position als bedeutender darstellen als sie ist), oder auch den Versuch, sich von einem Gefühl der Demütigung zu befreien. Um die Minderwertigkeitsgefühle zu kompensieren ist eine Entwicklung und Steigerung der Lügen bis zu mythomanischen Phantasien möglich. Eingeordnet wird dieses Phänomen unter neurotische Charakter- bzw. Verhaltensstörungen. DONGIER, S. 169.

[275] Hierbei handelt es sich um den Abwehrmechanismus der Projektion, bei der innere Probleme, Wünsche oder Befürchtungen (insgesamt Gefühle, die man nicht haben möchte) auf die Umwelt oder auf umgebende Menschen verlagert werden. Diese Projektion innerpsychischer Kon-flikte ist nach Battegay besonders häufig bei Menschen, die unter Insuffizienzgefühlen leiden und sich dadurch durch die Umwelt mißachtet fühlen (wie sich bei Fëdor zeigt). Personen, die der Umwelt mißtrauisch gegenüberstehen, tendierten dazu, dieses Mißtrauen in der Umwelt auf sich gerichtet zu sehen (was die Worte Zosimas bestätigt). Für M. Dongier sind es auch häufig Schuldgefühle,

nicht, daß nur er die Einsicht umsetzen, sein Verhalten verändern könnte – doch wird diese Absicht bei Fëdor auch an keiner Stelle deutlich. Man kann sogar davon ausgehen, daß Fëdor die Aussagen Zosimas in sein System einbaut: Er benutzt sie als Bestätigung für seine Schlechtigkeit, ist deshalb so begeistert und läßt neue Übertreibungen und Lügen folgen. Die Grenzen von Zosimas Handlungsrahmen sind dadurch erreicht: Er kann nur Anleitung zu Selbsterkenntnis und Veränderung geben, handeln muß der Betroffene selbst. Gegen den Willen des Betroffenen kann er nichts ausrichten. Dies ähnelt den Möglichkeiten und Grenzen im Beraterstatus eines Psychologen.[276]

iv. Die Unterhaltung mit Frau Chochlakova

Das Gespräch zwischen Zosima und Frau Chochlakova weist eine thematische Dreiteilung auf: Es geht um den Unglauben, die Nächstenliebe und das Lügen. Frau Chochlakovas Unglaube bezüglich eines Lebens nach dem Tode ist hierbei der Ausgangspunkt, um über die verallgemeinerte Form des Glaubens an Gott zum Prinzip der 'werktätigen Liebe' oder der aktiven Nächstenliebe zu kommen. Da der Glauben und die Nächstenliebe vor allem religiöse Phänomene darstellen, sollen sie deshalb an dieser Stelle der Arbeit nur wenig Beachtung erfahren. Durch seinen Aufruf zur 'werktätigen Liebe' ermutigt Zosima Frau Chochlakova, ihren Zweifeln durch Handeln zu begegnen. Hier greift der Mechanismus der Ablenkung: Durch die Beschäftigung mit anderen treten eigene Probleme in den Hintergrund.[277] Kritisch wird in der Psychologie jedoch die starke Selbstaufopferung durch den Altruismus verstanden, den Zosima als Teil seiner Lebensauffassung vertritt, da die betreffende Person dabei möglicherweise sich und ihre eigenen Bedürfnisse zu wenig berücksich-

---

die auf andere projiziert werden, da sich die Betreffenden ständig verurteilt fühlen (wie bei Fëdor). BATTEGAY, S. 36-37 und 161-166. DONGIER, S. 71. DÖRNER/PLOG, S. 307-308.

[276] Vgl. DÖRNER/PLOG, S. 562.
Interessant ist in diesem Zusammenhang auch eine Äußerung R. Battegays, der dem Neurotiker attestiert, daß er – auch wenn er wirklich gesund werden möchte – grundsätzlich seinem Wiederholungszwang entsprechend immer bestrebt sei, so zu bleiben wie er ist, und dementsprechend mit einem Widerstand gegen eine Veränderung zu kämpfen habe.
BATTEGAY, S. 274. ZIMBARDO, S. 540.
Dazu ergänzen läßt sich L. Bregers Feststellung, daß der Hauptunterschied zwischen den Figuren der Brat'ja Karamazovy in ihrer Fähigkeit zur Selbsterkenntnis und Veränderung liege. Zu FNdor konstatiert er dabei, daß dieser sich niemals selbst erkennen werde, da er seinen eigenen Lügen glaube und sich in seiner Welt mit seinen Leidenschaften sehr wohl fühle. Dies spricht dafür, daß er durch mangelnden Leidensdruck auch keinen Grund hat, sich zu ändern. BREGER, S. 232. Vgl. BATTEGAY, S. 281-282.
[277] Dieses Agieren kann leicht eine negative Konnotation erhalten, wenn es das Ausagieren eines inneren Konflikts anstelle einer Lösung desselben bezeichnet. Vgl. BATTEGAY, S. 182-183.

tigt.[278] In psychologischer Hinsicht ist an diesem Gespräch jedoch vor allem Zosimas Vorgehensweise interessant, denn er unterstützt durch sie Frau Chochlakovas Möglichkeiten, Einsichten über sich selbst zu gewinnen. Durch sein Lob für ihre Liebe zu den Menschen ruft er bei ihr das Gefühl hervor, daß dieses Lob zu Unrecht war, und am Ende ihrer Äußerung wird ihr dann selbst der Grund dafür bewußt: Ihre Liebe und ihr Handeln sind eigennützig, denn ihr geht es dabei nur um Anerkennung als Lohn. Direkt wird das Thema der Erkenntnis dann im Verlauf der Unterhaltung angesprochen als Zosima die große Bedeutung der Selbsterkenntnis für eine Veränderung oder Lösung eines Problems erwähnt. Seine Taktik an dieser Stelle ist folgendermaßen: Zunächst spricht er Frau Chochlakova Anerkennung für ihre erste Einsicht aus, doch dann erwägt er ihre Unaufrichtigkeit dabei: Es ginge ihr weniger um die Erkenntnis selbst als um ein Lob dafür seitens des Starec, was sich danach auch als Tatsache erweist. Er läßt also auf das Lob eine Mahnung folgen, die durch diese Kontrastierung betont wird. Dabei hat Zosima jedoch etwas bemerkt, das Frau Chochlakova selbst gar nicht bewußt war und kann ihr auf dieser Basis helfen, sich selbst zu verstehen. Um Frau Chochlakova von der Notwendigkeit zu überzeugen, ihre Einsicht umzusetzen, wendet er dieselbe Technik an wie bei Fëdor: die ungeschönte Darstellung der Handlungsweise und deren Folgen bei unveränderter Lebensweise. Dies führt bei beiden Figuren zunächst zur Einsicht – diese ist aber nur bei Frau Chochlakova ehrlich, wie Zosima durch seinen Glauben an ihre Aufrichtigkeit äußert; Fëdor unterstellt er jedoch bis zuletzt ein verlogenes Verhalten. In dieser Funktion, seine Gesprächspartner zur Einsicht zu bringen, weist Zosima Parallelen zu den Aufgaben eines Psychologen auf.[279]

Insgesamt zeigt sich in Frau Chochlakovas und in Fëdors Verhalten eine grundsätzliche Parallele: Beide streben in ihrem Handeln nach Anerkennung und Selbstbestätigung (als Ausgleich eines Minderwertigkeitsgefühls) und bei beiden ist dies mit Unaufrichtigkeit oder mit Lügen verbunden. Am Ende der Unterredung zwischen Zosima und Frau Chochlakova wird das Thema der Lüge sogar explizit noch einmal aufgegriffen und weitergeführt.[280] Zosima fordert sie zunächst direkt auf, die Lüge zu vermeiden, insbesondere die

---

[278] Das Phänomen des Altruismus bezeichnet ein Verhalten, bei dem man das Wohlergehen anderer über das eigene Wohl und das Selbstinteresse stellt. Diese Begünstigung anderer kann nach Ph. Zimbardo zu Lasten der eigenen Person gehen. ZIMBARDO, S. 372-374.

[279] Nach St. Mentzos stellt die Selbsterkenntnis bzw. die Einsicht in die eigenen unbewußten Motivationen, Vorgänge und Eigenschaften durch Selbstbeobachtung ein grundlegendes Ziel der analytischen Behandlung dar. Sie muß einer möglichen Veränderung notwendigerweise vorausgehen. In dieser Aufdeckung unbewußter Motivationen und ihrer Entstehung liegt auch eine Hauptaufgabe des Analytikers. MENTZOS, S. 272. ZIMBARDO, S. 538.

[280] Hier sei angemerkt, daß die Kapitel mit den Gesprächen zwischen Zosima und Fëdor bzw. Frau Chochlakova im Roman jedoch durch die Begegnungen Zosimas mit anderen Ratsuchenden unterbrochen werden. Durch ihren inhaltlichen Zusammenhang werden sie in dieser Arbeit jedoch nacheinander behandelt.

gegenüber sich selbst. Darauf ermahnt er sie, keine Abneigung gegenüber anderen zu empfinden. Abneigung erscheint nach Zosima als Folge der Lüge, da die Lüge die Fähigkeit zerstöre, aufrichtig zu lieben. Eine Ergänzung findet die Lügenthematik in der Angst bzw. Furcht als Folgeerscheinung der Lüge, die sich zum Beispiel als Furcht vor der Aufdeckung der Lüge oder als Erschrecken über die eigene Schlechtigkeit bzw. Fehlerhaftigkeit zeigen kann. Falls letzteres eintrete, solle Frau Chochlakova sich deshalb jedoch nicht noch schlechter machen (wie Fëdor), sondern die Tatsachen akzeptieren. Die 'werktätige Liebe' und ihre Ausübung stellen hierbei ein Mittel dar, dies zu erleichtern. Zosimas Psychologie der Lüge bildet also insgesamt eine Erklärung für viele Verhaltensweisen als Folge der Unaufrichtigkeit oder Lüge.

v. Das Verhalten gegenüber einigen Frauen aus dem Volk

Die den Problemen der Frauen vorangestellte Analyse des Leids durch den Erzähler gibt gleich zu Beginn eine Richtung vor, in der man die folgenden Äußerungen verstehen soll. Die Funktion des Erzählers besteht hier in der Unterstützung Zosimas (wie schon bei seiner Bestätigung von Zosimas Aussage über das Lügen (II.6)) und der Objektivierung seiner Ansichten durch die Zustimmung einer zweiten Instanz. Bei seinen Ausführungen über das Leid macht der Erzähler eine Unterteilung: Es gibt ein stilles Leid und ein aus sich herausdrängendes Leid, wobei beide denselben Schweregrad aufweisen. Wie der Erzähler mitteilt, geht es den Betreffenden bei der zweiten Form des Leidens bei ihrem Klagen gar nicht um die Erlangung von Trost, sondern um die Aufrechterhaltung ihres Kummers. Dabei geben sie sich durch immer neues Klagen Selbstbestätigung dafür, wie furchtbar ihr Leid ist. Dies ist ein ähnliches Verhalten wie bei Fëdor, der, um das Gefühl seiner Schlechtigkeit aufrecht zu erhalten, immer wieder neue Lügen erfindet.[281]

Für die Thematik des Leidens sind besonders das erste und das dritte von Zosimas Gesprächen interessant. Die erste Frau hat ihr Kind verloren und deshalb ihr bisheriges Leben aufgegeben. In dieser Situation, die den Umgang mit dem Leid beinhaltet, zeigt sich ein anderes Verhalten Zosimas als in den Gesprächen mit Fëdor und Frau Chochlakova, die die Selbsterkenntnis und deren Umsetzung behandeln. Zosima arbeitet hier in seinen ersten beiden Repliken mit Beispielen aus Heiligenlegenden oder aus der Bibel, die dazu dienen, der Betroffenen ihre Situation bildlich vor Augen zu führen, und sie dadurch zu beruhigen, daß sie sich nicht als einzige in einer solchen Situation befindet. Wichtiger ist jedoch, daß Zosima durch seine Beispiele auch Möglichkeiten für eine neue Sichtweise des Problems

---

[281] Vgl. den Wiederholungszwang in Fußnote (eben) 22. BATTEGAY, S. 274.

bietet. Dabei versucht er, die Betroffene dahingehend zu beeinflussen, daß sie eine neue, positivere Einstellung bekommt (sie soll sich freuen, weil ihr Sohn im Himmel ist) und durch ihre Einsichtsänderung ihr Leid bewältigen kann. Durch die für alle seine Gespräche charakteristischen Wiederholungen der wesentlichen Wendungen versucht er, dies zu unterstützen. Im Verlauf seiner zweiten Replik variiert der Starec seine Taktik, da er mit seiner bisherigen Vorgehensweise bei der Frau nur wenig Erfolg erzielt hat (wie ihr Ehemann, der es mit ähnlichen Worten versucht hat): Sein zweites Beispiel benutzt Zosima, um die Situation der Frau realistisch in ihrer Unveränderlichkeit darzustellen. Zosima beruhigt die Frau nun durch seine Bestätigung, daß ihre Trauer völlig angemessen sei, und seine Ermutigung, diese zulassen und nicht zu unterdrücken. Er weist sie aber auch darauf hin, daß sich ihr Kummer irgendwann abschwächen werde und sie sogar wieder Freude empfinden könne, wenn sie nur oft genug an ihren Sohn im Himmel gedacht habe, zu ihm Beziehung aufgenommen habe und auf diese Weise eine Gewöhnung an ihre Situation eingetreten ist. Es geht also hier darum, die Tatsachen (auch dank einer gedanklichen Hilfskonstruktion) allmählich akzeptieren zu lernen und damit eine Einstellungsänderung zu unveränderlichen Gegebenheiten zu erreichen, durch die der Kummer dann nachläßt.[282]

An dieser Stelle läßt sich die Verbindung zu den einleitenden Worten des Erzählers herstellen: Diese Frau gehört zu den Personen, die das laut geäußerte Leid vertreten, die eigentlich gar keinen Trost wollen und selbst zur Aufrechterhaltung ihres Kummers beitragen. Dies zeigt sich auch an der ersten Antwort der Frau, die nach wie vor an ihrem Selbstmitleid festhält. Dennoch gelingt es Zosima, diese Frau zu beruhigen und ihr zu helfen. Seine Vorgehensweise dabei greift sowohl auf gedanklicher (1. und 2. Replik) als auch auf praktischer Ebene (3. Replik). Sein Mittel auf geistiger Ebene macht sich in der Form eines Hilfsmodells den christlichen Glauben von einem Leben nach dem Tode als Engel zunutze (es ist also ein religiöses und kein psychologisches Mittel). Durch ihn wird die Konnotation erweckt, daß der Verstorbene noch in Beziehung zu den Hinterbliebenen steht, wodurch die Akzeptanz des Verlustes erleichtert wird. Auf der praktischen, realitätsbezogenen Ebene weist Zosima die Frau in seiner letzten Replik auf ihre reale Lebenssituation hin, das heißt auf ihren Mann und ihr Zuhause, die ihr trotz des Todes ihres Kindes noch geblieben sind. Er beendet seine Aussage mit einer Aufforderung zum Handeln, die ein Mittel der aktiven Konfliktbewältigung darstellt: Die Frau soll zu ihrem bisherigen Leben zurückkehren und sich dessen Realität (ihren realen Aufgaben und Verantwortungen) wieder stellen. Durch ihre Pilgerfahrt hat die Frau versucht, ihren Erinnerungen durch Vergessen zu entgehen. Sie

---

[282] Wenn man unter unveränderlichen Situationen leidet, kann man nur seine Einstellung zu ihnen ändern, das heißt, sie akzeptieren lernen. MENTZOS, S. 37.

hat diesen Teil ihres Lebens und die damit verbundenen Erfahrungen also verdrängt, um sich vor dem Leid zu schützen. Dies gelingt ihr jedoch nur teilweise, da sie sich wegen des Kummers um ihren Sohn dennoch an Zosima wendet.[283]

In Zosimas Unterhaltung mit der dritten Frau, einer jungen Witwe, die unter Schuldgefühlen wegen ihrer Mitschuld am Tode ihres Mannes leidet, treten eine Reihe von Parallelen zu seinen anderen Aussagen auf: Thematisch ist eine Verbindung zu dem Besucher des jungen Zosima gegeben, der nach einem Mord unter Schuldgefühlen litt. Die Witwe hat – genau wie der Besucher und die Frau, deren Sohn gestorben ist – ihr Problem längere Zeit verdrängt. Da dies aber immer nur teilweise möglich ist, tritt es bedingt durch ihre eigene Krankheit verstärkt wieder ins Bewußtsein. Bemerkbar ist dies auch durch das Symptom der Unruhe.[284] Dem Gast hatte der junge Zosima geraten, sich zu seiner Schuld zu bekennen. Da die Frau ihr Problem schon gebeichtet hat, zeigt Zosima nun den Umgang mit der Situation nach dem Bekenntnis. Analog zu seinem Rat gegenüber der ersten Frau setzt er hierbei den Glauben an Gott als Hilfe ein, um das Leid zu erleichtern und sich mit der unabänderlichen Situation abzufinden. Die Witwe soll, indem sie ihrem Mann und anderen Menschen deren Fehler vergibt, ihre Vergangenheit akzeptieren. Zudem soll sie nicht negativ gegenüber anderen empfinden, sondern durch ihre Reue und ihr Verzeihen zur Liebe gelangen. Das Phänomen der Liebe wird – im Anklang zu der Unterredung mit Frau Chochlakova – ein großer Stellenwert zugemessen: Sie ist das Mittel, mit dem man die ganze Welt von ihren Sünden loskaufen kann. Insgesamt sind die Gespräche Zosimas also thematisch über das Thema der Liebe bzw. der Unfähigkeit zu lieben verbunden. Aber auch die Lügenthematik zieht sich durch die Äußerungen Zosimas. Die Witwe wird nämlich von ihm ebenso vor der Furcht gewarnt, wie Frau Chochlakova, in deren Gespräch mit Zosima die Furcht als Folge der Lüge definiert wird.[285]

---

[283] Bei der Verdrängung wird nach R. Battegay versucht, unangenehme Gefühle vom Bewußtsein durch Vergessen fernzuhalten. Dies sei allerdings immer nur teilweise möglich und in der Folge käme es dann zur Empfindung der neurotischen Angst oder den durch Angstunterdrückung entstandenen neurotischen Symptomen. Durch die Verdrängung paßten sich die Betreffenden der äußeren Realität an, bewältigten sie jedoch nicht. Das angemessene Vorgehen in einer solchen Situation besteht darin, sich das Verdrängte bewußt zu machen, sich ihm zu stellen und es akzeptieren zu lernen. BATTEGAY, S. 136-144. MENTZOS, S. 60-62 und 272.

[284] Von R. Battegay werden Schuldgefühle als Folge der Angst vor der Kritik des Über-Ichs (des Gewissens) auch als Ursache von Verdrängungen beschrieben. BATTEGAY, S. 143.

[285] Zu den Erfolgen Zosimas in seinen Gesprächen äußert sich S. Linnér insgesamt sehr kritisch, da bei Fëdor keine Veränderung erreicht wird und die Resultate bei Frau Chochlakova und den Frauen aus dem Volk unklar bleiben. Dazu muß man feststellen, daß Zosima mit diesen Personen nur ein einziges Gespräch führt. Linnér nennt den Eindruck, den Zosimas Wirken durch seine geringen Erfolge macht, eher enttäuschend für den Leser, der einen Erfolg von ihm als Heiligem erwarte. Dem muß man jedoch entgegensetzen, daß Zosimas Wirken erst durch diesen teilweisen Erfolg realistisch wird – sofortige Veränderungen seitens der Gesprächspartner wären einfach unwahrscheinlich. LINNÉR, Starets Zosima, S. 77-78.

vi. Motive mit psychologischer Bedeutung

Einige in Zusammenhang mit Zosima stehende literarische Motive haben durchaus auch psychologische Konnotationen, das heißt, sie stellen auch in der Tiefenpsychologie einen Untersuchungsgegenstand dar. Vor allem ist hier das Motiv der Kindheitserinnerung zu nennen, dem schon in einigen Arbeiten besondere Bedeutung zugemessen wurde.[286] Wie bei der Darstellung von Zosimas Biographie schon angeklungen ist, hat der Starec selbst nur gute Erinnerungen an seine Kindheit. In diesem Zusammenhang äußert er sich auch über die Bedeutung solcher Erinnerungen:

> Из дома родительского вынес я лишь драгоценные воспоминания, ибо нет драгоценнее воспоминаний у человека, как от первого детства его в доме родительском, и это почти всегда так, если даже в семействе хоть только чуть-чуть любовь да союз. Да и от самого дурного семейства могут сохраниться воспоминания драгоценные, если только сама душа твоя способна искать драгоценное. (VI.2.b; 14:263-264)

Für Zosima gibt es keine kostbareren Erinnerungen als die an die Kindheit und an die Eltern und man könne sie sich auch in den schlechtesten Familienverhältnissen bewahren.[287] An diesen Worten läßt sich der Stellenwert erkennen, den Zosima der Kindheit im Leben eines Menschen zuweist. Auf die Bedeutung der Kindheitserinnerungen in der Psychologie wurde bereits in Bezug auf die Neurosentheorie eingegangen: Die Erlebnisse in den ersten Lebensjahren prägen bewußt und unbewußt das Leben und das Leidensbild eines Menschen. Zosima geht allerdings davon aus, daß man auch gute Erinnerungen an eine schlechte Familie haben kann. Bei ihm fällt also eine ausschließlich positive bis optimistisch-verklärte Sichtweise auf – denn mögliche negative Verhaltensweisen seitens der Eltern können für ihn durch die Anstrengungen des Kindes, das Gute in der Beziehung herauszufinden, relativiert werden. Dennoch wird damit in der Äußerung Zosimas ein wichtiger Ansatzpunkt der Tiefenpsychologie – wenn auch etwas variiert – erwähnt. Deutlicher zeigt sich die Übereinstimmung an einer Aussage Alëšas anläßlich Iljušas Tod, die in der Fortführung der Auffassungen Zosimas steht:

> Знайте же, что ничего нет выше, и сильнее, и здоровее, и полезнее впредь для жизни, как хорошее какое-нибудь воспоминание, и особенно вынесенное еще из детства, из родительского дома. [...] Если много набрать таких воспоминаний с собою в жизнь, то спасен человек на всю жизнь. И даже если и одно только хорошее воспоминание при нас останется в на-

---

[286] So bei THOMPSON, S. 99-105.
Vgl. zum psychologischen Hintergrund und zu einzelnen Beispielen auch:
BELKNAP, R. L.: Memory in *The Brothers Karamazov*. In: Jackson, R. L. (Hrsg.): Dostoevsky. New Perspectives, Englewood Cliffs (New Jersey) 1984, S. 227-242.
[287] S. auch BELKNAP, Genesis, S. 82 - 83.

шем сердце, то и то может послужить когда-нибудь нам воспасение.
(Epilog, 3.; 15:195)

An dieser Erklärung Alëšas wird die große Beeinflussung des Lebensweges durch die Kindheit deutlich.[288]

Ein weiteres Detail aus dem Roman, das auch in der Psychologie seinen Stellenwert hat, ist der Traum. In Alëšas Traum von der Hochzeit zu Kana (VII.4) tritt der Starec auch nach seinem Tode noch als Leiter Alëšas auf und löst bei diesem durch sein erneutes Erscheinen die Erkenntnis aus, daß er Zosimas Weisung folgen muß. Alëša sieht auf diese Weise in seinem Traum, der fast eine 'ekstatische Vision' ist[289], die Realität klarer und versteht sie. Dadurch kann der Traum seine geistige Krise und Desorientierung nach dem Tode seines geistigen Vaters beenden. Analog hierzu schreibt N. Reber der Darstellung von Träumen (und von Halluzinationen) im Werk Dostoevskijs zu, daß sie die Realität transparent machen, da sie auf diese Weise ihre tieferen Schichten aufdecken.[290] Auch R. Levinsky sieht hierbei die Funktion der Träume darin, daß sie einerseits ein Mittel darstellen, in die Prozesse des Unterbewußtseins der jeweiligen Figur einzudringen – und damit helfen, die Realität zu erklären –, und andererseits aber auch verwendet werden können, um die Zukunft vorherzusagen.[291]

Ein Problem, das bereits in Zosimas Biographie angesprochen wurde, ist das der menschlichen Isolation und Einsamkeit. Nach R. Levinsky spielt dieses Phänomen in mehreren Werken Dostoevskijs eine Rolle, werde jedoch am deutlichsten in den *Brat'ja Karamazovy* im Gespräch des jüngeren Zosima mit seinem Gast ausgeführt:[292]

> […] а между тем выходит изо всех его усилий вместо полноты жизни
> лишь полное самоубийство, ибо вместо полноты определения существа

---

[288] S. zum Thema der Kindheitserinnerung auch BELKNAP, Genesis, S. 86-87.
Belknap beschreibt das Motiv der Erinnerung auch als Strukturprinzip des Romans und als Technik, um Gedanken und Gefühle im Leser zu evozieren. BELKNAP, Genesis, S. 79-87.

[289] REBER, Tiefenstruktur des Traums, S. 200.

[290] REBER, Tiefenstruktur des Traums, S. 198-199.
Vgl. zum Wirklichkeitscharakter der Träume auch die Aussage des Teufels gegenüber Ivan: „[…] Слушай: в снах, и особенно в кошмарах, ну, там от расстройства желудка или чего-нибудь, иногда видит человек такие художественные сны, такую сложную и реальную действительность, такие события или даже целый мир событий, связанный такою интригой, с такими неожиданными подробностями, начиная с высших ваших проявлений до последней пуговицы наманишке, […]." (XI.9; 15:74)

[291] LEVINSKY, S. 28 und 31.
Analog dazu stellt der Traum in der Tiefenpsychologie den Weg zum Unbewußten dar, da man in ihm durch Regression wieder auf ins Unterbewußtsein Verdrängtes zurückgreift. Die Wirkung des Traumes liegt also in der Wiederbelebung der unbewältigten Vergangenheit. Dabei haben die im Traum aktivierten Bilder oft Symbolcharakter, der aufgrund seiner fehlenden Unmittelbarkeit und seiner Vieldeutigkeit nicht immer leicht zu bestimmen ist.
BATTEGAY, S. 102-103. REH, S. 28. Vgl. auch die Beschreibung des Traums in diesem Sinne bei: REBER, Tiefenstruktur des Traums, S. 203-204. LAUTH, Philosophie, S. 99-107.

[292] LEVINSKY, S. 15.

своего впадают в совершенное уединение. Ибо все-то в наш век раздели-
лись на единицы, [...], всякий от другого отдаляется, прячется и, что име-
ет, прячет и кончает тем, что сам от людей отталкивается и сам людей от
себя отталкивает. (VI.2.d; 14:275)

Das Problem der Einsamkeit wird hier also als eine Erscheinung der Zeit beschrieben. Eine
Figur im Roman, für die dieses existentielle Einsamkeitsgefühl charakteristisch ist, ist Ivan
- er wird zeitweilig davon befallen, ohne daß er die Ursache dafür erklären könnte.[293]

Kurz erwähnt sei an dieser Stelle noch das bereits ausführlich dargestellte Motiv der
Erkenntnis und Veränderung, da es ebenfalls einen psychologischen Gehalt aufweist, wie
schon bei der Analyse des Gesprächs zwischen Zosima und Frau Chochlakova anklang.
Letztendlich bietet sich in diesem Zusammenhang auch eine Möglichkeit, Zosimas Sehergabe zu interpretieren. Wie schon ausführlich dargelegt, geht es bei seinen Fähigkeiten vor
allen um seine Beobachtungsgabe und seine daraus resultierende Menschenkenntnis. Seine
Voraussagen geschehen also vor allem aus psychologischer Einsicht und sind kein Zeichen
mythischer bzw. mystischer Züge, die bei der reinen Betrachtung der religiösen Konnotation
daraus evoziert werden könnten.

vii. Zur Darstellung pathologischer Phänomene im Werk Dostoevskijs

Wie in den letzten Kapiteln dargestellt wurde, werden in den Gesprächen Zosimas
an einigen Figuren, besonders aber an Fëdor, neurotische Verhaltensmodi aufgedeckt. Jedoch beschränkt sich die neurotische Problematik im Roman nicht auf diese wenigen Aus-
schnitte, sondern läßt sich an weiteren Szenen mit Fëdor, Dmitrij und Ivan nachweisen.[294] Zudem sind in den *Brat'ja Karamazovy* auch Darstellungen weiterer Erkrankungen
von Bedeutung: So geht es besonders um Ivans innere Spaltung (ein Beispiel der nach W.
Schmid für Dostoevskijs Figuren typischen Bipolarität des Seelenraumes[295]), seine Halluzinationen[296] und die Epilepsie Smerdjakovs. In der Beschreibung dieser gestörten physischen

---

[293] Interessant ist in diesem Zusammenhang, daß auch in der Psychologie teilweise die soziale Isolation als einer der primären Ursachefaktoren für die meisten pathologischen Reaktionen angesehen wird. ZIMBARDO, S. 524.

[294] Erwähnenswert sind hier unter anderem Fëdors Angst, die laut Erzähler einen fast krankhaften
Zustand annimmt (III.1, S. 86), die Neigung seines Sohnes Dmitrij, sich selbst zu erniedrigen
(III.3-5), seinen Leidenschaften nachzugeben (VIII.5-8) und zeitweilig auch traurig zu sein
(VIII.2, S. 340), Ivans Einsamkeit (V.6, S. 241) und Schwermut (V.6, S. 241-242; V.7, S. 255)
und diverse Züge anderer Figuren. Vgl. auch SMITH / ISOTOFF, S. 376-388.

[295] SCHMID, S. 32.

[296] Die Persönlichkeitsspaltung Ivans zeigt sich daran, daß er äußerlich scharfsinnig, verstandesbe-
tont und verschwiegen, innerlich jedoch voller Gefühle und Ängste ist und durchaus auch offen
sein kann (V.3-4), wobei er diese zweite Seite jedoch verdrängt. Vgl. REBER, Einführung, S. 21.
Seine Halluzinationen stellen eine Erscheinungsform der Psychose dar, die mit Realitätsverlust
einhergeht (im Gegensatz zur Neurose, bei der der Betroffene sich seines veränderten Erlebens
bewußt ist). Vgl. DONGIER, S. 12-13. DÖRNER/PLOG, S. 152-179. ZIMBARDO, S. 520-523.

und psychischen Zustände der Figuren Dostoevskijs sieht R. Levinsky eine Analyse der Gesellschaft, wobei die gestörten Charaktere mit ihrer Unfähigkeit, angemessen in der Gesellschaft zu funktionieren, benutzt würden, um die Gesellschaft anzugreifen. Dabei bezeichnet R. Levinsky derartige Figuren gerade deshalb als geeignet, gegen die Gesellschaft gerichtete Ideen zu präsentieren, weil sich der Autor durch ihre Erkrankung und ihre dadurch zum Teil verminderte Urteilsfähigkeit und Glaubwürdigkeit von ihren Aussagen distanzieren könne. [297] Der Darstellung pathologischer Phänomene im Werk Dostoevskijs sind bereits vielfältige Untersuchungen gewidmet. Dabei muß man jedoch feststellen, daß überwiegend Arbeiten zum Problem der Persönlichkeitsspaltung bzw. zum Doppelgängertum vorliegen, aber auch zum Ödipus-Komplex und zur Epilepsie.[298] Dostoevskij wird hierbei nachgesagt, daß er in perfektem Detail den pathologischen Zustand der geistigen Kondition seiner Helden beschreibe.[299]

Die neurotische Problematik steht insgesamt weniger im Mittelpunkt des Interesses, wobei sich aber auch mit diesem Thema ansatzweise Arbeiten beschäftigen.[300] Wie sich in dieser Arbeit gezeigt hat, gibt es durchaus neurotische Strukturen in den Figuren der *Brat'ja Karamazovy*, deren Untersuchung zur Erklärung der Motivation und zum Verständnis der Figuren beitragen kann. R. Levinsky weist in diesem Zusammenhang auf die detaillierten Beschreibungen der Selbstwahrnehmung neurotischer Personen im Werk Dostoevskijs hin, die ihre Ängste, ihre Art, jede Geste oder Äußerung zu überlegen oder triviale Ereignisse überzubetonen, fast jedem zu mißtrauen und als einen Feind anzusehen und auch ihr Be-

---

[297] LEVINSKY, S. 17 und 22.
[298] BECHTEREV, V. M.: Dostoevskij i chudožestvennaja psichopatologija. Russkaja literatura 4, Zum Motiv des Doppelgängers sei besonders verwiesen auf: |1962, S. 135-141. CHIZHEVSKIJ, D.: The Theme of the Double in Dostoevsky. In: Wellek, R. (Hrsg.): Dostoevsky. A Collection of Critical Essays, Englewood Cliffs (New Jersey) 1962, S. 112-129. HERDMAN, S. 1-10 und S. 117-126. OATES, J. C.: The Double Vision of *The Brothers Karamazov*. Journal of Arts and Aesthetic Criticism 27, 1968, S. 203-212. REBER, Motiv des Doppelgängers bei Dostoevskij. Zum Ödipus-Komplex: S. FREUDS Artikel 'Dostojewski und die Vatertötung', der aufgrund seiner biographischen Aussagen zu Dostoevskij selbst jedoch häufig kritisiert wird. So z.B. bei: RANCOUR-LAFERRIERE: Russian literature and psychoanalysis. Four modes, S. 6-10. SLOCHOWER, H.: Incest in *The Brothers Karamazov*. In: Ruitenbeek, H. M. (Hrsg.): Psychoanalysis and Literature, New York 1964, S. 303-320.
[299] VERRIENTI, G.: Rilievi psicopatologici in tema di allucinazione. Il fenomeno allucinazione analizlzato da Dostojewski. I Fratelli Karamazzoff. Archivio di Psicologia, Neurologia e Psichiatria 6, 1945, S. 226-236. SMITH / ISOTOFF, S. 362-363.
[300] So zum Beispiel: KENT, L. J.: The Subconscious in Gogol' and Dostoevskij, and its Antecedents, The Hague 1969, S. 148-157. LEVINSKY, S. 16-25. TIMM, J.: Das Seinsverständnis der Helden in Dostoevskijs „Bednye ljudi" und in der „Krotkaja". Kiel 1981, S. 28-76. (Diss.)

dürfnis nach Akzeptanz und Zuneigung beinhalten. Dabei benutze Dostoevskij die neuroti-schen Personen, um die menschlichen Motivationen zu untersuchen und zu verstehen.[301] Untersuchungen zur Neurosen- und Psychosenproblematik in literarischen Texten hat auch A. Hansen-Löve unternommen, wobei er sich allerdings auf die psychopoetischen Typen in der russischen Moderne bezieht.[302]. Um festzustellen, ob sich seine Typisierungen (der me-lancholisch-narzistische, der neurotische und der psychotische Typus) auch auf die *Brat'ja Karamazovy* anwenden lassen, müßte man eine genauere Untersuchung der Figuren im Hin-blick darauf anstellen. Dies kann in der vorliegenden Arbeit jedoch nicht in der notwendigen Ausführlichkeit geleistet werden, da die dafür in Frage kommenden Charaktere wie Fëdor, Dmitrij oder Ivan nur in ihrer Verbindung zu dem Starec Zosima zum Thema dieser Arbeit gehören.

In Bezug auf Zosima – und auch bei Alëša – ist jedoch auffällig, daß sich gerade an diesen beiden Figuren zum Zeitpunkt der Romanhandlung keine pathologischen Strukturen feststellen lassen. Alëša weist also nicht die neurotische Natur seines leiblichen Vaters auf, sondern die psychische Konstitution seines geistigen Vaters. Dies zeigt, wie eng der Starec und sein Schüler zusammengehören. Zosima nimmt mit seinem psychischen Status eine Sonderstellung im Roman ein: Einerseits läßt er sich nicht in die Probleme der anderen in-volvieren, wobei die Voraussetzung für diese Abgrenzung in seiner Freiheit von sich selbst und anderen besteht; und andererseits hat er wie ein Psychologe die Funktion, das Verhalten anderer Romanfiguren zu analysieren und verständlich zu machen. Dabei wird Zosima für den Erzähler quasi zu einem Mittel oder Medium, durch dessen Gebrauch psychologische Sachverhalte, das heißt detaillierte Portraits von Personen und ihrem Verhalten, dargestellt werden können.

---

[301] LEVINSKY, S. 24.
[302] HANSEN-LÖVE, A. A.: Zur psychopoetischen Typologie der Russischen Moderne. In: ders.: Psy-chopoetik, S. 195-288.
Zur generellen Frage der Neurosen-Thematik in der Literatur s. auch:
COX, G.: Can a literature be neurotic? or Literary self and authority structures in Russian cul-tural development. In: Rancour-Laferriere, D. (Hrsg.): Russian Literature and Psychoana-lysis, Amsterdam / Philadelphia 1989, S. 451-469.

d) Die weltanschauliche Bedeutung

i. Die Realismusauffassung Dostoevskijs

Zu Dostoevskijs Intentionen bezüglich der *Brat'ja Karamazovy*, seiner Gestaltung Zosimas und dessen Funktion geben eine Reihe seiner Briefe ebenso Aufschluß wie über seine eigene Weltanschauung. Hier sollen nur einige, für Zosima relevante Aspekte herausgegriffen werden. Besondere Bedeutung haben hierfür die Briefe Dostoevskijs an seinen Verleger N. A. Ljubimov und an K. P. Pobedonoscev zur Entstehungszeit des fünften und sechsten Buches der *Brat'ja Karamazovy* im Sommer 1879. Insgesamt behandelte Dostoevskij im fünften und sechsten Buch, die er als Höhepunkte des Romans bezeichnete, besonders die Themen der Verleugnung der Existenz Gottes und die Widerlegung dieser These.[303] Dostoevskijs Intentionen bezüglich des sechsten Buches '*Russkij inok*' werden besonders deutlich in einem Brief an Ljubimov[304]: Die letzten Worte des Starec Zosima sollten die Gotteslästerung und den Anarchismus Ivans aus dem fünften Buch widerlegen. Zudem erwähnte Dostoevskij, daß er das sechste Buch nicht als Predigt, sondern eher als Erzählung plante, und äußerte sich auch über die Bedeutung, die er diesem Buch zumaß:

> [...]: *заставляю сознаться*, что чистый, идеальный христиании – дело не отвлеченное, а образно реальное, возможное, воочию предстоящее, и что христианство есть единственное убежище Русской Земли ото всех ее зол. Молю бога, чтоб удалось, вещь будет патетическая, только бы достало вдохновения. А главное – тема такая, которая никому из теперешних писателей и поэтов и в голову не приходит, стало быть, совершенно *оригинальная*. Для нее пишется и весь роман, но только чтоб удалось, вот, что теперь тревожит меня!　　　　　　　　　　　　　　　　　(PPS, 30,1:68)

Hieran zeigt sich die starke weltanschauliche Durchdringung des sechsten Buches, die sich in der Absicht des Autors, durch dieses Buch seine Auffassung vom Christentum zu verbreiten, manifestiert.[305] Der Starec Zosima dient ihm hierbei als Mittel, seinen Diskurs über

---

[303] LINNÉR, Starets Zosima, S. 9.
Dostoevskijs Gedanken zum fünften Buch '*Pro i contra*' werden in drei Briefen an Ljubimov und Pobedonoscev ausgedrückt: Er intendierte dieses Kapitel als eine Darstellung von Gotteslästerung und Anarchismus, wie sie sich in großen Teilen der russischen Oberschicht, vor allem in der jüngeren Generation, in der 2. Hälfte des 19. Jahrhunderts zeigten. Ivans Auffassungen beinhalten dabei – als Beispiel eines solchen Atheisten – das, was Dostoevskij für die Synthese des russischen Anarchismus hielt: Ivan beschäftigt sich nicht mehr mit der wissenschaftlichen und philosophischen Widerlegung Gottes, sondern negiert die göttliche Schöpfung und ihren Sinn. Briefe: An Ljubimov am 10. Mai 1879 (PPS, 30,1:63-65), an Pobedonoscev am 19. Mai 1879 (PPS, 30,1:66-67) und an Ljubimov am 11. Juni 1879 (PPS, 30,1:68-69).
S. auch BUDANOVA, Bd. 3, S. 317-319 und 324-325.　　ONASCH, Biographie, S. 119.
Vgl. auch LINNÉR, Starets Zosima, S. 9.　　MOCHULSKY, S. 584-585.
[304] An Ljubimov am 11. Juni 1879 (PPS, 30,1:68-69).
[305] Vgl. auch LINNÉR, Starets Zosima, S. 11.

das Christentum darzustellen. Deutlich wird an dieser Stelle aber auch die große Besorgnis Dostoevskijs, daß ihm sein Vorhaben nicht gelingen könnte, wodurch die Bedeutung dieses Buches und seiner Ideen für ihn noch einmal unterstrichen wird. Wie sich in einem weiteren Brief an Ljubimov[306] zeigt, rechnete Dostoevskij mit Kritik an seinem Starec Zosima als Idealisierung des russischen Mönchtums. Dennoch hielt er seine Figur für 'nicht nur als ein Ideal, sondern auch als Realität wahrhaftig' und sah in ihr keinen Verstoß gegen die Wirklichkeit.[307] In einem Brief an Pobedonoscev[308] machte sich Dostoevskij Gedanken, ob das sechste Buch eine ausreichende Antwort auf die atheistischen Thesen Ivans sein würde. Ihm war dabei bewußt, daß diese Thesen nicht Punkt für Punkt widerlegt werden, sondern durch Zosimas Vita und Lehren nur eine indirekte Antwort darauf gegeben wird. Außerdem äußerte sich Dostoevskij zur künstlerischen Gestaltung Zosimas: Er wollte eine bescheidene und gleichzeitig erhabene Figur darstellen, deren Leben dennoch voller Komik sein sollte. Um eine realistische Wirkung zu erzielen, verlieh er deshalb seiner Figur Zosima absichtlich triviale Seiten, wie zum Beispiel einige absurde Züge in dessen Lehren.[309] Wie S. Linnér hierzu noch bemerkt, war Dostoevskij bemüht, die Figur des Starec mit einem Maximum an Autorität auszustatten – in religiöser, moralischer und politischer Hinsicht. Seiner Ansicht nach sollte Zosima die Leser beeindrucken und überzeugen, wozu eine realistische Portraitierung notwendig gewesen sei.[310] Dazu ergänzt Linnér, daß sich Dostoevskij zwar bemüht habe, Zosimas Portrait authentisch zu gestalten, jedoch sollte dieser nicht nur ein lebendiger Charakter sein, sondern ein typischer Repräsentant eines russischen Heiligen. Dies hänge damit zusammen, daß der Realismus für Dostoevskij zwei Aspekte beinhalte: die Übereinstimmung mit der Realität und die Illusion der Realität (d.h. die Kombination der Wirklichkeit mit 'phantastischen' Elementen).[311]

---

[306] An Ljubimov am 7./19. August 1879 (PPS, 30,1:102-103).
In diesem Brief äußerte sich Dostoevskij auch zur künstlerischen Gestaltung seiner Figur: Er hätte den Starec in keiner anderen Redeweise wiedergeben können als in der, die er gewählt hat, da er sonst keine künstlerische Gestalt geworden wäre. Als seine Vorbilder für Zosima nannte Dostoevskij an dieser Stelle altrussische Mönche und Heilige und als Quellen einige Lehren des Tichon von Zadonsk und ein Buch über die Reisen des Mönches Parfenij – Werke, die sich auch in seiner Bibliothek befanden. Vgl. auch ONASCH, Biographie, S. 120-121.
[307] S. BUDANOVA, Bd. 3, S. 337. Vgl. MOCHULSKY, S. 589. LINNÉR, Starets Zosima, S. 11. TERRAS, Companion, S. 7.
[308] An Pobedonoscev am 24. August / 5. September 1879 (PPS, 30,1:120-122).
[309] S. BUDANOVA, Bd. 3, S. 342. Vgl. MOCHULSKY, S. 590-591. ONASCH, Biographie, S. 121-
[310] LINNÉR, Starets Zosima, S. 10. | 122.
Vgl. auch LINNÉR, S.: Dostoevskij on Realism, Stockholm 1967, S. 174-182.
[311] LINNÉR, Starets Zosima, S. 11-12. Vgl. hierzu auch:
STENDER-PETERSEN, A.: Geschichte der russischen Literatur, München 1957, S. 284 und 286.

ii. Die 'Russische Idee'

Aus den Äußerungen Dostoevskijs zu den *Brat'ja Karamazovy* und besonders zu Zosima wird zum einen deutlich, daß er in diesem Roman noch einmal wesentliche Fragestellungen aus anderen Werken aufgreift; zum anderen erscheint der Starec Zosima als eines der Medien, um den Diskurs über diese Fragen darzustellen, und einige Ansichten Dostoevskijs zu vertreten.[312] Die zentralen Themen, um die es hierbei geht, bezeichnet D. Schwarz insgesamt als die 'Russische Idee'.[313] Zunächst sei hier Dostoevskijs Einstellung zum Katholizismus erwähnt, der zwar auf die Einheit der Menschen abziele, jedoch an der Grundidee des Christentums, der Freiheit, vorbeigehe.[314] Dies zeigt sich in den *Brat'ja Karamazovy* an den kritischen Äußerungen Zosimas gegenüber der katholischen Kirche während des Gesprächs über die Kirchengerichtsbarkeit (II.5): Der Starec stellt fest, daß man in Rom anstelle der Kirche den Staat verkünde und sich der Staat nicht – wie das seiner Meinung nach richtig wäre – zur Kirche erhebe und die kirchlichen Ziele zu seinen eigenen mache. Dadurch würden die Ideen der katholischen Kirche (wie zum Beispiel die der Einheit der Menschen) zu Staatsideen herabsinken.[315] Eine kritische Position zum Katholizismus bezieht aber auch Ivan in seiner Legende vom Großinquisitor bezüglich der Verwirklichung des Freiheitsideals – Ivan wird damit zu einer anderen Figur im Roman, die einige von Dostoevskijs Ansichten vertritt.[316] Zudem geht es in den *Brat'ja Karamazovy* um den Atheismus, der als Folge des Katholizismus (aufgrund des Widerwillens der Menschen gegen die Freiheitsberaubung) entstanden und durch die Übernahme westlicher Ideen in die russische Oberschicht gekommen sei.[317] Dies wird im Roman durch Ivan, der Gott und dessen Schöpfung negiert, und durch Frau Chochlakova und deren Unglauben bezüglich eines Le-

---

[312] Vgl. zur Sprachrohr-Funktion Zosimas LAVRIN, Dostojevskij mit Selbstzeugnissen, S. 143.
RAKUSA, I.: „Nachwort". In: Dostojewski, F. M.: Die Brüder Karamasoff. In: ders.: Sämtliche Werke. 10 Bde., Bonn 1996, S. 1303.

[313] Vgl. hierzu SCHWARZ, D. / HECKERT, TH. / POLLACH, R.: Studien und Materialien zu Dostoevskijs Roman „Der Idiot", Tübingen 1978, S. 9-20.
MÜLLER-LAUTER, W.: Dostoevskijs Ideendialektik, Berlin 1974, S. 14.
Nach M. Braun ist jedoch davon auszugehen, daß Dostoevskij in den *Brat'ja Karamazovy* – bedingt durch deren Expositionscharakter und den Plan zu einem Fortsetzungsband – viele seiner wichtigsten Gedanken und Überzeugungen noch nicht ausgesprochen bzw. noch nicht abschließend formuliert hat. BRAUN, S. 110 und 230.

[314] Vgl. SCHWARZ, S. 12.

[315] S. auch SCHWARZ, S. 11.

[316] Zum Katholizismus s. auch REBER, Motiv des Doppelgängers, S. 86.
Zur Sprachrohr-Funktion Ivans s. BRAUN, S. 248-249. Zu Anschauungen Ivans, die mit denen Dostoevskijs übereinstimmen, s. auch: BELKNAP, Genesis, S. 127-141 und 155-157.
GIBSON, S. 182-208. MÜLLER, Leben, S. 91-92 und 103.

[317] S. LAVRIN, Dostojevskij mit Selbstzeugnissen, S. 94-97. MÜLLER-LAUTER, S. 11-14.
SCHWARZ, S. 12 und 14.

bens nach dem Tode verkörpert. Der Starec Zosima vertritt hierzu die Gegenposition des festen Glaubens, an deren Überzeugungskraft Dostoevskij, wie sich in seinem Briefwechsel zeigt, sehr viel lag. Jedoch drückt Ivan auch einige Zweifel Dostoevskijs am Glauben (besonders in Anbetracht der Ungerechtigkeit gegenüber Kindern) aus.[318] Viele Ansichten Dostoevskijs bezüglich einer Lösung für die Glaubensproblematik spiegeln sich auch in den Lehren Zosimas wieder. Dies ist zum Beispiel der Fall bei seiner Vorstellung von der missionarischen Aufgabe Rußlands, das – da es mit der Rechtgläubigkeit den ursprünglichen Glauben bewahrt habe – andere Völker zu dieser Art des Glaubens bekehren solle.[319] Dies zeigt sich in Zosimas Ansicht, daß 'das russische Volk vor der ganzen Welt erstrahlen werde' (VI.3.f). Auch Dostoevskijs Ideen der 'Bodenständigkeit' (*'počvenničestvo'*)[320], der Solidarität und Einheit der Menschen, die durch allumfassende Liebe und solidarische Schuld entstehen sollen, und die Bedeutung des Volkes für Rußland[321] finden ihren Widerklang in Zosimas Lehren. Auf diese Problematik soll jedoch an dieser Stelle nicht näher eingegangen werden. Dazu sei auf die zahlreiche Literatur zu Dostoevskijs Philosophie und Weltanschauung verwiesen.[322]

Abschließend soll noch ein Punkt aus den Ansichten Dostoevskijs erwähnt werden,

---

[318] DOERNE, Tolstoj und Dostojewskij, S. 127 und 129-130.
S. auch LAVRIN, Dostojevskij mit Selbstzeugnissen, S. 29-30, 61-62 und 138-139.

[319] Vgl. dazu SCHWARZ, S. 6.   Zur Kritik an der messianistischen Utopie Dostoevskijs s.:
DOERNE, Tolstoj und Dostojewskij, S. 124-126.

[320] D. Schwarz definiert *'počvenničestvo'* als 'Verwurzelung im russischen Boden und Volk' – hierbei geht es um die Ansicht, daß sich Rußland auf seine eigenen Werte besinnen müßte und nicht auf die europäischen (diese sollten nur dann übernommen werden, wenn sie organisch einfügbar wären). Dies sei ein wichtiger Bestandteil der Philosophie Dostoevskijs.
LAVRIN, Dostojevskij mit Selbstzeugnissen, S. 49-50.   SCHWARZ, S. 5.

[321] Vgl. hierzu auch BRAUN, S. 262-263.   REBER, Motiv des Doppelgängers, S. 102-104.
HERMANNS, Karl: Das Experiment der Freiheit. Grundfragen menschlichen Daseins in F. M. Dostojewskis Dichtung, Bonn 1957, S. 155-165.   SCHWARZ, S. 14-20.
LAVRIN, Dostojevskij mit Selbstzeugnissen, S. 46, 48-49, 89, 110, 119 und 147-148.
Hier sei erwähnt, daß diese religionsphilosophische Ebene des Romans, die neben der empirischen die zweite Ebene im Roman darstellt, auch durch den Religionsphilosophen Vladimir S. Solov'ëv (1853-1900) und Nikolaj F. Fëdorov (1828-1903) beeinflußt wurde, die z.T. ähnliche Ideen hatten wie Dostoevskij.   S. hierzu LAVRIN, Dostojevskij mit Selbstzeugnissen, S. 115.
LINNÉR, Starets Zosima, S. 198-203.   MOCHULSKY, S. 566-669.   REBER, Einführung, S. 12-15.

[322] So zum Beispiel: BOHATEC, S. 207-289. GIBSON, S. 8-77. LOSSKIJ, S. 133-219 und 334-395.
BERDJAJEW, N.: Die Weltanschauung Dostojewskijs. Übersetzt von W. E. Groeger, München 1925.
DOWLER, W.: Dostoevsky, Grigor'ev and Native Soil Conservatism, Toronto 1982. | 1925.
LAUTH, R.: Dostojewski und sein Jahrhundert, Bonn 1986, S. 64-93 (Der methodische Zugang zu Dostojewskijs philosophischer Weltanschauung).
LAUTH, Philosophie Dostojewskijs, S. 245-354 und 373-523 (Metaphysik).
SCHULTZE, B.: Russische Denker. Ihre Stellung zu Christus, Kirche und Papsttum, Wien 1950, S. 173-197. | loo 1986.
WARD, B. K.: Dostoyevsky's Critique of the West. The Quest for the Earthly Paradise, Waterloo 1986.
ZENKOVSKY, V. V.: Dostoevsky's religious and philosophical views. In: Wellek, R. (Hrsg.): Dostoevsky. A Collection of Critical Essays, Englewood Cliffs (N.J.) 1962, S. 130-145.

der in seinem Zusammenhang mit Zosima in der vorliegenden Arbeit schon mehrfach an-klang: Die Thematik der Lüge wird in den *Brat'ja Karamazovy* in Verbindung mit Zosima im Gespräch mit Fëdor und gegenüber Frau Chochlakova behandelt, wobei die Aussagen des Starec noch durch einen Erzählerkommentar unterstützt werden.[323] Diese häufige Er-wähnung im Roman deutet die Bedeutung des Themas für den Autor schon an. Das Problem der Lüge beschäftigte Dostoevskij bereits lange bevor er die *Brat'ja Karamazovy* schrieb.[324] Un--mittelbar vor Beginn der Arbeit an seinem letzten Roman veröffentlichte er dann in seinem *Dnevnik pisatelja* auch zwei Artikel über die Folgen der Lüge: '*Lož' lož'ju spasaetsja*' aus dem September 1877 und '*Lož' neobchodima dlja istiny. Lož' na lož' daet pravdu. Pravda li èto?*' aus dem Oktober desselben Jahres.[325] An beiden Texten zeigt sich, daß Dostoevskij sein Tagebuch auch als eine Materialsammlung für Analysen bestimmter psychologisch-philosophischer Aspekte benutzte, die er dann später in den *Brat'ja Karama-zovy* auswertete.[326] Die beiden Texte aus dem *Dnevnik* liefern die Grundgedanken für Zosi-mas Äußerungen in seiner Psychologie des Lügens gegenüber Fëdor. In '*Lož' lož'ju spasaetsja*' erläutert Dostoevskij anhand des Ritterromanes *Don Quijote de la Mancha* von M. de Cervantes und seiner Hauptfigur als Beispiel für einen Lügner wie eine Lüge der anderen folgt, wenn man erst einmal anfängt zu lügen. Denn um die erste Lüge oder Illusion aufrechterhalten muß man häufig eine zweite zu ihrer Rechtfertigung erfinden – dies ist ein Mechanismus, der sich beliebig fortsetzen läßt.[327] In dem zweiten Artikel '*Lož' neobcho-dima dlja istiny*' setzt Dostoevskij diese Gedanken noch fort. Genau diese Problematik wird dann in den *Brat'ja Karamazovy* durch Zosima am Beispiel Fëdors behandelt – Zosima wird hier also in seiner Funktion als Starec, das heißt auch als Ratgeber, eingesetzt, um den Dis-kurs um die Psychologie des Lügens exemplarisch darzustellen. Im *Dnevnik* wird aber auch deutlich, daß Dostoevskij dieses Phänomen nicht als Einzelfall beurteilt, sondern davon aus-geht, daß dies jedem Menschen während seines Lebens geschehen kann.

---

[323] Wie L. Breger hierzu äußert, drücke Zosima Dostoevskijs große Antipathie gegen '*hypocrisy*' (Heuchelei) und '*falseness*' (Falschheit) aus – obwohl er im Vergleich zu Vater Ferapont, der ein extremes Beispiel der Selbstverleugnung darstelle, kein wirklich strenger Asket sei. BREGER, S. 228-229.

[324] S. auch REBER, Einführung, S. 109.

[325] In: *Dnevnik pisatelja 1877 / 1880*. PSS, 26:24-27 und 51-54.

[326] Diesen Stellenwert räumt auch Braun dem *Dnevnik pisatelja* für die *Brat'ja Karamazovy* ein. BRAUN, S. 108-109.

[327] S. dazu auch die Anmerkung zu '*Lož' lož'ju spasaetsja*' (in: PSS, 26:363-364) und BAGNO, V. E.: Dostoevskij o „Don-Kichote" Servantesa. In: F. M. Dostoevskij. Materialy i issledovani-ja. 5 Bde., L. 1974-1982, Bd. 3, S. 126-135.

V. NACHWORT

In den *Brat'ja Karamazovy* tritt stärker als in Dostoevskijs früheren Werken eine große Zahl verschiedenster Typen und Charaktere in Erscheinung. Dabei stellt der Starec Zosima eine der wichtigsten Nebenfiguren dar, da sie den geistigen Hintergrund der Hauptfigur Alëša motiviert und für die Entwicklung der ideengeschichtlichen Aussage des Romans von großer Bedeutung ist. Deshalb wird Zosima in einigen Arbeiten auch als eine der Hauptgestalten angesehen, obwohl dieser Status im Vorwort des Romans auf Alëša beschränkt wird. Sicherlich kann er aber auch deshalb nur als Nebenfigur gesehen werden, weil er einerseits wenig Bedeutung auf der reinen Handlungsebene hat und andererseits kaum individualisierte Züge trägt, so daß nur seine Funktion als Starec betont wird. Hierzu läßt sich bei der Gestaltungsweise eine besondere Ausprägung seines Sprachstils feststellen: Seine Sprache wirkt durch zum Teil sehr knappe, in Imperativen gehaltene Formulierungen sehr eindringlich. Auch wiederholt Zosima die wichtigsten Passagen seiner Lehren mehrfach, wodurch er sie nicht nur den Figuren im Roman, sondern auch dem Leser näher bringt. Zudem zeigen sich in seinen Gesprächen bezüglich seiner Sprech- und Verhaltensweise und auf der inhaltlichen Seite signifikante Merkmale: Durch seine stets ruhigen, wertfreien und distanzierten Äußerungen, in denen er Sachverhalte sehr direkt anspricht, zeigen sich Parallelen zur Verhaltensweise von Psychologen. Auch beleuchtet Zosima die Probleme seiner Gesprächspartner im Hinblick auf die ihnen zugrunde liegenden Ursachen, wobei durchaus inhaltliche Parallelen zu tiefenpsychologischen Ansätzen bestehen. In diesen Gesprächen wird allerdings nur die Motivation seiner Gesprächspartner und nicht seine eigene deutlich. Auch in diesem Zusammenhang läßt sich also die Dominanz der Funktion der Figur als geistiger Leiter, der andere zu überzeugen sucht, feststellen.

In der Romankonzeption bildet Zosima als Vertreter der geistigen Welt den Gegenpol zu den weltlichen Karamazovs und kontrastiert zu ihnen in moralischer und ideologischer Hinsicht durch seinen festen Glauben, seine allumfassende Liebe und seine Art der Lebensführung. Seine Ansichten und Lehren treten in beiden Handlungslinien des Romans wiederholt in Erscheinung und finden ihren Widerklang teilweise auch in der Motivierung einiger Figuren. Die durch seine Lehren begründeten Motive der Schuld und der Erkenntnis und Veränderung betreffen alle Karamazov-Brüder, zum Teil auch die Frauenfiguren sowie die Richter und Geschworenen in Dmitrijs Prozeß und treten als Leitmotive immer wieder in Erscheinung. Diese Motive verbinden Vita und Lehren Zosimas mit der Romanhandlung und lassen sie sogar als 'Folie' für den Roman erscheinen. Letztendlich verkörpert der Starec in seiner Opposition zu anderen Figuren auch einige Ideen und Ansichten Dostoevskijs in Bezug auf den Glauben, das russische Volk und das Verhältnis der Menschen zueinander. Dabei erklärt Dostoevskijs Intention bei der Darstellung seiner Figur auch einige Züge Zosimas, wie zum Beispiel die zum Teil dogmatische Wirkung seiner Äußerungen und Lehren und die starke Reduzierung der Figur auf ihre Funktion als Starec, die der didaktischen Absicht Dostoevskijs dienen.[328]

Wie Dostoevskij schon erwartet hatte, wurde nach der Veröffentlichung des Romans wirklich Kritik bezüglich des mangelnden Realitätscharakters Zosimas als russischer Mönch geübt. Zudem war auch die religiöse Botschaft des Romans umstritten, wie an einigen Kom-mentaren stellvertretend gezeigt werden soll. Viele zeitgenössische Kritiker Dostoevskijs, so besonders Konstantin N. Leont'ev (1831-1891), und auch die Mehrzahl der Starcen und Kirchenvertreter standen Zosima aufgrund der Idealisierung des russischen Mönchtums ab-lehnend gegenüber. Leont'ev lehnte Dostoevskijs Anschauungen vom Christentum sogar insgesamt als zu philanthropisch ab.[329] Es sei aber darauf hingewiesen, daß sich die eben dargestellte Kritik vor allem auf Teilaspekte und nicht auf die Aufnahme des gesamten Werkes bezieht.[330] Auch in späteren Untersuchungen zu den *Brat'ja Karamazovy* findet man Äußerungen zu den auf Zosima bezogenen Aspekten. So kommt K. Mochulsky zu dem Schluß, daß Zosima kein Repräsentant des historischen russischen Mönchtums sei, sondern ein „Botschafter eines neuen spiritistischen Bewußtseins im russischen Volk".[331] Hingegen geht Linnér – wie schon erwähnt – davon aus, daß es gar nicht in der Absicht Dostoevskijs gelegen habe, eine rein realistische Figur darzustellen. Und N. Losskij ist schließlich der Ansicht, daß Zosima viele wertvolle Gedanken habe, die charakteristisch seien für die rechtgläubige russische Religiösität, und eine 'helle Form des Christentums' repräsentiere.[332]

Auch die Meinungen darüber, wie das sechste Buch die von Dostoevskij intendierte Aufgabe erfüllt, gehen weit auseinander – sicherlich auch deshalb, weil Dostoevskij beabsichtigte, daß einige Lehren Zosimas als trivial, 'absurd' und ohne reale Grundlage erschei-

---

[328] Im weltanschaulichen Bereich sieht auch Linnér die 'Schlüsselposition' Zosimas im Roman: Er repräsentiere die Botschaft des Romans, die sich vor allem auf die Glaubensproblematik (d.h. die Ablehnung des Atheismus) beziehe. Diese Funktion erklärt für Linnér auch den Individualitätsmangel in der Darstellung Zosimas: Eine Figur mit einer solchen Aufgabe dürfe keine inneren Konflikte oder Zweifel haben, um überzeugend zu sein. LINNÉR, Starets Zosima, S. 85.

[329] ONASCH, Biographie, S. 116 und 128. Vgl. REBER, Einführung, S. 75. TERRAS, Companion,

[330] S. zu ausführlicheren Informationen REBER, Einführung, S. 72-97. | S. 33-36.

[331] MOCHULSKY, S. 635-636. Zur Verkörperung der Absichten Dostoevskijs in Zosima vgl. NEU-HÄUSER, Romane, S. 186. NIGG, Religiöse Denker, S. 200. TERRAS, Companion, S. 6-7.

[332] LOSSKIJ, S. 315. Weitere Informationen in: TERRAS, Companion, S. 48 und 57.

nen[333]: M. Braun bezeichnet den Versuch der Widerlegung der Lehren Ivans durch Zosima als weniger gelungen aufgrund ihrer fehlenden ideologischen Klarheit, die dadurch zustande kommt, daß die Lehren Ivans nicht direkt widerlegt werden, sondern nur durch die Darstellung eines positiven Bildes vom Christentum beantwortet werden. Für Braun ist die Wiedergabe der Gedanken Dostoevskijs durch Zosima zudem ideologisch gesehen ein Fehlgriff, da sie aufgrund ihrer traditionellen kirchlich-rhetorischen Form kritische oder skeptische Leser nicht überzeugen könnte. Diese würden sich eher von den Ansichten Ivans beeindrucken lassen.[334] J. Jones ist sogar der Ansicht, daß das sechste Buch nicht nur keine Widerlegung des fünften, sondern nicht einmal eine Antwort darauf darstelle. Ohne biographische Hinweise würde die Beziehung beider Bücher zueinander unklar bleiben.[335] N. Reber hingegen bezeichnet die Widerlegung des Atheismus im Buch 'Russkij inok' als überzeugend. Sie hält es gerade für die Genialität der Dialektik an dieser Stelle, daß Zosimas Lehren auf seiner ganzen Wesenart und seinem ganzen Leben basieren und so der logischen Argumentation des Atheisten Ivan gegenübergestellt werden.[336] Von M. Doerne wird das sechste Buch sogar als ein „Modell eines christlichen Glaubens und einer christlichen Existenz, in das die Widersprüche und 'Gegenbeweise' positiv aufgenommen sind", beschrieben.[337] R. Neuhäuser konstatiert zwar auf Basis von Äußerungen verschiedener Kritiker, daß die *Brat'ja Karamazovy* auf der weltanschaulichen Ebene ein Mißerfolg waren, kommt am Ende seiner Ausführungen über die *Brat'ja Karamazovy* aber zu dem Schluß, daß man das sechste Buch als eine überzeugende Antwort auf Ivans Atheismus sehen könne, und weist dabei auf mögliche neue Dimensionen in der Rezeption der Sichtweise Zosimas hin.[338] Ist die weltanschauliche Position der *Brat'ja Karamazovy* auch umstritten, so ist der Roman in der an den Figuren dargestellten menschlichen Problematik jedoch noch heute aktuell geblieben.[339] Zudem können die zeitlosen psychischen Probleme und menschlichen Schwächen der Karamazovs – wie auch häufig betont wird – stellvertretend für die vieler anderer stehen.[340]

---

[333] In dem Brief an Pobedoscev vom 24. August / 5. September 1879 (PPS, 30,1:120-122).
[334] BRAUN, S. 253.
[335] JONES, J.: Dostoevsky, Oxford 1983, S. 330-331.
[336] REBER, Einführung, S. 36-38.
[337] DOERNE, Tolstoj und Dostojewskij, S. 133.
[338] NEUHÄUSER, Romane, S. 190.
[339] Ähnlich äußert sich über die Aktualität der behandelten Probleme des menschlichen Daseins auch M. Braun. M. Kravchenko hält die psychologischen und philosophischen Ideen Dostoevskijs für heute genauso relevant wie im 19. Jahrhundert. BRAUN, S. 275. KRAVCHENKO, S. 2. NEUHÄUSER, Romane, S. 180.
[340] So stellt die Problematik der Karamazov-Familie für L. Müller nicht einen ungewöhnlichen, untypischen Einzelfall dar, sondern man könne einige ihrer Merkmale in allen menschlichen Familien wiedererkennen. Analog sieht M. Braun die Karamazov-Familie aufgrund ihrer allgemeinmenschlichen Probleme als ein Symbol für die ganze Menschheit.

VI. BIBLIOGRAPHIE

1. Primärliteratur

a) Werkausgaben (Auswahl)

DOSTOEVSKIJ, Fëdor Michajlovič: Polnoe sobranie sočinenij. 14 Bde., S.-Pb. 1882-1883.

DOSTOEVSKIJ, Fëdor Michajlovič: Sobranie sočinenij. Hg. von L. P. Grossman, A. S. Dolinin u. a. 10 Bde., M. 1956-1958.

DOSTOEVSKIJ, Fëdor Michajlovič: Polnoe sobranie sočinenij. Hg. von V. G. Bazanov, G. M. Fridlender u. a. 30 Bde., L. 1972-1990.

DOSTOEVSKIJ, Fëdor Michajlovič: Sobranie sočinenij. Hg. von G. M. Fridlender. 15 Bde., L. 1988- .

DOSTOEVSKIJ, Fëdor Michajlovič: Brat'ja Karamazovy. Erstdruck in der Monatsschrift „Russkij vestnik", Januar 1879 – November 1880 (1879: Nr. 1-2,4-6,8-11; 1880: Nr. 1, 4, 7-11).

DOSTOEVSKIJ, Fëdor Michajlovič: Brat'ja Karamazovy. Roman v četyrëch častjach s ėpilogom. 2 Bde., S.-Pb. 1891 (erste Buchausgabe).

DOSTOEVSKIJ, Fëdor Michajlovič: Brat'ja Karamazovy. Roman v četyrëch častjach s ėpilogom, Paris: Booking International, 1995.

DOSTOEVSKIJ, Fëdor Michajlovič: Pis'ma. Hg. von A. S. Dolinin. 3 Bde., M. 1928-1934. Nachdruck: Düsseldorf 1968.

DOSTOEVSKIJ, Fëdor Michajlovič / Dostoevskaja, Anna Grigor'evna: Perepiska. Hg. von S. V. Belov und V. A. Tunimanov, L. 1976.

b) Übersetzungen (Auswahl)

DOSTOJEWSKI, Fjodor: Sämtliche Werke. Hg. von A. Moeller van den Bruck unter Mitarbeit von D. Mereschkowski. Übersetzt von E. K. Rahsin. 22 Bde., München 1906-1919.

DOSTOJEWSKI, Fjodor: Gesammelte Werke. Hg. von G. Dudek und M. Wegner. 20 Bde., Berlin 1980-1981.

DOSTOJEWSKI, Fjodor M.: Sämtliche Werke. Übersetzt von E. K. Rahsin. 10 Bde., Bonn: Piper Verlag, 1996.

DOSTOJEWSKI, Fjodor: Die Brüder Karamasow. Erste deutsche Übersetzung – anonym. 4 Bde., Leipzig 1884 (zugleich erst Übersetzung in eine fremde Sprache).

DOSTOJEWSKIJ, Fjodor M.: Die Brüder Karamasow, München: Deutscher Taschenbuch Verlag 1995.

DOSTOJEWSKI, Fjodor M.: Briefe. Hg. von R. Schröder. 2 Bde., Leipzig 1984.

BRAUN, S. 261-262.   MÜLLER, Leben, S. 81.

2. Sekundärliteratur

a) Wörterbücher

LEJN, Karlfrid (Hrsg.): Nemecko-russkij slovar' (osnovnoj) (ca. 95.000 Stichwörter), M. 1992.

LEJN, Karlfrid (Hrsg.): Russko-nemeckij slovar' (osnovnoj). 11. unveränderte Ausgabe (ca. 53.000 Stichwörter), M. 1991.

OŽEGOV, Sergej Ivanovič: Slovar' russkogo jazyka. 18. unveränderte Ausgabe (ca. 57.000 Stichwörter), M. 1987.

b) Bibliographien

BELKIN, A. A. / DOLININ, A. S. / KOŽINOV, V. V. (Hrsg.): Bibliografija proizvedenij F. M. Dostoevskogo i literatury o nNm. 1917-1965, M. 1968.

BELOV, S. V.: Proizvedenija F. M. Dostoevskogo i literatura o nëm. 1970-1971. In: Fridlender, G. M. (Hrsg.): Dostoevskij. Materialy i issledovanija. 12 Bde., L. – S.-Pb. 1974-1996, Bd. 1, S. 305-338.

GERIGK, H.-J.: Notes concerning Dostoevsky research in the German Language after 1945. In: Canadian-American Slavic Studies 6, 1972, 2, S. 272-285.

GROSSMAN, Leonid Petrovič: Seminarij po Dostoevskomu. Materialy, bibliografija i kommentari, M. / P. 1922. Nachdruck: The Hague / Paris 1972.

KAMPMANN, Theoderich: Bibliographie. In: ders.: Dostojewski in Deutschland, München 1931, S. 221-238.

KIELL, Norman: Psychoanalysis, Psychology, and Literature. A Bibliography. 2 Bde., London 1982.

KOMAROVIČ, V.: Die Weltanschauung Dostojevskij's in der russischen Forschung des letzten Jahrzehnts (1914-1924). In: ZslPh 3, 1926, S. 217-228.

KOMAROVIČ, V.: Neue Probleme der Dostojevskij-Forschung 1925-1930. In: ZslPh 10, 1933, S. 402-428; 11, 1934, S. 193-236.

LAVRIN, Janko: Bibliographie. In: ders.: Fjodor M. Dostojevskij. Mit Selbstzeugnissen und Bilddokumenten, Reinbek 1963, S. 163-183.

LEATHERBARROW, William F.: Fedor Dostoevskij. A Reference Guide, Boston (Massachusetts) 1990.

MURATOVA, K. D. (Hrsg.): Istorija russkoj literatury XIX veka. Bibliografičeskij ukazatel', M. / L. 1962.

PFEIFFER, J.: Literaturpsychologie 1949-1987. Eine systematische und annotierte Bibliographie, Würzburg 1989.

SEDURO, Vladimir: Bibliography. In: ders.: Dostoyevski in Russian literary criticism 1846-1956, New York 1957, S. 346-399.

WHITT, Joseph: The Psychological Criticism of Dostoevsky 1875-1951. A Study of British, American and Chief European Critics, Temple University 1953. (Diss.)

c) Darstellungen zu Dostoevskijs Werk

ACKERMANN, Marliese: Dostoevskijs 'Großinquisitor' in sechs deutschen Übersetzungen. Analyse, Kritik, Bewertung, Tübingen 1986. (Diss.)

ADAM, Alfred: Der Erlösungsgedanke bei Dostojevskij. Frankfurt a. M. / Butzbach 1949.

AL'TMAN, M. S.: „Proobrazy startsa Zosimy". In: Bazanov, V. G. / Fridlender, G. M. (Hrsg.): Dostoevskij i ego vremja, L. 1971, S. 213-216 (aus: Iz arsenala imNn i prototipov literaturnych geroev Dostoevskogo, S. 196-216).

ALLAIN, Louis: Dostoievski et Dieu. La morsure du divin, Lille 1981.

ANDERSON, Roger B.: Dostoevsky. Myths of Duality, Gainesville 1986.

ATKIN, I.: Smerdyakov. A review of an amoral epileptic. Journal of Mental Science 75, London 1929, S. 263-266.

BACHTIN, Michail: Probleme der Poetik Dostoevskijs. Übersetzt von A. Schramm, München 1971.

BACHTIN, Michail: Problemy poètiki Dostoevskogo, M. 1963.

BAGNO, V. E.: Dostoevskij o „Don-Kichote" Servantesa. In: F. M. Dostoevskij. Materialy i issledovanija. 5 Bde., L. 1974-1982, Bd. 3, S. 126-135.

BAGNO, V. E.: K istočnikam poèmu „Velikij inkvizitor". In: Fridlender, G. M. (Hrsg.): Dostoevskij. Materialy i issledovanija. 12 Bde., L. – S.-Pb. 1974-1996ff. Bd. 5, 1985, S. 107-119.

BAUMANN, Winfried: Orientierungen oder Desorientierungen zu Dostoevskij? Literaturgeschichtliche Fragestellungen des 20. Jahrhunderts, Hamburg 1986.

BAZANOV, V. G. / Fridlender, G. M. (Hrsg.): Dostoevskij i ego vremja, L. 1971.

BECHTEREV, V. M.: Dostoevskij i chudožestvennaja psichopatologija. Russkaja literatura 4, 1962, S. 135-141.

BEER, Hans-Peter: Die Gestalt des Evgenij Pavlovič Radomskij in Dostoevskijs Roman „Der Idiot", Tübingen 1978.

BELIK, A. P.: Chudožestvennye obrazy F. M. Dostoevskogo. Èstetičeskie očerki, M. 1974.

BELKIN, A. A.: „Brat'ja Karamazovy". Social'no-filosofskaja problematika. In: Stepanov, N. L. / Blagoj, D. D. u.a. (Hrsg.): Tvorčestvo Dostoevskogo, M. 1959, S. 265-292.

BELKIN, Abraham Aleksandovič: Čitaja Dostoevskogo i Čechova. Stat'i i razbory, M. 1973.

BELKNAP, Robert L.: Memory in The Brothers Karamazov. In: Jackson, R. L. (Hrsg.): Dostoevsky. New Perspectives, Englewood Cliffs (New Jersey) 1984, S. 227-242.

BELKNAP, Robert L.: The Genesis of The Brothers Karamazov. The Aesthetics, Ideology, and Psychology of Text Making, Evanston (Illinois) 1990.

BELKNAP, Robert L.: The Structure of The Brothers Karamazov, The Hague / Paris 1967.

BELOPOL'SKIJ, Vadim Nikolaevič: Dostoevskij i filosofskaja mysl' ego èpochi. Koncepcija čeloveka, Rostov-na-Donu 1987.

BELOVOLOV, G. B.: Starec Zosima i episkop Ignatij Brjančaninov. In: Fridlender, G. M. (Hrsg.): Dostoevskij. Materialy i issledovanija. 12 Bde., L. – S.-Pb. 1974-1996ff. Bd. 9, 1991, S. 167-178.

BÉM, Al'fred L. / POCHA, František Beran (Hrsg.): Dostojevskij. Sborník statí k padesáté-mu výročí jeho smrti. 1881-1931, Prag 1931.

BEM, Al'fred L. u.a. (Hrsg.): O Dostojevském. Sborník statí a materialů, Prag 1972.

BEM, Al'fred L. (Hrsg.): O Dostoevskom. Sbornik statej, Paris 1986.

BEM, Al'fred L.: Dostoevskij. Psichoanalitičeskie ėtjudi, Berlin 1938. Nachdruck: Ann Arbor (Michigan) 1983.

BENZ, Ernst: Der wiederkehrende Christus. Zum Problem des Dostojewskijschen „Großin-quisitior". In: ZslPh 11, 1934, S. 277-298.

BERDJAEV, Nikolaj: Mirocozercanie Dostoevskogo, Prag 1923.

BERDJAJEW, Nikolaj: Die Weltanschauung Dostojewskijs. Übersetzt von W. E. Groeger, München 1925.

BERRY, Thomas E.: Plots and Characters in Major Russian Fiction. Bd. 2: Gogol', Goncharov, Dostoevskii, Hamden (Connecticut) 1978.

BEZNOSOV, V. G.: „Smogu li uverovat'?". F. M. Dostojevskij i pravstvenno-religioznye is-kanija duchovnoj kulture Rossii konca XIX – načala XX veka, S.-Pb. 1993.

BITSILLI, P. M. u.a.: O Dostoevskom. Stat'i, Providence (Rhode Island) 1966.

BOGDANOV, V.: F. M. Dostoevskij ob iskusstve, M. 1973.

BOHATEC, Josef: Der Imperialismusgedanke und die Lebensphilosophie Dostojewskijs. Ein Beitrag zur Kenntnis des russischen Menschen, Graz / Köln 1951.

BORGWARDT, Ulrike: Die Persönlichkeit Stavrogins in den „Dämonen" Dostoevskijs auf dem gesellschaftlichen und psychologischen Hintergrund seiner Biographie, Tübingen 1981.

BORISOV, V. M. / ROGINSKIJ A. B.: O Dostoevskom. Tvorčestvo Dostoevskogo v russkoj mysli 1881-1931 godov. Sbornik statej, M. 1990.

BRAUN, Maximilian: Dostojewskij. Das Gesamtwerk als Vielfalt und Einheit, Göttingen 1976.

BRAUN, Maximilian: F. M. Dostoevskij. Očerk tvorčeskogo puti. [Vorlesungssammlung], Bloomington 1965.

BREGER, Louis: Dostoevsky. The Author as Psychoanalyst, New York 1989.

BREGOVA, D. D.: Sčët do edinicy: Fëdor Dostoevskij pod bremenem strastej i razdumi, M. 1984.

BRZOZA, Halina: Dostoevskij. Prostory dvižyščegosja soznanija, Poznań 1992.

BRZOZA, Halina: Dostojewski. Między mitem, tragedią i apokalipsą, Toruń 1995.

BRZOZA, Halina: Dostojewski. Myśl a forma, Lódź 1984.

BUDANOVA N. F. / FRIDLENDER, G. M. (Hrsg.): Letopis' žizni i tvorčestva F. M. Dostoevskogo. 3 Bde., S.-Pb. 1993-1995.

BULANOV, A. M.: Stat'ja Ivana Karamazova o cerkovno-obščestvennom sude v idejno-chu-dožestvennoj strukture poslednego romana F. M. Dostoevskogo. In: Fridlender, G. M. (Hrsg.): Dostoevskij. Materialy i issledovanija. 12 Bde., L. – S.-Pb. 1974-1996ff. Bd. 9, 1991, S. 125-134; und Bd. 12, 1996, S. 125-136.

BURNETT, Leon: F. M. Dostoevsky 1821-1881. A Centenary Collection, Oxford 1981.

BURSOV, Boris Ivanovič: Ličnost' Dostoevskogo. Roman-issledovanie, L. 1979.

BUSCH, R. L.: Humor in the Major Novels of F. M. Dostoevsky, Columbus (Ohio) 1987.

CARTER, Stephen K.: The Political and Social Thought of F. M. Dostoevsky, New York 1991.

CATTEAU, Jacques: Dostoyevsky and the Process of Literary Creation, Cambridge 1989.

CATTEAU, Jacques: La création littéraire chez Dostoïevski, Paris 1978.

CATTEAU, Jacques: The paradox of the legend of the Grand Inquisitor in *The Brothers Karamazov*. In: Jackson, R. L. (Hrsg.): Dostoevsky. New Perspectives, Englewood Cliffs (New Jersey) 1984, S. 243-254.

CHAITIN, Gilbert D.: Religion as defense. The structure of *The Brothers Karamazov*. Literature & Psychology 22, 1972, S. 69-87.

CHAPPLE, Richard: A Dostoevsky Dictionary, Ann Arbor (Michigan) 1983.

CONRADI, Peter: Fyodor Dostoevsky, Basingstroke 1988.

COX, Gary: Tyrant and Victim in Dostoevsky, Columbus (Ohio) [1984].

CRISTALDI, Guiseppe: Dostoevskij o la scomnessa della fede, Milano 1989.

CURLE, Richard: Characters of Dostoevsky. Studies from Four Novels, London 1950.

ČIRKOV, N. M.: O stile Dostoevskogo. Problematika, idei, obrazy, M. 1967.

ČIŽEVSKIJ, Dmitrij: Dostoevskij – psicholog. In: Bem, A. L. (Hrsg.): O Dostoevskom. Sbornik statej, Paris 1986, S. 23-44.

[ČIŽEVSKIJ] ČYŽEVSKIJ, Dmitrij: Dostojevskij – psycholog. In: Bém, A. L. (Hrsg.): Dostojevskij. Sborník statí k padesátému výročí jeho smrti. 1881-1931, Prag 1931., S. 25-41.

[ČIŽEVSKIJ] ČYŽEVŚKIJ, Dmitrij (Hrsg.): Dostojewskij-Studien, Reichenberg 1931.

[ČIŽEVSKIJ] CHIZHEVSKIJ, Dmitrij: The Theme of the Double in Dostoevsky. In: Wellek, R. (Hrsg.): Dostoevsky. A Collection of Critical Essays, Englewood Cliffs (New Jersey) 1962, S. 112-129.

DANOW, David K.: The Dialogic Sign. Essays on the Major Novels of Dostoevsky, New York 1991.

DEMPF, Alois: Die drei Laster. Dostojewskis Tiefenpsychologie, München 1949.

DŽEKSON, R. L.: Problema very i dobrodeteli v romane „Brat'ja Karamazovy". In: Fridlender, G. M. (Hrsg.): Dostoevskij. Materialy i issledovanija. 12 Bde., L. – S.-Pb. 1974-1996ff. Bd. 9, 1991, S. 124-131.

DŽEKSON, R. L.: Vynesenie prigovora Fëdoru Pavloviču Karamazovu. In: Fridlender, G. M. (Hrsg.): Dostoevskij. Materialy i issledovanija. 12 Bde., L. – S.-Pb. 1974-1996ff. Bd. 2, 1976, S. 137-145; und Bd. 3, 1978, S. 173-183.

DNEPROV, Vladimir Davydovič: Idei, strasti, postulki. Iz chudožestvennogo opyta Dostoevskogo, L. 1978.

DOERNE, Martin: Gott und Mensch in Dostojewskijs Werk, Göttingen 1962.

DOERNE, Martin: Tolstoj and Dostojewskij. Zwei christliche Utopien, Göttingen 1969.

DOLININ, Arkadij Semënovič (Hrsg.): F. M. Dostoevskij. Materialy i issledovanija, L. 1935. Nachdruck: Düsseldorf 1970.

DOLININ, Arkadij Semënovič (Hrsg.): F. M. Dostoevskij. Stat'i i materialy, L. 1922/1924. Nachdruck: Düsseldorf 1970.

DOLININ, Arkadij Semënovič: F. M. Dostoevskij v vospominanijach sovremennikov, M. 1964.

DOLININ, Arkadij Semënovič: Poslednie romany Dostoevskogo. Kak sozdavalis' „Podrostok" i „Brat'ja Karamazovy", M. / L. 1963.

DOSTOEVSKAJA, Anna Grigor'evna: Vospominanija. Hg. von L. P. Grossman, M. 1971.

DOWLER, Wayne: Dostoevsky, Grigor'ev and Native Soil Conservatism, Toronto 1982.

DUDEK, Gerhard: Die Brüder Karamasow. Zur Struktur der Romane F. M. Dostojewskis, Berlin 1985.

DUNLOP, John B.: Staretz Amvrosy. Model for Dostoevsky's Staretz Zossima, Belmont (Massachusetts) 1972.

ENG, J. van der / MEIJER, J.: The Brothers Karamazov by F. M. D. Essays, Den Haag / Paris 1971.

ERMAKOVA, M. Ja.: Romany Dostoevskogo i tvorčeskie iskanija v russkoj literature XX veka, Gor'kij 1973.

ERMILOV, Vladimir Vladimirovič: F. M. Dostoevskij, M. 1956.

FANGER, Donald: Dostoevsky and Romantic Realism. A Study of Dostoevsky in Relation to Balzac, Dickens, and Gogol', Cambridge 1965.

FLICK, Verena: Untersuchungen zur Ästhetik Dostoevskijs in seinen Romanen und Erzählungen, Heidelberg 1972. (Diss.)

FOKIN, P. E.: Poèma „Velikij inkvizitor" i futurologija Dostoevskogo. In: Fridlender, G. M. (Hrsg.): Dostoevskij. Materialy i issledovanija. 12 Bde., L. – S.-Pb. 1974-1996ff. Bd. 12, 1996, S. 190-200.

FRANK, Joseph: Dostoevsky. 4 Bde., Princeton 1977-1995.
[1. The Seeds of Revolt. 1821-1849, Princeton 1977. 2. The Years of Ordeal. 1850-1859, Princeton 1983. 3. The Stir of Liberation, 1860-1865, Princeton 1986. 4. The Miraculous Years: 1865-1871, Princeton 1995.]

FREUD, Sigmund: Dostojewski und die Vatertötung. In: ders.: Gesammelte Werke. Chronologisch geordnet. 18 Bde., London 1952-1968. Bd. 14. Werke aus den Jahren 1925-1931, London 1961, S. 399-418.

FRIDLENDER, G. M. (Hrsg.): Dostoevskij. Materialy i issledovanija. 12 Bde., L. – S.-Pb. 1974-1996ff.

FRIDLENDER, Georgij M.: Realizm Dostoevskogo, M./ L. 1964.

FRIDLENDER, Georgij Michajlovič: Puškin, Dostoevskij, „Serebrjanyj vek", S.-Pb. 1995.

FUCHS, Ina: „Homo apostata". Die Entfremdung des Menschen. Philosophische Analysen zur Geistmetaphysik F. M. Dostojevskijs, München 1987. (Diss.)

FÜLÖP-MILLER, R. / ECKSTEIN, F. (Hg.): Die Urgestalt der „Brüder Karamazow". Dostojewskis Quellen, Entwürfe und Fragmente, München 1928.

FUTRELL, Michael: Buddhism and The Brothers Karamazov. In: Dostoevsky Studies 2, 1981, S. 155-162.

GEHRKE, Helmut (Hrsg.): Dokumentation aus den Tagungen Russische Religionsphilosophie I. Solowjow – Dostojewski. 14. – 16. Juni 1991. Russische Religionsphilosophie II. Die Philosophie von Nikolai A. Berdjajew (1874-1948). 18.- 20. September 1992, Hofgeismar 1993.

GEIER, Svetlana / GERIGK, Horst-Jürgen / MÜLLER, Ludolf: „Dostoevskij". In: Kindlers Neues Literatur-Lexikon. Bd. 4, München 1989, S 803-826.

GEIER, Svetlana: „Brat'ja Karamazovy". In: Kindlers Neues Literatur-Lexikon. Bd. 4, München 1989, S. 806-808.

GERIGK, Horst-Jürgen: Die zweifache Pointe der „Brüder Karamazow". Eine Deutung mit Rücksicht auf Kants „Metaphysik der Sitten". Euphorion 69, Heidelberg 1975, S. 333-349.

GERIGK, Horst-Jürgen: „Nachwort". In: Dostojewskij, F. M.: Die Brüder Karamasow, München 1995.

GIBIAN, G.: C. G. Carus' Psyche and Dostoevskij. American Slavic and East European Review 14, 1955, S. 371-382.

GIBSON, Alexander Boyce: The Religion of Dostoevskij, London 1973.

GIDE, André: Dostoevsky, London 1949.

GIDE, André: Dostojewski. Aufsätze und Vorträge. Übersetzt von E. Plog, Stuttgart 1952.

GORODETZKY, Nadejda: Saint Tikhon Zadonsky. Inspirer of Dostoevsky, New York 1951.

GRETZMACHER, Bernd-Volker: Die Gestalt des Stavrogin in dem Roman „Die Dämonen" von F. M. Dostoevskij, Tübingen 1974.

GRIFFITHS, Frederick T. / RABINOWITZ, Stanley J.: Novel Epics. Gogol, Dostoevsky, and National Narrative, Evanston (Illinois) 1990.

GROSSMAN, Leonid P.: Biblioteka Dostoevskogo, Odessa 1919.

GROSSMAN, Leonid P.: Žizn' i trudy F. M. Dostoevskogo, Moskva 1962.

GROSSMAN, Leonid Petrovič: Dostoevskij, M. 1965.

GUARDINI, Romano: Der Mensch und der Glaube. Versuche über die religiöse Existenz in Dostojewskijs großen Romanen, Leipzig 1932.

GUARDINI, Romano: Religiöse Gestalten in Dostojewskijs Werk. Studien über den Glauben, München 1951.

GUNN, Judith: Dostoevsky. Dreamer and Poet, Oxford 1990.

GUS, Michail Semënovič: Idei i obrazy F. M. Dostoevskogo, M. 1971.

HACKEL, Sergei: The religious dimension: vision or evasion? Zosima's discourse in The Brothers Karamazov. In: Jones, M. V. / Terry, G. M. (Hrsg.): New Essays on Dostoyevsky, Cambridge 1983, S. 139-168.

HARRESS, Birgit: Mensch und Welt in Dostoevskijs Werk. Ein Beitrag zur poetischen Anthropologie, Köln 1993.

HARVEST, Harry (Hrsg.): Dostojevski und Europa. Aus dem „Tagebuch eines Schriftstellers", Zürich 1951.

HEIER, Edmund: Literary Portraits in the Novels of F. M. Dostoevskij, München 1989.

HEIM, Christiane: Die Gestalt Svidrigajlovs in Dostoevskijs Roman „Verbrechen und Strafe", Tübingen 1978.

HERDMAN, John: The Double in Nineteenth-Century Fiction, Basingstoke / London 1990.

HERMANNS, Karl: Das Experiment der Freiheit. Grundfragen menschlichen Daseins in F.
M. Dostojewskis Dichtung, Bonn 1957.

HINGLEY, Ronald: Dostoyevskij. His Life and Work, London 1978.

HINGLEY, Ronald: The Undiscovered Dostoyevsky, London 1962.

HOLQUIST, Michael: Dostoevsky and the Novel, Princeton (New Jersey) 1977.

HOLTHUSEN, Johannes: Prinzipien der Komposition und des Erzählens bei Dostojevskij,
Köln / Opladen 1969.

HOWE, Irving: Dostoevsky. The politics of salvation. In: Wellek, R. (Hrsg.): Dostoevsky.
A Collection of Critical Essays, Englewood Cliffs (N.J.) 1962, S. 53-70.

IVANČIKOVA, E. A.: Sintaksis chudožestvennoj prozy Dostoevskogo, M. 1979.

IVANOVA, A. A.: Filosofskie otkrytija F. M. Dostoevkogo, M. 1995.

IWANOW, Wjatscheslaw: Dostojewskij. Tragödie, Mythos, Mystik, Tübingen 1932.

JACKSON, Robert Louis (Hrsg.): Dostoevsky. New Perspectives, Englewood Cliffs (New
Jersey) 1984.

JACKSON, Robert Louis: Dialogues with Dostoevsky. The Overwhelming Questions, Stanford (California) 1993.

JACKSON, Robert Louis: Dostoevskij's Quest for Form. A Study of His Philosphy of Art,
New Haven 1966.

JACKSON, Robert Louis: The Art of Dostoevsky. Deliriums and Nocturnes, Princeton (New
Jersey) 1981.

JOHAE, Antony: Idealism and the dialectic in *The Brothers Karamazov*. In: Burnett, L.: F.
M. Dostoevsky 1821-1881. A Centenary Collection, Oxford 1981, S. 109-118.

JONES, John: Dostoevsky, Oxford 1983.

JONES, Malcolm V.: Dostoevsky and the Twentieth Century. The Ljubljana Papers. VII.
International Dostoevsky-Symposium. Ljuljana 22.-29. Juli 1989, Cotgrave (Not-
tingham) 1993.

JONES, Malcolm Vince: Dostoyevsky after Bakhtin. Readings in Dostoyevsky's Fantastic
Realism, Cambridge 1990.

JONES, Malcom V. / TERRY, Garth M. (Hrsg.): New Essays on Dostoyevsky, Cambridge
1983.

JONES, Peter: Philosophy and the Novel. Philosophical Aspects of *Middlemarch*, *Anna Ka-
renina*, *The Brothers Karamazov*, *A la recherche du temps perdu* and of the Me-
thods of Criticism, Oxford 1975.

JOVANOVIĆ, Milivoje: Dostojevski. Od romana tajni ka romanu-mitu. Metamorfoza žanra,
Belgrad 1993.

KABAT, Geoffrey C.: Ideology and Imagination. The Image of Society in Dostoevsky, New
York 1978.

KAJGORODOV, V. I.: Obraz Ivana Karamazova i problema ideala v romane Dostoevskogo „Brat'ja Karamazovy". In: Zacharova, T. V. (Hrsg.): Problemy tvorčestva F. M. Dostoevskogo. Poėtika i tradicii, Tjumen 1982.

KANZER, Mark: The vision of Father Zossima from The Brothers Karamazov. In: Coltrera, J. F. (Hrsg.): Lives, Events, and Other Players. Directions in Psychobiography, New York 1980, S. 305-309. – Ebenfalls in: American Imago 8, 1951, S. 329-335.

KAŠINA, Nadežda Vladimirovna: Čelovek v tvorčestve F. M. Dostoevskogo, M. 1986.

KAŠINA, Nadežda: The Aesthetics of Dostoyevsky, M. 1987.

KARAULOV, Ju. N. (Hrsg.): Slovo Dostoevskogo. Sbornik statej, M. 1996.

KENT, Leonard J.: The Subconscious in Gogol' and Dostoevskij, and its Antecedents, The Hague 1969.

KIJKO, E. I.: Iz istorij sozdanija „Brat'ev Karamazovych" (Ivan i Smerdjakov). In: Fridlender, G. M. (Hrsg.): Dostoevskij. Materialy i issledovanija. 12 Bde., L. – S.-Pb. 1974-1996ff. Bd. 2, 1976, S. 125-129.

KIRAJ, L'juda: K voprosu o russkom romane. Ėpičeskaja funkcija psichologičeskogo motiva v romanach Dostoevskogo „Prestuplenie i nakazanie", „Besy", „Brat'ja Karamazovy". In: Rothe, H. (Hrsg.): Dostojevskij und die Literatur. Vorträge zum 100. Todesjahr des Dichters, Köln / Wien 1983, S. 147-172.

KIRPOTIN, V.: „Brat'ja Karamazovy" kak filosofskij roman. Voprosy literatury 12, 1983, S. 106-135.

KIRPOTIN, Valerij Jakovlevič: Dostoevskij – chudoñnik. Ėtjudy i issledovanija, M. 1972.

KIRPOTIN, Valerij Jakovlevič: Mir Dostoevskogo. Ėtjudy i issledovanija, M. 1980.

KLEIN, E.: Gli oggetti come simbolo di relazione fra i personaggi. In: Bazzarelli, Eridano: Problemi attuali di critica Dostoevskiana. Atti del Convegno tenuto a Milano il 14 e 15 Maggio 1982. Milano 1983, S. 137-145.

KLEJMAN, Rita Jakovlevna: Skvoznye motivy tvorčestva Dostoevskogo v istoriko-kul'turnoj perspektive, Kišiněv 1985.

KOMAROWITSCH, W.: F. M. Dostojewski. Die Urgestalt der Brüder Karamasow. Dostojewskis Quellen, Entwürfe und Fragmente, München 1928.

KOÒKAROV, V. L.: Kak mysljat geroi Dostoevskogo (nominacija psichičeskich sostojanij). In: Zacharov, V. N. (Hrsg.): Novye aspekty v izučenii Dostoevskogo. Sbornik naučnych trudov, Petrozavodsk 1994, S. 130-143.

KOVÁCS, Árpád: Personalnoe povestvovanie. Puškin, Gogol', Dostoevskij, Frankfurt a. M. 1994.

KRAEGER, Linda / BARNHART, Joe: Dostoevsky on Evil and Atonement. The Ontology of Personalism in his Major Fiction, Lewiston 1992.

KRANZ, Gisbert: Der Mensch in seiner Enscheidung. Über die Freiheitsidee Dostojewskijs, Bonn 1949.

KRAVCHENKO, Marija: Dostoevsky and the Psychologists, Amsterdam 1978.

KUŁAKOWSKA, Danuta: Dostojewski. Antynomie humanizmu według „Braci Karamazowów", Wrocław 1987.

KUŁAKOWSKA, Danuta: Dostojewski. Dialektyka niewiary, Warschau 1981.

KUDRJAVCËV, Jurij Grigor'evič: Bunt ili religija. O mirovozzrenii F. M. Dostoevskogo, M. 1969.

KUDRJAVCËV, Jurij Grigor'evič: Tri kruga Dostoevskogo. Sobytijnoe. Vremennoe. Večnoe, M. 1991.

KUDRJAVCËV, Jurij Grigor'evič: Tri kruga Dostoevskogo. Sobytijnoe. Social'noe. Filosofskoe, M. 1978.

KUPLEVACKAJA, L. A.: Simvolika chronotopa i duchovnoe dviženie geroev v romane „Brat'ja Karamazovy". In: Fridlender, G. M. (Hrsg.): Dostoevskij. Materialy i issledovanija. 12 Bde., L. – S.-Pb. 1974-1996ff. Bd. 10, 1992, S. 90-100.

LAPŠIN, I.: Kak složilas' legenda o Velikom Inkvizitore. In: Bem, A. L. (Hrsg.): O Dostoevskom. Sbornik statej, Paris 1986, S. 126-140.

LAUTH, Reinhard: „Ich habe die Wahrheit gesehen". Die Philosophie Dostojewskijs. In systematischer Darstellung, München 1950.

LAUTH, Reinhard: Dostojewski und sein Jahrhundert, Bonn 1986.

LAUTH, Reinhard: Zur Genesis der Großinquisitor-Erzählung. Zeitschrift für Religionsund Geistesgeschichte 6, 1954, S. 265-276.

LAVRIN, Janko: Dostoevsky and His Creation. A Psycho-Critical Study, London 1920.

LAVRIN, Janko: Dostojevski. Življenje in delo, Maribor 1968.

LAVRIN, Janko: Fjodor M. Dostojevskij. Mit Selbstzeugnissen und Bilddokumenten, Reinbek 1963.

LETTENBAUER, Wilhelm: Zur Deutung der „Legende vom Großinquisitor" Dostoevskijs. In: WdS 5, 1960, S. 329-333.

LETTENBAUER, Wilhelm: Volksreligiöse Motive bei Dostoevskij. In: Rothe, H. (Hrsg.): Dostojevskij und die Literatur. Vorträge zum 100. Todesjahr des Dichters, Köln / Wien 1983, S. 82-102.

LEVINSKY, Ruth: Nathalie Sarraute and Fedor Dostoevsky. Their Philosophy, Psychology, and Literary Techniques, Texas 1973.

LIEB, Fritz: Die Selbsterfassung des russischen Menschen im Werke Dostojewkijs und Solowjews, Berlin 1947.

LINNÉR, Sven: Dostoevskij on Realism, Stockholm 1967.

LINNÉR, Sven: Starets Zosima in *The Brothers Karamazov*. A Study in the Mimesis of Virtue, Stockholm 1975.

LORD, Robert: Dostoevsky. Essays and Perspectives, Berkeley / Los Angeles 1970.

LOSSKIJ, N.: Dostoevskij i ego christianskoe miroponimanie, New York 1953.

LUKÁCS, György: Dostojewski. Notizen und Entwürfe, Budapest 1985.

MACEINA, Antanas: Der Grossinquisitor. Geschichtsphilosophische Deutung der Legende Dostojewskijs, Heidelberg 1952.

MADAULE, Jacques: Dostoievski, Paris 1956.

MAGARSHAK, David: Dostoevsky, London 1962.

MARINOV, Vladimir: La psychanalyse et son double romanesque. Une analyse psychoanalytique du roman dostoievskien *Crime et chatiment*, Paris 1987. (Diss.)

MATLAW, Ralph E.: *The Brothers Karamazov*. Novelistic Technique, Den Haag 1957.

MAURINA, Zenta: Dostojewskij. Menschengestalter und Gottsucher, Memmingen 1952.

MEER, J.: Grundlagen einer psychopathologischen Beurteilung der Persönlichkeit und der Typen Dostojewskijs. Psychologie und Medizin 4, 1930, S. 110-199.

MEIER-GRÄFE, Julius: Dostojewski. Der Dichter, Frankfurt a. M. 1988.

MICHAJLOVA, I.: Dostoevskij – chudožnik i myslitel'. Sbornik statej, M. 1972.

MILLER, R.: The Biblical Story of Joseph in Dostoevsky's *The Brothers Karamasow*. Slavic Review 41, Columbus (Ohio) u.a. 1982, S. 653-665.

MILOCHEVITCH, Nicolas: Dostoïevski penseur, Lausanne 1988.

MINDESS, Harvey: Freud on Dostoevsky. American Scholar 36, Washington 1967, S. 446-452.

MOČUL'SKIJ, Konstantin Vasil'evič: Dostoevskij. Žizn' i tvorčestvo, Paris 1947.

[MOČUL'SKIJ] MOCHULSKY, Konstantin: Dostoevsky. His Life and Work. Übersetzt von M. A. Minihan, Princeton 1967.

[MOČUL'SKIJ] MOTCHOULSKI, Constantin: Dostoïevski. L'home et l'œuvre. Übersetzt von G. Welter, Paris 1962.

MÜLLER, Ludolf: Dostoevskij und Tübingen, Tübingen 1981.

MÜLLER, Ludolf: Dostoevskij, Tübingen 1977.

MÜLLER, Ludolf: Dostojewskij. Sein Leben, sein Werk, sein Vermächtnis, München 1982.

MÜLLER-Lauter, Wolfgang: Dostoevskijs Ideendialektik, Berlin 1974.

MURAV, Harriet: Holy Foolishness. Dostoevsky's Novels and the Poetics of Cultural Critique, Stanford 1992.

MURRY, John Middleton: Fyodor Dostoevsky. A Critical Study, London 1916.

NEČAEVA, Vera Stepanovna (Hrsg.): Fëdor Michajlovič Dostoevskij. V portretach, illjustracijach, dokumentach, M. 1972.

NEUHÄUSER, Rudolf (Hrsg.): Bulletin of the International Dostoevsky Society. 9 Bde., 1972-1979. Fortsetzung: Dostoevsky Studies. Journal of the International Dostoevsky Society, 1980 ff.

NEUHÄUSER, Rudolf: F. M. Dostojewskij. Die großen Romane und Erzählungen. Interpretationen und Analysen, Wien / Köln / Weimar 1993.

NEUHÄUSER, Rudolf: Zur Funktion von literarischen Quellen und Modellen in Dostoevskijs literarischen Texten (1846-65). In: Rothe, H. (Hrsg.): Dostojewskij und die Literatur. Vorträge zum 100. Todesjahr des Dichters, Köln / Wien 1983, S. 103-122.

NEYRAUT-SUTTERMAN, Thérèse: Parricide et épilepsie. A propos d'un article de Freud sur Dostoievski. Revue Française de Psychoanalyse 34, 1970, S. 635-652.

NIGG, Walter: Dostojewskij. Die religiöse Überwindung des Nihilismus, Hamburg 1951.

NIGG, Walter: Religiöse Denker. Kierkegaard, Dostojewskij, Nietzsche, van Gogh, Berlin / München 1952.

NITZSCHMANN, Karin: Psychologische Erkenntnis durch Visualisation. Eine Anwendung von Buytendijks „Psychologie des Romans" auf Dostojewskij und Nietzsche, Regensburg 1988.

NÖTZEL, Karl: Das Leben Dostojewskis, Leipzig 1925.

NÖTZEL, Karl: Das Evangelium in Dostojewski, Berlin 1927.

OATES, Joyce Carol: „The Double Vision of *The Brothers Karamazov*". Journal of Arts and Aesthetic Criticism 27, Madison (Wisconsin) 1968, S. 203-212.

ODINOKOV, V. G.: Tipologija obrazov v chudožestvennoj sisteme F. M. Dostoevskogo, Novosibirsk 1981.

ONASCH, Konrad: Der verschwiegene Christus. Versuch über die Poetisierung des Christentums in der Dichtung F. M. Dostojewskijs. Mit 16 Bildtafeln, Berlin 1976.

ONASCH, Konrad: Dostojewski als Verführer. Christentum und Kunst der Dichtung Dostojewskijs, Zürich 1961.

ONASCH, Konrad: Dostojewski-Biographie. Materialsammlung zur Beschäftigung mit religiösen und theologischen Fragen in der Dichtung F. M. Dostojewskijs, Zürich 1960.

OSMOLOVSKIJ, Oleg Nikolaevič: Dostoevskij i russkij psichologičeskij roman, Kišinëv 1981.

PANIN, Alice: F. M. Dostojewski als Darsteller der Menschenleiden, Freiburg 1923.

PANTELI, Christina: Dostoevsky's aesthetic. Dichotomy between reality and transcendence in Ivan Karamazov's nightmare. In: Burnett, L.: F. M. Dostoevsky 1821-1881. A Centenary Collection, Oxford 1981, S. 119-126.

PASSAGE, Charles: Character Names in Dostoevsky's Fiction, Ann Arbor 1982.

PEACE, Richard: Dostoyevsky. An Examination of the Major Novels, London 1971.

PEREVERZEV, Valer'jan Fëdorovič: F. M. Dostoevskij, M. 1925.

PEREVERZEV, Valer'jan Fëdorovič: Gogol. Dostoevskij. Issledovanija, M. 1982.

PIGIN, A. V.: K voprosu o drevnerusskich istočnikach romana F. M. Dostoevskogo „Brat'ja Karamazovy". In: Zacharov, V. N. (Hrsg.): Novye aspekty v izučenii Dostoevskogo. Sbornik naučnych trudov, Petrozadovsk 1994, S. 193-198.

PIPER, O.: Der „Großinquisitor" von Dostojewski. Die Furche 17, Berlin 1931, S. 249-273.

PLETNMV, R.: Serdcem mudrye (O starcach u Dostoevskogo). In: Bem, A. L. (Hrsg.): O Dostoevskom. Sbornik statej, Paris 1986, S. 155-174.

POMERANC, G.: Otkrytost' bezdne. Vstreči s Dostoevskim, M. 1990.

PONOMAREVA, G. B.: Žitijnyj krug Ivana Karamazova. In: Fridlender, G. M. (Hrsg.): Dostoevskij. Materialy i issledovanija. 12 Bde., L. – S.-Pb. 1974-1996ff. Bd. 9, 1991, S. 144-166.

PRAGER, Hans: Die Weltanschauung Dostojewskis, Hildesheim 1925.

RAŻNY, Anna: Fiodor Dostojewski. Filozofia człowieka a problemy poetyki, Kraków 1988.

RAK, V. D.: Juridičeskaja ošibka v romane „Brat'ja Karamazovy". In: Fridlender, G. M. (Hrsg.): Dostoevskij. Materialy i issledovanija. 12 Bde., L. – S.-Pb. 1974-1996ff. Bd. 2, 1976, S. 154-159.

RAKUSA, Ilma: „Nachwort". In: Dostojewski, F. M.: Die Brüder Karamasoff. In: ders.: Sämtliche Werke. 10 Bde., Bonn 1996.

RAMMELMEYER, Alfred: Zwei neutestamentliche Hauptmotive der „Legende vom Großinquisitor" von F. M. Dostojevskij. In: Rothe, H. (Hrsg.): Dostojevskij und die Literatur. Vorträge zum 100. Todesjahr des Dichters, Köln / Wien 1983, S. 3-20.

REBER, Natalie: Die Tiefenstruktur des Traums in Dostoevskijs Werk und ihre Bedeutung für den Bewußtwerdungsprozeß des Menschen. In: Rothe, H. (Hrsg.): Dostojevskij und die Literatur. Vorträge zum 100. Todesjahr des Dichters, Köln / Wien 1983, S. 188-204.

REBER, Natalie: Dostojewskij's „Brüder Karamasow". Einführung und Kommentar, München [ca. 1991].

REBER, Natalie: Studien zum Motiv des Doppelgängers bei Dostoevskij und E. T. A. Hoffmann, Gießen 1964.

REHM, Walther: Jean-Paul – Dostojewski. Eine Studie zur dichterischen Gestaltung des Unglaubens, Göttingen 1962.

REIK, Theodor: Freuds Studie über Dostojewski. Imago 15, 1929, S. 232-242. – Ebenso in: Almanach, 1930, S. 32-44.

REJNUS, Lev M.: Dostoevskij v Staroj Russe, Leningrad 1969.

RICE, James L.: Dostoevsky and the Healing Art. An Essay in Literary and Medical History, Ann Arbor 1985.

RODINA, Tatjana Michajlovna: Dostoevski. Povestvovanie i drama, M. 1984.

ROTHE, Hans (Hrsg.): Dostojevskij und die Literatur. Vorträge zum 100. Todesjahr des Dichters auf der 3. internationalen Tagung des „Slavenkomitees" in München 12. – 14. Oktober 1981, Köln / Wien 1983.

ROWE, William Woodin: Dostoevsky. Child and Man in His Works, New York 1968.

ROZANOV, Vasilij Vasil'evič: Legenda o Velikom inkvizitore F. M. Dostoevskogo. Opyt kritičeskogo kommentarrija, Berlin 1924.

ROZENBLJUM, L. M.: Tvorčeskie dnevniki Dostoevskogo, M. 1981.

RZHEVSKY, Nicholas: Russian Literature and Ideology. Herzen, Dostoevsky, Leontiev, Tolstoy, Fadeyev, Urbana 1983.

SANDOZ, Ellis: Political Apocalypse. A Study of Dostoevsky's Grand Inquisitor, Baton Rouge (Louisiana), 1971.

SANKARAN, N.: The Religious and Psychological Aspects in the Novels of Graham Greene and Dostoevsky, Madras 1990.

SAVEL'MVA, V. V.: Poétičeskie motivy v romane „Brat'ja Karamazovy". In: Fridlender, G. M. (Hrsg.): Dostoevskij. Materialy i issledovanija. 12 Bde., L. – S.-Pb. 1974-1996ff. Bd. 6, 1987, S. 125-134.

SCHIFFERS, Norbert: Dostojewskijs Angst. In: Wedel, E. (Hrsg.): F. M. Dostojewskij 1881 – 1981, Regensburg 1982.

SCHULTZE, Bernhard: Russische Denker. Ihre Stellung zu Christus, Kirche und Papsttum, Wien 1950.

SCHULTZE, Brigitte: Der Dialog in F. M. Dostoevskijs „Idiot", München 1974.

SCHWARZ, Dorothee / HECKERT, Thomas / POLLACH, Rudolf: Studien und Materialien zu Dostoevskijs Roman „Der Idiot", Tübingen 1978.

SEDURO, V.: Dostoevskovedenie v SSSR, München 1955.

SEELEY, F. F.: Ivan Karamazov. In: Jones, M. V. / Terry, G. M. (Hrsg.): New Essays on Dostoyevsky, Cambridge 1983, S. 115-136.

SELEZNEV, Jurij Ivanovič: Dostoevskij, M. 1981.

SELEZNEV, Jurij Ivanovič: V mire Dostoevskogo, M. 1980.

SEMMNOV, E. I.: K voprosu o meste glavy „Bunt" v romane „Brat'ja Karamazovy". In: Fridlender, G. M. (Hrsg.): Dostoevskij. Materialy i issledovanija. 12 Bde., L. – S.-Pb. 1974-1996ff. Bd. 2, 1976, S. 130-136.

SEREŽNIKOV, K.: Der Auftakt zur Legende vom Großinquisitor. In: Festschrift für Max Vasmer. Hg. von M. Woltner und H. Bräuer, Wiesbaden / Berlin 1956, S. 465-471.

SHESTOV, Lev: Dostoevsky, Tolstoy and Nietzsche. The Good in the Teaching of Tolstoy and Nietzsche: Philosophy and Preaching. Dostoevsky and Nietzsche: The Philosophy of Tragedy, Ohio 1969.

SIMMENS, Ernest J.: Dostoevsky. The Making of a Novelist, New York 1962.

SLOCHOWER, Harry: Incest in 'The Brothers Karamazov'. In: Ruitenbeek, H. M. (Hrsg.): Psychoanalysis and Literature, New York 1964, S. 303-320. – Ebenfalls in: American Imago 16, 1959, S. 127-145.

SMITH, Samuel Stephenson / ISOTOFF, Andrei: The Abnormal from within. Dostoevsky. Studies in Psychology 7, Eugene 1935, S. 361-391. – Ebenso in: The Psychoanalytic Review 12, 1935, S. 361-391.

SOINA, O. S.: Ispoved' kak nakazanie v romane „Brat'ja Karamazovy". In: Fridlender, G. M. (Hrsg.): Dostoevskij. Materialy i issledovanija. 12 Bde., L. – S.-Pb. 1974-1996ff. Bd. 5, 1985, S. 129-136.

SOLOV'ËV, S. M.: Izobrazitel'nye sredstva v tvorčestve F. M. Dostoevskogo. Očerki, M. 1979.

STEINBECK, Martin: Das Schuldproblem in dem Roman „Die Brüder Karamasow" von F. M. Dostojewskij, Frankfurt a. M. 1993.

STEINBÜCHEL, Theodor: F. M. Dostojewski. Sein Bild vom Menschen und vom Christen, Düsseldorf 1947.

STENDER-PETERSEN, Adolf: Geschichte der russischen Literatur, München 1957.

STEPANOV, N. L. / BLAGOJ, D. D. u.a. (Hrsg.): Tvorčestvo F. M. Dostoevskogo, M. 1959.

STOCKNER, Arnold: Ame Russe. Réalisme psychologique des Fréres Karamazov, Geneva 1945.

STRADA, Vittorio: Le veglie della ragione. Miti e figure della letteratura russa da Dostoevskij a Pasternak, Torino 1986.

SUTHERLAND, St.: Atheism and the Rejection of God. Contemporary Philosophy and *The Brothers Karamasow*, Oxford 1977.

SUTHERLAND, Stewart R.: The philosophical dimension. Self and freedom. In: Jones, M. V. / Terry, G. M. (Hrsg.): New Essays on Dostoyevsky, Cambridge 1983, S. 169-185.

SUZI, V. N.: Tjutčevskoe v poème Ivana Karamazova „Velikij inkvizitor". In: Zacharov, V. N. (Hrsg.): Novye aspekty v izučenii Dostoevskogo. Sbornik naučnych trudov, Petrozadovsk 1994, S. 171-192.

ŠČENNIKOV, Gurij Konstantinovič (Hrsg.): Tvorčestvo F. M. Dostoevskogo. Iskusstvo sinteza, Ekaterinenburg 1991.

ŠČENNIKOV, Gurij Konstantinovič: Dostoevskij i russkij realizm, Sverdlovsk 1987.

ŠKLOVSKIJ, Viktor: Za i protiv. Zametiki o Dostoevskom, M. 1957.

TERRAS, Victor: A Karamazov Companion. Commentary on the Genesis, Language, and Style of Dostoevsky's Novel, Madison (Wisconsin) / London 1981.

TERRAS, Victor: The art of fiction as a theme in *The Brothers Karamazov*. In: Jackson, R. L. (Hrsg.): Dostoevsky. New Perspectives, Englewood Cliffs (New Jersey) 1984, S. 193-205.

THIESS, Frank: Das pneumatologische Menschenbild bei Dostojewskij. Eine Untersuchung an drei Romanfiguren, Mainz 1973.

THIESS, Frank: Dostojewski. Realismus am Rande der Transzendenz, Stuttgart 1971.

THOMPSON, Diane Oenning: *The Brothers Karamazov* and the Poetics of Memory, Cambridge 1991.

THURLEY, Geoffrey: Dostoevsky – between psyche and psychology. In: Burnett, L.: F. M. Dostoevsky 1821-1881. A Centenary Collection, Oxford 1981, S. 127-134.

THURNEYSEN, Eduard: Dostojewski, Zürich 1948.

TIMM, Johanna: Das Seinsverständnis der Helden in Dostoevskijs „Bednye ljudi" und in der „Krotkaja", Kiel 1981. (Diss.)

TJUN'KIN, Konstantin Ivanovič: F. M. Dostoevskij v vospominanijach sovremennikov. 2 Bde., M. 1990.

TROYAT, Henri: Dostojewsky, Colmar / Paris / Freiburg 1964.

TRUBETZKOY, N. S: Dostoevskij als Künstler, The Hague / London / Paris 1964.

TUKALEVSKIJ, Vladimír: „Na zemi" nebo „na nebesích"? Úryvek za studie „Starec Zosima". In: Bém, A. L. (Hrsg.): Dostojevskij. Sborník statí k padesátému výročí jeho smrti. 1881-1931, Prag 1931, S. 182-199.

VERRIENTI, Giovanni: Rilievi psicopatologici in tema di allucinazione. Il fenomeno allucinazione analizzato da Dostojewski. I Fratelli Karamazzoff. Archivio de Psicologia, Neurologia e Psichiatria 6, Mailand 1945, S. 226-236.

VETLOVSKAJA, V. E.: Pater Seraphicus. In: Fridlender, G. M. (Hrsg.): Dostoevskij. Materialy i issledovanija. 12 Bde., L. – S.-Pb. 1974-1996ff. Bd. 4, 1983, S. 163-178.

VETLOVSKAJA, V. E.: Poètika romana „Brat'ja Karamazovy", L. 1977.

VETLOVSKAYA, Valentina A.: Alyosha Karamazov and the hagiographic hero. In: Jackson, R. L. (Hrsg.): Dostoevsky. New Perspectives, Englewood Cliffs (New Jersey) 1984, S. 206-226.

VIVAS, Eliseo: The two dimensions of reality in *The Brothers Karamazov*. In: Wellek, R. (Hrsg.): Dostoevsky. A Collection of Critical Essays, Englewood Cliffs (New Jersey) 1962, S. 71-89.

VOLGIN, Igor' Leonidovič: Poslednyj god Dostoevskogo. Istoričeskie zapiski, M. 1991.

VOLGIN, Igor' Leonidovič: Roditsja v Rossii. Dostoevskij i sovremenniki. Žizn' v dokumentach, M. 1991.

WANNER, Fritz: Leserlenkung, Ästhetik und Sinn in Dostoevskijs Roman 'Die Brüder Kamazov', München 1988.

WARD, Bruce Kinsey: Dostoyevsky's Critique of the West. The Quest for the Earthly Paradise, Waterloo 1986.

WASIOLEK, Edward (Hrsg.): Dostoevsky. The Notebooks for *The Brothers Karamazov*, Chicago / London 1967.

WASIOLEK, Edward: Dostoevsky. The Major Fiction, Cambridge (Massachusetts) 1964.

WEDEL, Erwin (Hrsg.): F. M. Dostojewskij 1881 – 1981, Regensburg 1982.

WEDEL, Erwin: Dostojewskij als Mensch und Dichter. In: ders. (Hrsg.): F. M. Dostojewskij 1881 – 1981, Regensburg 1982.

WELLEK, René (Hrsg.): Dostoevsky. A Collection of Critical Essays, Englewood Cliffs (N.J.) 1962.

WELLEK, René: Bachtin's view of Dostoevskij. „Polyphony" and „Carnivalesque". In: Actualité de Dostoevskij. 4. Symposium International Dostoevskij in Bergamo vom 17. bis 23. August 1980, Genf 1982.

WETT, Barbara: „Neuer Mensch" und „Goldene Mittelmäßigkeit". F. M. Dostoevskijs Kritik am rationalistisch-utopischen Menschenbild, München 1986.

WHITT, Joseph: The Psychological Criticism of Dostoevsky 1875-1951. A Study of British, American and Chief European Critics, Temple University 1953. (Diss.)

WOLYNSKI, Akin Lvovič: Das Reich der Karamasoff, München 1920.

YARMOLINSKY, Avrahm: Dostoevsky. His Life and Art, London 1957.

ZACHAROV, V. N. (Hrsg.): Novye aspekty v izučenii Dostoevskogo. Sbornik naučnych trudov, Petrozadovsk 1994.

ZACHAROV, V. N.: Sistema žanrov Dostoevskogo. Tipologija i poètika, Leningrad 1985.

ZACHAROVA, T. V. (Hrsg.): Problemy tvorčestva F. M. Dostoevskogo. Poètika i tradicii, Tjumen 1982.

ZADRAŽIL, Ladislav: Legenda o velikém hříšníkovi. Život Dostoevského, Praha 1972.

ZANDER, Lev Aleksandr: Tajna dobra. Problema dobra v tvorčestve Dostoevskogo, Frankfurt a. M. 1960.

ZANDER, Lev Aleksandr: Vom Geheimnis des Guten. Eine Dostojewskij-Interpretation, Stuttgart 1956.

ZEN'KOVSKIJ, V.: Fëdor Pavlovič Karamazov. In: Bem, A. L. (Hrsg.): O Dostoevskom. Sbornik statej, Paris 1986, S. 185-206.

ZENKOVSKY, V. V.: Dostoevsky's religious and philosophical views. In: Wellek, R. (Hrsg.): Dostoevsky. A Collection of Critical Essays, Englewood Cliffs (N.J.) 1962, S.130-145.

ZIL'BERŠTEJN, Il'ja Samojlovič / ROZENBLJUM, L. M.: F. M. Dostoevskij. Novye materialy i issledovanija, M. 1973.

ZUNDELOVIČ, Jakov Osipovič: Romany Dostoevskogo. Stat'i, Taškent 1963.

d) Zur Ideengeschichte

ACHTEN, Waltraud: Psychoanalytische Literaturkritik. Eine Untersuchung am Beispiel der amerikanischen Zeitschrift *Literature and Psychology*, Frankfurt a. M. 1981.

AMMANN, A.: Abriß der ostslawischen Kirchengeschichte, Wien 1950.

ASANGER, Roland / WENNINGER, Gerd (Hrsg.): Handwörterbuch Psychologie, Weinheim 1989.

BATTEGAY, Raymond: Psychoanalytische Neurosenlehre. Eine Einführung, Frankfurt a. M. 1994.

BELJANIN, Valerij Pavlovič: Vvedenie v psichiatričeskoe literaturovedenie, München 1996.

BENESCH, Helmut: dtv-Atlas Psychologie. 2 Bde., München 1987, S.31.

BEUTIN, Wolfgang (Hrsg.): Literatur und Psychoanalyse. Ansätze zu einer psychoanalytischen Textinterpretation. Dreizehn Aufsätze, München 1972.

BRENNER, Charles: Grundzüge der Psychoanalyse, Frankfurt a. M. 1967.

CLAUSS, Günter (Hrsg.): Fachlexikon abc Psychologie, Frankfurt a. M. 1995.

COX, Gary: Can a literature be neurotic? or Literary self and authority structures in Russian cultural development. In: Rancour-Laferriere, D. (Hrsg.): Russian Literature and Psychoanalysis, Amsterdam / Philadelphia 1989, S. 451-469.

DONGIER, Maurice: Neurosen. Formen und Beispiele, Frankfurt a. M. 1983.

DÖRNER, Klaus / PLOG, Ursula: Irren ist menschlich. Lehrbuch der Psychiatrie / Pycho therapie, Bonn 1990.

ETKIND, Alexander: Eros des Unmöglichen. Die Geschichte der Psychoanalyse in Rußland. Übersetzt von A. Tretner, Leipzig 1996.

FREUD, Sigmund: Der Dichter und das Phantasieren. In: ders.: Gesammelte Werke. Chronologisch geordnet. 18 Bde., London 1952-1968. Bd. 7. Werke aus den Jahren 1906-1909, London 1961, S. 213-223.

GALLING, Kurt (Hrsg.): Die Religion in Geschichte und Gegenwart. 6 Bde., Tübingen 1960.

GEORGE, Martin: Mystische und religiöse Erfahrung im Denken Vladimir Solov'ëvs, Göttingen 1988.

GROEBEN, N.: Literaturpsychologie. In: Arnold, Heinz L. / Sinemus, Volker: Grundzüge der Literatur- und Sprachwissenschaft. Bd. 1: Literaturwissenschaft, München 1992, S. 388-396.

GROEBEN, N.: Literaturpsychologie. Literaturwissenschaft zwischen Hermeneutik und Empirie, Stuttgart 1972.

HAESLER, Ludwig: Psychoanalyse. Therapeutische Methode und Wissenschaft vom Menschen, Stuttgart / Berlin / Köln 1994.

HAGEMEISTER, Michael: Nikolaj Fëdorov. Studien zu Leben, Werk und Wirkung, München 1989.

HANSEN-LÖVE, Aage A. (Hrsg.): Psychopoetik. Beiträge zur Tagung „Psychologie und Literatur", München 1991. – Wien 1992.

HANSEN-LÖVE, Aage A.: Zur psychopoetischen Typologie der Russischen Moderne. In: ders. (Hrsg.): Psychopoetik. Beiträge zur Tagung „Psychologie und Literatur", Wien 1992, S. 195-288.

HANSEN-LÖVE, Aage A.: Zwischen Psycho- und Kunstanalytik. In: ders. (Hrsg.): Psycho-Poetik. Beiträge zur Tagung „Psychologie und Literatur", Wien 1992, S. 7-14.

HEHLMANN, Wilhelm (Hrsg.): Wörterbuch der Psychologie, Stuttgart 1974.

HEISS, Robert: Allgemeine Tiefenpsychologie. Methoden, Probleme und Ergebnisse, Bern 1956.

HEMLING, Heinz: Taschenbuch der Psychologie, München 1974.

HOFFMAN, Sven O.: Psychoanalyse. In: Asanger, Roland / Wenninger, Gerd (Hrsg.): Handwörterbuch Psychologie, Weinheim 1989, S. 579- 585.

HUMBOLDT-Psychologie-Lexikon, München 1990.

JUNG, Carl Gustav: Psychologie der Dichtung. In: Ermatinger, Emil (Hrsg.): Philosophie der Literaturwissenschaft, Berlin 1930.

JUNG, Carl Gustav: Über die Beziehungen der analytischen Psychologie zum dichterischen Kunstwerk. In: ders.: Seelenprobleme der Gegenwart. Aufsätze und Vorträge, Zürich 1932.

KAHRMANN, Cordula / REISS, Gunter / SCHLUCHTER, Manfred: Erzähltextanalyse. Eine Einführung. Bodenheim 1993.

KISELEV, Konstantin: Das Mönchtum in der Russischen Orthodoxen Kirche. In: Stupperich, R.: Die Russisch-Orthodoxe Kirche in Lehre und Leben, Witten 1967, S. 211-233.

KLUM, Edith: Natur, Kunst und Liebe in der Philosophie Vladimir Solov'ëvs. Eine religionsphilosophische Untersuchung, München 1965.

KOCH, Klaus u. a. (Hrsg.): Reclams Bibellexikon, Stuttgart 1992.

LANGNER, Ralph (Hrsg.): Psychologie der Literatur. Theorien, Methoden, Ergebnisse, Weinheim / München 1986.

LEGEWIE, Heiner / EHLERS, Wolfram: Knaurs moderne Psychologie, München / Zürich 1972.

LOTMAN, Jurij Michajlovič: Die Struktur literarischer Texte. Übersetzt von R.-D. Keil. München 1993.

LÜCK, Helmut E.: Geschichte der Psychologie, Stuttgart / Berlin / Köln 1991.

MATT, Peter: Literaturwissenschaft und Psychoanalyse. Eine Einführung, Freiburg 1972.

MENTZOS, Stavros: Neurotische Konfliktverarbeitung. Einführung in die psychoanalytische Neurosenlehre unter Berücksichtigung neuer Perspektiven, Frankfurt a. M. 1996.

NIETZSCHE, Friedrich: Sämtliche Werke. Hg. von G. Colli und M. Montinari. Kritische Studienausgabe. 15 Bde., München / New York 1980.

NIKOLAOU, Theodor: Askese, Mönchtum und Mystik in der orthodoxen Kirche, St. Ottilien 1996.

OS'MAKOV, Nikolaj Vasil'evič: Psichologičeskoe napravlenie v russkom literaturovedenii, M. 1981.

PANAHI, Badi: Grundlagen der modernen Psychotherapie. Ihre Quellen in Wissenschaft und Philosophie, Frankfurt a. M. 1994.

RANCOUR-LAFERRIERE, Daniel (Hrsg.): Russian Literature and Psychoanalysis, Amsterdam / Philadelphia 1989.

RANCOUR-LAFERRIERE, Daniel: Russian literature and psychoanalysis. Four modes of intersection. In: ders. (Hrsg.): Russian Literature and Psychoanalysis, Amsterdam / Philadelphia 1989, S. 1-40.

RANK, Otto / SACHS, Hanns: Das Unbewußte und seine Ausdrucksformen. In: Beutin, W. (Hrsg.): Literatur und Psychoanalyse. Ansätze zu einer psychoanalytischen Textinterpretation, München 1972.

REH, Albert M.: Literatur und Psychologie, Bern 1986.

RICE, James L.: Freud's Russia. National Identity in the Evolution of Psychoanalysis, New Brunswick (New Jersey) 1993.

SCHLEMM, Karsten: Neurosen, psychogene Reaktionen, Persönlichkeitsstörungen. Eine statistische Untersuchung der psychopathologischen und demographischen Daten von 241 im Jahr 1983 behandelten Patienten, München 1986. (Diss.)

SCHMID, W.: Zur Entstehung der Bewußtseinskunst in der russischen Erzählprosa. In: Hansen-Löve, A. (Hrsg.): Psychopoetik. Beiträge zur Tagung „Psychologie und Literatur", Wien 1992, S. 31-46.

SCHÖNAU, W.: Einführung in die psychoanalytische Literaturwissenschaft, Stuttgart 1991.

SCHUSTER, Peter: Neurose. In: Asanger, Roland / Wenninger, Gerd (Hrsg.): Handwörterbuch Psychologie, Weinheim 1989, S. 483- 487.

SMOLITSCH, Igor: Geschichte der russischen Kirche 1700-1917, Leiden 1964.

SMOLITSCH, Igor: Leben und Lehre der Starzen. Der Weg zum vollkommenen Leben, Freiburg 1958.

SMOLITSCH, Igor: Russisches Mönchtum. Entstehung, Entwicklung und Wesen 988-1917, Würzburg 1953.

STEINBAUER, Herta: Die Psychoanalyse und ihre geistesgeschichtlichen Zusammenhänge mit besonderer Berücksichtigung von Freuds Theorie der Literatur und seiner Deutung literarischer Werke, Basel / Boston 1987.

STUPPERICH, Robert: Die Russisch-Orthodoxe Kirche in Lehre und Leben, Witten 1967.

SURKOV, A. A. (Hrsg.): Kratkaja literaturnaja ènciklopedija. 9 Bde., M. 1962-1978.

TOMAN, Walter: Einführung in die moderne Psychologie, Wien / Stuttgart 1951.

TOMAN, Walter: Tiefenpsychologie, Stuttgart / Berlin 1978.

ULICH, Dieter: Einführung in die Psychologie, Stuttgart / Berlin / Köln 1989.

URBAN, Bernd: Über Schwierigkeiten im Umgang mit Psychoanalyse und Literatur. In: ders. (Hrsg.): Psychoanalyse und Literaturwissenschaft. Texte zur Geschichte ihrer Beziehungen, Tübingen 1973, S. VII-XLVI.

VIEBAHN, Ilsabe von: Seelische Entwicklung und ihre Störungen. Ein psychoanalytischer Grundlehrgang, Göttingen 1968.

VOGT, Jochen: Aspekte erzählender Prosa. Eine Einführung in Erzähltechnik und Romantheorie, Opladen 1990.

WILPERT, Gero von: Sachwörterbuch der Literatur, Weinsberg 1989.

WOLFF, Reinhold: Psychoanalytische Literaturkritik, München 1975.

WYSS, Dieter: Die tiefenpsychologischen Schulen von den Anfängen bis zur Gegenwart. Entwicklung, Probleme, Krisen, Göttingen 1991.

ZIMBARDO, Philip G.: Psychologie. Hg. von S. Hoppe-Graff und B. Keller, Heidelberg 1992.